本书由北京化工大学马克思主义学院资助出

RESEARCH ON MARX'S THEORY OF SOCIAL PROGRESS

马克思社会进步理论研究

张雯 ◎ 著

知识产权出版社

全国百佳图书出版单位

—北 京—

图书在版编目（CIP）数据

马克思社会进步理论研究/张雯著. —北京：知识产权出版社，2023.9
ISBN 978-7-5130-8804-6

Ⅰ.①马… Ⅱ.①张… Ⅲ.①马克思主义—社会进步—理论研究 Ⅳ.①A811.64

中国国家版本馆 CIP 数据核字（2023）第 115872 号

责任编辑：栾晓航　　　　　　责任校对：谷　洋
封面设计：臧　磊　　　　　　责任印制：孙婷婷

马克思社会进步理论研究

张雯　著

出版发行：知识产权出版社 有限责任公司	网　　址：http://www.ipph.cn
社　　址：北京市海淀区气象路 50 号院	邮　　编：100081
责编电话：010-82000860 转 8382	责编邮箱：luanxiaohang@cnipr.com
发行电话：010-82000860 转 8101/8102	发行传真：010-82000893/82005070/82000270
印　　刷：北京中献拓方科技发展有限公司	经　　销：新华书店、各大网上书店及相关专业书店
开　　本：720mm×1000mm　1/16	印　　张：12.75
版　　次：2023 年 9 月第 1 版	印　　次：2023 年 9 月第 1 次印刷
字　　数：206 千字	定　　价：79.00 元

ISBN 978-7-5130-8804-6

目 录

导 言

第一节 选题缘由及意义

自古以来，人类总是在经历磨难和艰辛后才能推进社会的进步，而在很大的群体尺度下，社会进步作为一种共同的追求，更是贯穿于不同国家和民族的发展历史。正是因为社会进步中承载着人们对美好生活的向往，也承载着人们对良善价值的期待。由此，社会进步也就成了人类社会历史中最重要的主题。从人类思想发展史来看，古代比较有代表性的社会理论主要是历史循环论或历史倒退论，对于社会进步鲜有所讨论；真正使社会进步成为思想界的核心关注要到近代以降，特别是启蒙时期。这其中当然有现实和观念的复杂原因，本书也将在相应章节展开论述，但这里需要指出的是，在近代西方关于社会进步的思想脉络中，从维柯到孔多塞，或者从卢梭到康德、黑格尔，对这个问题形成了不同的理论学说，但都没有形成合理的解答，直至马克思社会进步理论的出现。作为一种自觉区别于旧历史哲学的理论范式，马克思的社会进步理论以唯物史观为基本立场，通过物质生活的实践角度，科学地阐明了社会进步的根本规律，从而超越了时代，站在了社会进步学说最伟大的高峰。而这也是我们至今仍需研究马克思社会进步理论的根本原因。

事实上，围绕社会进步问题，思想家展开过许多探索，不同的人站在不同的立场上对社会进步规律作出了一定的解释，并在此过程中形成了人类学、发展学等新兴学科。不过，由于进步概念本身的不确定性、学者研究角度的复杂性和多样性，以及在一定历史条件下的评价者的主体性，对这一问题的理解出现了各种矛盾的观点，难以形成对社会进步科学而全面的认识。相较于此，马克思社会进步理论的最大特点就是它以现实的人作为出发点，以社会基本矛盾运动作为核心逻辑，从而形成了对人类社会进步规律的客观而准确的把握。同时，马克思将实践引入社会进步理论，并从实践角度论证相关理论，从而使其社会进步理论形成强烈的现实性。而对于社会进步的评价，马克思则将生产力发展和人的发展作为社会进步最重要的尺度，并将二者紧密连接起来，从而形成了对社会进步的准确判定。马克思社会进步理论是关于社会进步的完整理论体系，它具备充分的科学性、合理性、有效性，本文以马克思社会进步理论作为研究对象，正是着眼于此。

作为唯物史观的重要组成部分，马克思的社会进步理论一直是国内马克思主义学界研究的经典议题。近年来，随着社会发展道路讨论的再次兴起，这一议题重新进入学人的视野，就目前的研究来看，可以说产生了非常丰富的成果，但同时也形成了一定的争论。前者主要体现在越来越多的人已经认识到马克思社会进步观与理性主义、启蒙思想尤其是德国历史哲学之间更为复杂的关系，并因此对近代西方进步观的思想图景形成了新的理解。后者则主要体现在一些学者围绕马克思的思想或立场倾向，形成了关于马克思社会进步理论是否是"经济决定论"或"自然主义论"的争论。此外，关于马克思社会进步理论逻辑路径、社会进步的"动力源"以及社会进步中的代价等问题，虽然以往的研究已有所涉及，但都没有形成充分有效的解答。正因为如此，我们需要系统研究马克思的社会进步理论。

从现实角度来看，中华人民共和国成立后并经过四十多年改革开放，当代中国社会经济高速发展、制度趋于完善、人民生活水平日益提升，社会取得了长足的进步。但我国在社会进步过程中也出现了一些问题，比如区域发展不均衡、阶层固化日益严重、人民精神文化发展滞后等，这些问题给当下中国社会进步带来了一定影响，也在一定程度上消解着人们推动社会进步的信心和干劲。习近平总书记在党的十九大报告中指出，我国社会的主要矛盾是人民日益增长的美好生活需要和不平衡不充分的发展之间的矛盾，这为我们解决当前社会进步中的问题指明了基本方向。我国目前正处于社会主义现代化转型的关键时期，用正确的理论指导我们理解和判断当前形势，进而为下一步的发展作出更加科学的规划和布局，是当前推进社会进步工作的焦点所在，而这也就使重新理解马克思的社会进步理论变得尤为紧迫。

　　基于以上缘由，本书对马克思社会进步理论的研究具有如下意义：

　　首先，马克思进步理论是马克思关于社会发展的重要内容。但就学界目前的研究来看，对马克思社会进步理论显然缺乏应有的重视，相关论著乏善可陈。有鉴于此，笔者选择将其作为研究对象，一方面，这样的研究可以改善目前学术界关于马克思社会进步理论的研究现状，以进一步的探讨催生出更多的理论成果；另一方面，这样的研究可以丰富我们对马克思社会进步理论的认识，并以此为基础，促进我们更好地掌握马克思历史唯物主义的思想体系。

　　其次，马克思社会进步理论是实践的社会进步学说，它的价值也只有通过实践才能更好地体现，离开实践，它便成了无的之矢，沦为空谈。同时，马克思社会进步理论是从实践出发，那么这一理论将随着实践而不断发展。在当今全球一体化的大形势之下，我们所面临的社会环境、社会关系、文化观念乃至价值体系都与马克思所处的时代不可同日而语。要想继续用马克思社会进步理论指导我们认识和掌握社会进步的规律，就必须结合时代特征对其进行新的解释与补充，这也是本书研究的意义所在。

　　最后，以马克思社会进步理论作为研究对象，具有重要的现实指导意义。从现实层面来看，在经历了五四运动、中华人民共和国成立以及改革开放的时代大潮后，我国已经告别旧社会，迈入全面实现社会主义现代化的历史新阶段。然而，当代中国社会虽然已经实现了巨大的进步，但同时也面临着诸多问题。一方面，已经形成的社会更新潜存着可能激化的各类矛盾；另一方面，新时代的社会发展面临着更为复杂的状态和条件。我国是以马克思主义为指导的社会主义国家，新的时代面临新的问题，这些问题既要求我们在唯物史观的立场下，推进马克思社会进步理论的学习和研究，也要求我们在坚持马克思主义的基本前提下，以新的角度、新的方法去解决社会进步中的诸多问题。在这个意义上，立足当下的新现实，对马克思社会进步理论作出进一步的诠释和解读，无论对推进马克思主义的中国化，还是对推进中国特色社会主义现代化都将产生积极的意义。

第二节 研究现状

近年来，伴随着我国社会的巨大发展，马克思的社会进步理论受到更多学人的关注，而在反思和总结改革开放四十多年得失利弊的过程中，重新理解和运用马克思社会进步理论指导社会发展实践也成了当下马克思主义研究的一个重要面向。正是在这一背景下，马克思的社会进步理论作为一个整体问题开始凸显价值。就目前来看，我国学界对马克思社会进步理论的研究虽不敢说蔚为大观，但也形成了较为丰富的成果，不但实现了理论上的进一步深入，而且呈现出一些新的特点。如从国家治理、社会文化、生态环境等角度论述马克思社会进步理论的价值，从历史和思想的双重逻辑中探讨马克思社会进步理论的内在机制，从世界历史层面考察马克思社会进步理论的普遍意义；等等。当然，总体来看，我国马克思社会进步理论的研究主要体现在以下几个方面。

针对社会进步相关概念，大多数学者比较了历史进步和社会进步的概念，并大致形成了一个较为统一的观点，即社会进步概念的外延小于历史进步，它是历史进步的表现和实现形式。在此基础上，基于一种概念分析的方法，一些学者辨析了"进步"与"发展"概念之间的区别与联系，并据此对进步概念作出了进一步的界定。许修杰在《社会进步代价论纲》一书中认为发展是有广义和狭义的区别，而进步就是狭义的社会发展。汪堂家在《对"进步"概念的哲学重审：兼评建构主义的"进步"观念》一文中从进步概念的前史、结构以及类型学等不同的视角，对进步的概念问题作出了全新的分析和表述，并指出"虽然进步意味着向好的方向转化，但进步的时间结构并不以直线性的方式展开"。邱耕田在《社会发展与社会进步关系辨析》一文中通过比较社会发展与社会进步概念之间的关系，指出社会发展是发展学中的"形而下"范畴，其所指涉的范围大于社会进步，并具有实践性、过程性、局域性、代价性等特点；与此相应，社会进步是发展学中的"形而上"的范畴，是社会发展进程中主流的、本质的现象和必然的趋势，具有总体性、趋势性、前进性、结果性等特点。丰子义在《关于社会发展的代价问题》一文中认为发展并不简单等同于进步，它们之间的差异主要涉及一个代价问题，"由于社会发展是通过人的活动实现的，因而对代价的考察也必须放到人的活动过程中来进行"。同时，针对进步概念的开放性，学者们也讨论了当下对社会进步重新诠释的可能。冯军在《社会进步的辩证逻辑及人文向度》一文中指出，对于社会进步应克服以往的形式逻辑视角，"将社会进步问题置于一种辩证思维视野中加以把握，并阐明社会进步中作为主体的人的进步的意义所在"。张艳萍的《社会进步概念的现代诠释》一文针对以往对社会进步的理想化诠释，认为"社会进步不单是时间的前后相继，而且也是内在矛盾的自我展开"。郝永平的《进步观念的当代重建》一书从历史条件与思想发展逻辑相结合的视角出发，以共时分析与历时考察相统一的方法，阐述了社会进步观念变换的主要历史阶段及其思想脉络。刘曙光的《人的活动与社会历史发展规律的关系》一书从唯物史观出发，对社会发展过程与自然发展过程、历史决定论与非决定论、客观制约性与主体选择性，以及合规律性与合目的性等历史发展主体进行了论述。宋泽滨的《社会全面进步研究》一书从经济政治文化的互动、资源环境人口的协调、社会区域与时域的协调、综合国力的发展等方面论述了社会进步的相关内容。李白鹤的《论社会进步的当代认同》一文认为，"社会进步的当代认同既表现为当代人类共同追求的价值目标或者说是得到当代人类普遍认同的评价标准，也表现为社会大众根据这些标准对客观事实的价值评价和对当代社会进步事实的普遍认同"。汪行福的《今天我们如何言说"进步"？》一文则认为，在后形而上学时代，"可以借鉴马克思对资本主义时代的悖论性进步的批判与哈贝马斯对社会进化以及进步概念的重建"，将进步理解为"人类利用自身的实践所创造的合理潜能来改善自身生存状态的'实践—历史筹划'"。

　　马克思社会进步理论是我国马克思主义研究的重要主题，围绕这一主题，近年来形成了多种不同维度的研究。王晶雄、王善平的《社会发展：反思与超越——马克思主义社会发展理论研究》一书从社会交往、自在与自为、东方社会、现代性批判、经济现象学等多个角度探讨了社会发展的基本路径和不同维度。邹诗鹏的《从启蒙到唯物史观》一书系统考察了马克思唯物史观与启蒙思想传统的关系，详细探讨了马克思对启蒙传统的继承与超越。刘红卓、石德金的《早期西方马克思主义社会历史观》一书探讨了早期西方马克思主义社会历史观的生成及特色，揭示了早期西方马克思主义的哲学渊源。曹荣湘的《马克思世界历史理论与当代全球化》一书则从马克思唯物史观的内在理路出发，对马克思世界历史理论中关于国家职能、跳跃式发展、人的发展等问题的理论贡献展开详细探讨。这些著作不仅对马克思社会进步理论作出了深入的剖析，也呈现出强烈的时代关怀，对本书的研究起到了很好的引导和促进作用。就论文来看，关于马克思的社会进步理论更多是从一些核心的问题入手。张盾的《"历史的终结"与历史唯物主义的命运》一文从对福山"历史终结论"的分析出发，认为福山将西方民主制度的胜利视为人类历史终点的观点是对黑格尔的误读，而马克思的历史唯物主义"科学地分析了西方资本主义的历史限度，同时又以一种革命的历史目的论方式坚持着对作为历史最高目标的人类解放的希望和信仰"，因此"具有历史科学性和历史目的论的双重理论特质。"林剑的《论马克思历史观中的科学原则与价值原则的统一》一文则聚焦于马克思历史观中的"价值统一性"问题，指出在马克思的历史观中，"科学原则或科学尺度与价值原则或价值尺度是统一的、不可分割的。只有从这种统一性的思路出发，才能对社会历史现象作出正确的理解与合理的解释"。洪伟的《马克思社会进步观辩证》一文通过反省西方思想家对社会进步的一些错误观点指出，社会进步首先是一个"意识形态概念"，而马克思的社会进步观作为一种社会自身的辩证法，则包含着"社会关系的渐进性的量的变化和革命性的质的变化的统一"和"广泛的社会领域的自我完善与新陈代谢"等丰富内容。叶泽雄、李玲的《社会进步的生产力尺度及其人学意义》一文从社会进步、生产力及评价尺度等范畴入手，认为生产力作为人的自由、全面发展的根源，是一个物的因素与人的因素相统一的综合性范畴，"它不仅可以诠释各种经济制度、政治制度的变革，同时还蕴含了人的自由、全面发展这一取向，因而，衡量社会进步唯一合理的尺度只能是生产力尺度"。侯衍社的《马克思社会发展理论的性质定位》一文从理论性质角度出发对马克思社会发展理论的定位作出全面解读，指出马克思的社会发展理论"是现当代意义的理性主义发展观；是兼顾社会发展的本质规律层与具体运行层的发展观；是立足于实证而又超越实证的发展观；是倡导社会各因素持续协调的发展观；是从科学主义和人文主义两个维度出发进行研究的发展观"。孟凡杰的《论历史进步的矛盾性》一文从思想史角度考察了历史进步的矛盾性问题，指出"马克思在考察人类历史的进程及其规律时，准确深刻地揭示了历史进步的矛盾性及其对抗性本质，揭示了资本主义社会阶段资本的文明化趋势和文明化的限制与界限，从而实现了对抽象的历史进步观的革命性变更"。丰子义的《马克思社会发展理论的当代价值：兼论其把握方式与寻求途径》一文关注于马克思社会发展理论的当代价值寻求，提出从"问题的审视、发展经验教训的总结、不同发展理论的比较、马克思社会发展理论特质与品格的领悟"等方面去理解和把握马克思社会发展理论当代价值的研究路径。

马克思关于人的发展理论是学界近年来关注的一个热点问题，也取得了一定的研究成果。韩庆祥、邹诗鹏的《人学：人的问题的当代阐释》一书从人学的角度出发，以人学的定位、人学的对象及性质、人学研究的方法、人学本体论、人学历史观、人学价值观、知识经济与人手工艺创新、能力本位论等角度全面阐释了人的问题。韩庆祥、亢安毅的《马克思开辟的道路：人的全面发展研究》一书关注于中国现代化建设过程中提出的人的全面发展问题，以马克思主义的视角为中心，通过历史追溯、思想重建、基本理论、实现条件、历史过程与规律等角度对人的全面发展问题作出了系统研究。熊晓红、王国银的《价值自觉与人的价值》一书对价值自觉与人的发展、社会发展与人的价值、人的本质与人的价值等问题作出了研究，并从价值本质、价值评价、价值选择、价值追求、价值创造、价值实现等角度全方位论述了人的价值问题。林剑的《论人的自由与人的世界关系》一文从"人化自然"角度出发，认为人所创造的社会历史和人在改造外部世界中造就的自身世界的完整统一体，"不仅构成人的自由发展的一面镜子，确证着人的自由的演进，而且是人的自由发展的杠杆和加速器"。孟凡杰在《从现实的人看马克思的历史进步观》一文中指出，"人类历史的第一前提无疑是有生命的个人的存在"，任何具体的历史事实都是需要个人的肉体组织得以实现的。因此，对于马克思的历史进步观，只有从现实人的角度去理解，才能对其形成正确的认识。吴向东的《论马克思人的全面发展理论》一文指出，"人的全面发展在马克思那里表现为人的活动的全面发展、社会关系的全面丰富、个性的自由发展等多方面规定性"。马克思通过这些规定性内容透视人类社会历史，不但对社会历史进程形成新的诠释，也使其人的全面发展的理想产生"巨大的历史感和现实感"。陈先达的《唯物史观视野中的"以人为本"》一文认为"以人为本"和"人的全面发展"是两个相互联系又相互区别的命题，后者并非前者的纯逻辑展开。在当代语境下，"要坚持以人为本，但要防止抽象人本主义的误读"。杨芳、周世兴的《"以人为本"的社会主义本质意蕴》认为，"以人为本"是"从价值性、人的发展尺度和人作为目的的意义上对社会主义本质的深化"，而社会主义本质的完整内涵应当是解放和发展生产力与解放和发展人的统一。俞吾金的《"自然历史过程"与主体性的界限》一文从讨论马克思"自然历史过程"的内涵出发，认为主体性问题只有在历史唯物主义所研究的社会历史而非认识论的框架中才能得到真正阐明，"马克思从来不否认主体在历史上的作用和意义，但却严格地规定了主体在历史活动中发挥作用的范围和方式"。石书臣、田伯伏的《马克思主义人的全面发展理论的当代阐释》认为，在新世纪新阶段，人的全面发展是建设社会主义新社会的本质要求，物质生活发展、精神生活发展和政治生活发展的统一，提高素质与人力资源开发的统一，以及人与社会的协调发展和人与自然的和谐发展。施春梅、崔慧永的《人的全面发展理论与社会主义和谐社会的建构》一文认为，人的全面发展是马克思主义理论的精华，也是马克思主义人学理论的重要组成部分，"马克思主义人的全面发展与构建社会主义和谐社会具有内在统一性"。

社会进步评价问题的研究在近年来也取得了较为可观的成果。马俊峰的《评价活动论》一书指出，"评价作为人类把握对象价值的一种观念活动，是一种对象性活动，它的基本结构同样呈现为评价主体—评价客体结构，这种主客体结构是贯穿于一切评价、评价的一切过程、一切过程的一切阶段的共同的稳定的东西"。并在此基础上分析了评价活动的三种形态及五个提点。冯平的《评价论》一书从个体心理和社会交往两个层次上具体地分析了评价活动的逻辑进程、结构、本质和规律，并指出人类社会在发展过程中包含着机制判断的因素，是一种合规律性与合目的性的统一。李德顺的《价值论》则认为，"一定的社会评价标准，是这个社会本身客观需要和利益（价值标准）在它的社会意识形态中的反映，在这个社会中占统治地位的社会意识形态体系"。对于马克思社会进步评价尺度的问题，不同的学者都进行了分析，得到了类似的结论，即社会进步评价的最重要的两个尺度是生产力发展尺度和人的发展尺度。如沈佳强的《社会进步两种尺度的辩证关系》一文从科学世界观和历史价值观、不同的职能和适用范围、绝对性和相对性、社会发展的两种主体、社会认识的主观和客观因素等角度，阐明了社会进步两种尺度之间的对立统一关系。莫振良的《从发展的悖论探索社会进步的价值尺度》一文从发展的悖论及其解决角度出发，指出"实现发展与社会进步的统一从客体方面表现为能够持续促进生产力的提高，从主体方面表现为适应人的全面发展"。又如赵学珍的《"两个尺度"思想及其当代价值》一文指出，"两个尺度"思想是马克思社会进步理论中的重要内容，它"蕴含着客观规律性与主体能动性的统一、真理尺度与价值尺度的统一、人的解放和自由全面发展的统一以及深刻的和谐理念"。当然，也有不同的看法，如姚军毅、杨清明的《论历史进步的评价尺度》一文就认为生产力发展并非社会进步的最终目的，因此它不应该成为评价社会进步的尺度；相反，由于人的全面发展为社会进步指明了正确方向，因此它才是评价社会进步的真正核心尺度。又如潘峻岭、圣章红的《论社会进步的生产力标准》一文从生产力的本质和内涵的厘定出发，认为生产力作为"由人们的生产活动或劳动所创造的、物化或对象化在劳动资料、生产工具中的一种作用和影响自然界的物质性力量"，具有科学尺度和价值尺度相统一、合规律性与合目的性内在一致的特点。因此，社会进步的生产力标准"不仅取决于一定历史条件下劳动资料、生产工具的发展状况，而且还取决于其是否和在多大程度上归人民所有"。此外，也有学者从别的角度考察社会进步的评价尺度，如张正军的《社会进步的合理尺度》一文认为，社会进步的评价尺度应该由三个相互补充的构件组成，即社会主体生存状态的进化、人与人关系和谐程度的提高、人与自然和谐程度的提高，"这三个构件相互耦合，形成社会进步评价尺度的三元球体状结构模式"。又如杨晓莉的《社会质量：社会进步的评价尺度》一文从追问进步范畴角度出发，通过分析孤立的生产力尺度和人的尺度的缺陷，提出应该将社会力量作为生产力尺度和人的尺度的统一。

综观目前学术界的研究状况，学界前辈对马克思社会进步理论从不同角度作出了独到的诠释，也为本书的研究提供了坚实的理论基础和切实可行的路径。然而，不同的观点虽然多有共鸣，但有些观点之间的确存在差异甚至对立，这无疑说明了对马克思社会进步理论的研究，仍是一个需要继续推进的过程。同时，尽管不少学者对马克思的社会进步理论进行了专门的研究，但是以马克思唯物史观为背景，对社会进步这一主题进行系统研究的成果并未出现，已有的研究成果由于缺乏更深的逻辑支撑也显得松散和零碎。就目前的研究来看，对马克思社会进步理论的研究主要存在如下一些问题：在马克思唯物史观形成的问题上注重历史层面的梳理，缺乏思想逻辑上的辨析。对马克思社会理论的探讨中往往将一些逻辑混淆，从而造成了马克思社会进步理论研究中逻辑混乱、观点矛盾的情况。对社会进步问题的处理，往往偏于其中一个方面，缺乏社会学与政治经济学交互推进的视野，从而没有对这一问题形成深层的探究。而就现实来看，面对当下社会进步中的相关问题，以往研究的局限性也体现出来，旧有理论已无法容纳实际状况的局面、注重理论的平衡而回避现实的方式、进步实践领域中的迷茫和焦虑，这些都成为推进马克思社会进步理论的现实障碍。马克思社会进步理论的研究，不能仅浮于表面，而要运用唯物史观的视野引导或解决现实问题，客观揭示其中的价值或困境。在此意义上，我们只有从不同视角对马克思社会进步理论作出理性而现实的剖析，才能对当前我国社会进步中的相关问题找到合理的解答。

第三节　研究思路和方法

一、研究思路

就学界目前对马克思社会进步理论的研究来看，不同的学者从不同角度、运用不同方法对马克思社会进步观进行了阐述。但是，从经典文本角度出发的研究较多，结合经典文本与时代现实重新解读和评判马克思社会进步理论的研究则较少。有鉴于此，本书计划一方面在对经典文本详细解读的基础上，系统阐发马克思社会进步理论的相关内容和思想旨趣；另一方面结合当代社会发展实际以及中国特色社会主义建设实践，在对现实的把握中寻求对马克思社会进步理论新的解读，寻求它在当代社会进步中的意义与价值。首先，在梳理进步观从理性主义到马克思社会进步理论的转变过程的基础上，通过对马克思原始文本的仔细分析，阐发马克思社会进步理论的内在理路，澄清以往线性史观的误读。其次，跳出以往对马克思社会进步理论"经济决定"论和"自然主义论"的窠臼，重新分析马克思社会进步理论的本质和属性，实现对马克思社会进步理论思想内涵的全面把握。最终，在对马克思进步理论的相关论述的基础上，结合当代中国国情，立足当下新现实，探讨马克思进步理论的当代价值。在研究过程中，具体思路如下。

本书分为五个部分。第一部分，进步相关概念界定及理论辨析，在书中呈现为第一章。目前在进步相关概念及范畴的使用上，仍存在许多模糊甚至混乱的地方，这给进一步的研究与讨论带来了诸多不便。为了厘清社会进步的诸多问题的头绪，这一部分将首先对进步及相关概念如进步、进化、发展、增长、创新等进行界定。在此基础上，对社会进步基本内涵与主要特征作出论述，从而阐明社会进步的核心视角以及需要把握的理论尺度。此外，这一部分还将对社会进步相关理论作出梳理。通过对历史循环论、历史倒退论等理论的比较论述，考察中西方古代社会历史的传统观念。同时，对近代早期进步史观的形成源头作出一个简要的勾勒，并以此作为下一部分内容展开的前提。

第二部分，马克思社会进步理论的历史考察，在书中呈现为第二章。本章主要是对近代西方理性主义时期的社会进步理论进行梳理，具体通过三个层次来分析。首先，对近代西方社会进步观的历史语境作出探究，主要从自然科学发展、第一次工业革命兴起以及法国大革命胜利这三个时代背景的梳理展开。其次，分析启蒙时期理性主义下的社会进步理论，着重讨论孔多塞、卢梭、康德、黑格尔等人的社会进步理论及其演变的历史脉络。最后，论述从理性主义社会进步理论到马克思社会进步理论的转变，主要对理性主义社会进步理论的局限与意义作出评价，并引出马克思对理性主义社会进步理论的超越之处。

第三部分，马克思社会进步理论的思想结构，在书中呈现为第三章。本章主要从核心主题、视域突破、逻辑路径三个层面对马克思社会进步理论作出深入的剖析。在核心主题上，唯物史观下的社会进步阐发，无产阶级立场下的共产主义诉求构成了马克思社会进步理论最重要的两大主题。在视域突破上，从"理性"到"实践"的进步论述为马克思社会进步理论提供了正向的视域，"劳动异化"下的历史批判则为其提供了反向的视域。在逻辑路径上，马克思以"物质的生活关系"为根源，重新确立历史自身的恒定性，这构成了其社会进步理论的逻辑起点。而作为"自然史"的社会进步则以二分法的方式明晰了历史的属人性与主体性，从而也形成了其社会进步理论的逻辑重心。在此基础上，通过人的发展来确认社会进步的目的和意义，进而凸显社会进步的"主体性尺度"，这成为马克思社会进步理论最终的逻辑归宿。

第四部分，马克思关于社会进步的三个主要问题，即规律呈现、动力机制、评价尺度，在书中呈现为第四、五、六章。具体来讲，第四章为马克思关于社会进步的规律呈现。本章首先论述社会进步规律的逻辑呈现，即生产力与生产关系的矛盾运动和社会交往关系的历史演进。其次论述社会进步规律的现实呈现，即合规律与目的的历史过程以及曲折的、不平衡的发展过程。最后论述跳跃式发展作为社会进步规律，其中人的实践活动为跳跃式发展提供可能，生产力本身也具备跳跃式发展的特点，后发展国家则具备跳跃式发展的历史条件。第五章为马克思关于社会进步的动力机制问题。本章首先从内在机制出发，论述实现社会进步的"动力源"，即基本矛盾、阶级斗争、科学技术，正是在这些动力的合力下，才实现了人类社会不断进步。其次从具体现实出发，论述推动社会进步的其他因素，如人的需要、经济竞争以及文化等。最后考察社会进步中的代价问题，讨论代价作为一种消极因素，如何在社会进步的过程中发挥积极作用。第六章为马克思关于社会进步的评价尺度。本章首先考察社会进步评价尺度的基本内涵以及构成，以及马克思社会进步评价尺度的原则。其次论述马克思社会进步评价的两个尺度，其中生产力发展是评价社会进步的根本尺度，人的发展是评价社会进步的核心尺度。最后论述两个评价尺度之间的关系以及实践对二者的统一。

第五部分，马克思社会进步理论的当代视野，在书中呈现为第七章。本章在前几章的基础上，探讨马克思进步理论对当代中国社会进步的意义。首先梳理当代中国社会进步中相关问题以及马克思社会进步理论带来的启示。其次结合当下现实，探讨在当代中国坚持马克思社会进步理论的主要方式，即坚持发展经济，坚持人的发展，坚持制度完善。

以上五个部分、七个章节阐明了本书的主要思路和内容展开。需要说明的是，以上内容的展开主要是通过三个维度的交错推进来实现，即历史的维度、理论的维度以及现实的维度。所谓交错推进，是指三个维度在本书写作过程中并没有绝对的先后次序，而是彼此交错、彼此相通。具体来讲，在历史的维度上，本书从历史语境与思想史发展相结合的角度，既阐发了社会历史观念从古代到近现代的转变，也揭示了近代社会进步理论从理性主义进步理论到马克思社会进步理论的转变，历史维度在书中主要分布在第一、二章；但在研究逻辑的推动下，第三、四、六章对此也有所涉及。在理论的维度上，本书则进行了概念辨析、思想阐发、逻辑探究以及问题解读等不同层面的尝试，通过这些不同层面的展开，进步的相关概念、社会进步理论的内涵等内容实现了清晰的界定，马克思社会进步理论的核心主题、视域突破、逻辑路径等实现了准确的阐发，社会进步的规律呈现、动力机制、评价尺度等具体问题也实现了系统的说明，从而最终达成了对马克思社会进步理论的综合研究。理论维度是本书的核心维度，在全书的主要章节中都有所涉及。在现实的维度上，本书将主要探讨马克思社会进步理论对当下中国社会的启示以及当下坚持发展和完善马克思社会进步理论的主要方式，此部分内容主要集中在第七章。不过，本书在推进过程中始终秉承理论结合现实的立场，因此在其他章节也会将现实维度带入其中，从而让全书内容形成更好的现实关切性。以上是本书展开过程中贯穿始终的三个维度，它们如三角形的三个边，共同构成了本书的思考逻辑。

二、研究方法

以研究思路及其逻辑构成为基础，本书将采用如下研究方法。

一是历史唯物主义的方法。历史唯物主义方法是马克思本人考察社会历史的基本方法，也是后人研究马克思社会进步理论的基本方法。因此，本书在开展过程中首先将采取这种科学的研究方法。一方面，唯物地、历史地分析马克思社会进步理论，一切论述、一切观点的展开都要以特定的历史客观条件为前提，情境化地分析马克思社会进步理论的时代背景、思想内涵。另一方面，在总体历史把握的基础上，对马克思社会进步理论注重逻辑上的推演，不作毫无根据的假言、断言，从而将历史的分析和逻辑的推演有机结合在一起，保证研究的客观性和思想性。在此基础上，将马克思的社会进步理论与现实中的问题相结合，在实践中把握马克思社会进步理论的价值。同时，在研究中，本书还将坚持一种辩证的态度，既不因为对马克思社会进步理论的整体研究而忽略其中一些重要的细节，也不因为对某一个方面的过分夸大或缩小而影响马克思社会进步观的整体把握，从而保证研究的全面性。

二是比较研究的方法。由于自然科学方法论的渗透，当代社会科学往往注重实证研究，多采用实验性的方法，但相比于实验性的方法在自然科学上的应用，社会科学中的实验方法无论是在实际的可行性、结果的准确性还是方法的灵活性上都要逊色许多。有鉴于此，笔者在研究中将坚持采用在社会科学中行之有效的经典方法，即比较研究法。具体来说，在比较前首先确定双方之间需要比较的具体方面，其次通过比较明确双方在相关立场和理论上的异同，最后通过比较双方的不同结论判定优劣，进而探讨影响、继承或者超越。在具体研究中，本书将力求对历史中形成的众多具有代表性的社会进步理论进行详细比较，既宏观比较不同时代思想家的不同中的相同，也微观比较同一时代思想家相同中的不同，从而在此基础上对马克思社会进步理论所实现的超越形成更加深入的认识。

三是文献分析的方法。由于本书内容具有较大的时间跨度，需要大量的文献阅读工作，因此在研究过程中还将采用文献分析的方法。其一，分析《马克思恩格斯全集》中涉及社会进步的文本，准确理解马克思社会进步理论的原始含义，避免因主观上的理所当然而造成的过度诠释。当然，在掌握马克思社会进步理论准确内涵的基础上，可以对相关理论进行适当的、合理的发挥，使经典解读发挥出更多的价值；但一定不能因个人发挥而对他人的理解造成误导。其二，分析近代社会进步相关著作中的思想主张，比较不同学派的不同主张，不作"独行侠"式的孤立研究。一方面通过对不同时期的文本进行系统分析，厘清马克思社会进步理论的思想脉络；另一方面通过对马克思不同时期关于社会进步的文本比对分析，掌握马克思社会进步理论的内在逻辑演变。其三，分析近代和当代学者关于马克思社会进步理论的相关著述，借鉴前人研究马克思社会进步理论的优秀成果，摒弃其中片面和错误的结论，从而达成对马克社会进步理论更加准确、深入的理解。

进步相关概念界定及理论辨析

　　大体而言，进步的概念形成于近代西方并关联于这一时期自然科学与社会科学的发展，因此有着自身的历史语境和思想内涵。然而，一方面，由于不同时期、不同人群对进步作了不同的解读，从而也给进步概念赋予了太多内容，而这种情况无疑给我们正确理解进步增加了一定困难。因此，研究马克思社会进步理论，首先需要对进步相关概念作一个基本的界定。另一方面，就社会进步而言，理论的多样性在某种程度上体现的其实是学科之间的差异，以及对社会历史问题把握的深浅，而从这样的角度出发，对社会进步相关理论作出辨析，也是一件必要的事。概念是对研究对象的客观把握，是对感性事物的理性判断和总结。社会进步作为马克思主义的重要内容，准确理解其相关概念，无论对我们从理论上解读马克思社会进步理论，还是从实践上推动社会全面进步，都是非常有价值和意义的。

第一节　进步及相关概念界定

　　从源流来看，进步概念具有自身的含义和属性变迁，它们在某种程度上决定了我们讨论进步时所涉及的维度以及容易忽略的地方，因此对其进行相关的界定，将会帮助我们更好地把握这一概念。同时，由于进步概念具有较大的涵容性，人们往往将其与其他类似的概念如进化、发展等混用；而由于对进步含义的误解，不少人也将进步的内涵等价于某一类增长。为此，我们有必要对上述相关概念作整体考察。

一、进步的含义与属性

"进步"一词，我们已习以用之，然而它并非中国本土固有的词语，而是在近代中国翻译西方语言的过程中形成的，在此之前，"进"和"步"一直被分开解释和使用。不过，这一词语的形成却颇有其逻辑：在英语中，"进步"一词为"progress"，它由"pro"（前）和"gress"（走）两部分组成，意思为"向前走"。而从汉语来看，"进"在《说文》中解释为"登"，有向前之义，可对应于"pro"；"步"在《说文》中解释为"行"，即行走之义，可对应于"gress"，二者合起来正对应于"progress"。由此可见，"进步"一词的形成正是出于对英文"progress"语法和含义上的严格对应。在当下不同版本的《汉语大词典》中，"进步"一般都被解释为向前或向上的发展；而在百科类解释中，"进步"也基本被解释为向好的方向的发展。因此总体上看，"进步"一词既成于英文词汇的对应翻译，也合于中文语境的相关含义，因而能被普遍接受和使用。

从词源学上看，"progress"与其法文同义词"progrès"都来自拉丁文"Progressus"，据德国古典学家瓦尔特·布尔克特（Walter Burkert）考证，拉丁文的"Progressus"最先由西塞罗使用，大致表达个人能力的一种提高或长进，与文明或历史无关。英国学者约翰·伯瑞（J. Bury）在《进步的观念》一书中曾通过翔实的资料考察了进步观念的诞生过程。他认为："传统的古代及随后的时代的智力氛围并非有利于关于进步的学说的诞生。直至16世纪，进步观念出现的障碍才开始无疑地加以超越，而一种有利的氛围也逐渐准备就绪。"❶实际上，进步观念虽然在文艺复兴时期已形成并发展，但在此后相当长的时间里，"进步"一词在西方都没有社会层面的内涵。从历史或社会角度出发理解进步，进而衍生出近现代意义上的社会进步概念，则要推至更晚的启蒙时期。而后者在某种程度上可视为马克思社会进步理论形成的前奏。本书第二章对此有详细论述，故此处不做赘述。

通常意义上，进步是相对于退步、落后或停滞而言的。按照普遍的理解，进步就意味着变好，退步就意味着变坏，二者是以一种相对的状态存在的，

---

❶ 约翰·伯瑞. 进步的观念 [M]. 范祥涛，译. 上海：上海三联书店，2005：4.

而它们又都是相对于过去的某种状态而言的，是特定时间和空间条件下的观念——在时间上，这种过去的状态是指承载了某个事物的过往，是它的曾经阶段；在空间上，它又非当前空间的当前事物，而是另外一个空间中的不同事物或同一事物的不同状态。因此，我们可以抽象地讲，过去的事物只存在于某种具体的过去，现在的事物一旦过去就不再成为它自己。既然如此，我们应该在何种意义上理解和把握进步呢？这就涉及进步的属性问题，我们可以从事实性、评价性和主体性三个方面展开。

一是事实性因素。首先，进步意味着变化，即从一种状态转变到另一种状态的过程。在这个过程中，事物会在性质、结构、数量、功能等事实层面体现出和原来不一样的内容。变化是对事物状态改变的事实性描述，它并不包含评价成分。其次，如果这种变化是一种"向前"发展的状态，那就表明它发生了某种进步，这既可以是向一种更好的状态的发展，也可以是向某种更高目标的趋近。因此，事物只有在事实层面上发生了变化，并且这种变化实现了更好（或可欲）的结果，我们才可以将其视为进步。

二是评价性因素。评价性因素是指对进步事实的价值评价或评估，它是对进步内容的一种主观性描述，但这种主观性在根本上也需要以社会客观性的事实为标准。人是社会性动物，对于某一事物进步与否的评价都与社会息息相关，而后者既包含人在社会中的知识、经验，也包含一种总体上的社会评价标准或评价目标。评价标准与评价目标相联系，它们共同构成了进步评价性因素的核心内容。

三是主体性因素。进步的评价虽基于客观性事实，但评价行为由特定主体展开，并关联于相应的评价尺度。这意味着，一方面，评价主体的差异会构成评价背景或参照系的差异，从而对评价结果形成相应的影响；另一方面，评价尺度作为评价主体价值取向观念的目标和理想状况，实际上也源于主体所设定的行动目标，不同的评价主体可能选择不同的目标，因而评价尺度也就呈现出一定的主体性。

当然，由于进步是相对于过去某个状态而言的，因此它还必须有一定的时间参照，比如我们说某一个事物进步了；通常可以将其理解为相对于过去某个状态进步了；但如果我们将参照系更换或拉伸，其中或许还存在更宽泛意义上的停滞甚至退步。因此，进步在时间上是一个相对性的概念。不唯如此，由时间的相对性而形成进步评价的相对性，进而由此延伸出的实际上是某种更为深刻的思辨性内容。我们知道，进步观念是以线性的时间观为基础的，从线性时间观来看，时间是由过去、现在和未来三个维度展开，人们以现在为基准对过去进行经验总结，并对未来作出展望和目标设定。而在时间推进的过程中，现在不断成为过去，未来又成为新的现在，当成为过去的现在朝着即将成为现在的某个现实目标不断趋近时，进步便实现了。因此，我们可以说进步既源于对过去的假设，也源于对未来的预言，它们共同揭示了进步在线性时间上的辩证法。

此外，"进步"的相对性还可以是程度上的强弱，即所谓的强进步（strong progress）和弱进步（weak progress）。这一区分主要来自康斯坦茨学派哲学家沃尔特对进步的"强进步类"和"弱进步类"的类型学划分，我们可以大致将其理解为："强进步类是指连续的、不间断地向更好的目标前进的现象；弱进步类则是指不连续地向好的方面前进的现象。"❶ 一般而言，弱进步在总体上代表了进步的主流样态，但在很多时候"弱"是相对于"退"而言的，比如说某个人按目标减肥，断断续续推进，最终虽然体重有所减轻但并没有完成目标，如此就目标完成来说他似乎很难算是进步。因此，弱进步虽然是朝着更好的方向发展，但它也可能在某种程度上反映出事物的退步、落后的现象。实际上，生活中的许多进步都属于弱进步，而伴随着弱进步也存在着一定的停滞，有些方面甚至会造成退化的状态。而从长远的时间跨度上来看，事物的发展则几乎不存在弱进步，由于事物的多样性和条件的偶然性，所有的进步基本上是一种波浪式前进或螺旋式上升的过程。因此，就进步的强弱性而言，我们同样需要将其置于不同时间的范围内，辩证地理解。

二、与进步相关的概念

（一）进化

一般而言，进化是生物学中的一个专有概念，与退化相对。但在宽泛意义上，进化也可以是对一般事物的描述，如在《哲学大辞典》中，进化就被

---

❶ 汪堂家. 对"进步"概念的哲学重审：兼评建构主义的"进步"观念 [J]. 复旦学报：社会科学版，2010（1）：103–113.

定义为：“缓慢的、逐渐的、不显著的变化。原为生物学中与‘退化’相对的一个概念，表示生物由低级到高级，由简单到复杂，由种类较少到种类繁多的向前演化过程。后成为表现事物发展的一种普遍形态的概念。”可见，进化概念在发展过程中也逐渐溢出了生物学的范围，成为对事物变化的一种普遍描述。从历史上看，最早将“进化”概念引入生物学领域的是生物学家达尔文，在他所处的时代，宗教神学统领一切，因此生物进化论发表之后，便在当时的社会上引起了巨大震荡。此后，随自然科学的广泛发展，人们逐渐接受了进化论的学说。然而，对进化论接受的意义并不仅在于理解“进化”这一观点，而是在于它促使“进化”成为一种科学和理性思维的方式，深深地嵌入了人们的头脑当中：“进化这个概念的重要性远远超出了生物学的范畴。无论我们是否认识到，进化的思想深深地影响，甚至可以说决定了现代人的思维。”❶事实上，正是由于对进化思维的接受，才形成了进步的概念。按照达尔文所赋予的内涵，当时的社会科学家纷纷将“进化”观念引入社会科学领域，并按照生物学中的物种进化、自然选择等方式解释社会科学领域内的诸多现象。在他们看来，社会领域也同自然界的生物一样，是由许多不同的部分联系起来的有机整体，而且这个有机整体的演化和发展也遵循着类似生物进化的规律，即由简单到复杂，由低级到高级的发展过程。由此逐渐形成了社会科学领域的“进化”思想，人类社会的进步概念也因此被赋予了“进化”的内涵。在此意义上，可以说进化概念是近代进步概念形成的前提。

不过，相比于生物进化的自发性和自然性，人类社会的“进化”则具有更多的规律性和目的性，更包含一种社会历史观的意味。同时，相比生物进化概念的较为单一，社会意义上的“进化”则更具丰富性，它包含着量变和质变的统一，也更具主体性。因此，尽管进步概念具有“进化”的内涵，但它从本质上来说更像是一个人类学的概念，它投射出人类的标准，因而也具有更加宽泛的内涵和外延。它不局限于某一特定领域，而是广泛地适用于各种语境。此外，在人类社会发展的过程中，“进步”和“革命”又是以一组相对称的关系出现的。一方面，进步是革命的前提和目的，即革命在进步的基础上发生，它的结果则是形成新的进步；另一方面，革命是进步的内容与

---

❶　恩斯特·迈尔. 进化是什么［M］. 田洺，译. 上海：上海科学技术出版社，2009：1.

动力，即实现进步的内容包括革命，革命有效推动了社会的进步。所以，当我们谈论进步时，往往是从人的主体标准出发，因而带有更大的主观性；而当我们谈论进化时，往往是从自然角度出发，因而带有更多的客观性。这可以说是进步与进化的区别。当然，进步虽然不等于进化，但二者具有一种交叉关系，即人类进化的过程中，包含着进步；而在进步的历史发展中，也推动了人类进化。

（二）发展

就源头来看，"发展"概念最初也来自生物学领域中的"胚胎发育"（development）和地质学领域中的"演化"（evolution），后来才被引入社会科学领域。❶ 不过，在概念的流变中，其原初的语境逐步消失，并代之以更为宽泛化的内涵。比如在普遍的理解中，发展就被视为事物在性质、结构、程度、规模或数量等方面发生的由旧到新或由低到高的变化和突破，它既可以表达一种趋势，也可以表达一种结果。在当代，发展更多在经济学领域被提及，其内涵主要是指"以经济增长为基础的社会政治、经济、文化等结构、体制的演进和变革，特别是指从传统社会向现代社会的转化和变迁。"❷ 这种理解虽然将发展的范围涵盖整个社会的多个方面和层次，但其本质上还是以经济增长作为衡量发展的核心指标，因此可以将其理解为一种广义上的经济增长论。此外，发展概念在自身的演变中还形成了一种"综合发展"的命题，其内涵既可以指不同的部门共同的加强和提升，也可以指不同地域一体化的程度，还可以指不同阶级获得的更高的凝聚力，因而是一个更加宽泛的社会学概念。

当我们将发展概念与进步相联系时，它基本上可以理解为人类走向更好生活的需要，而其背后的实质则包括经济增长、科技进步、生活水平提高、文化繁荣、生态改善等一系列内容，这些显然也是广义的进步所包含的内容。因此，发展和进步之间有着密切的关联，任何一个时期的进步都包含了发展，甚至在一定意义上来说，在社会领域，发展指的就是社会的进步。当然，二

---

❶ 刘森林. 发展哲学引论 [M]. 广州：广东人民出版社，2000：1.

❷ 庞元正，丁冬红. 当代西方社会发展理论新词典 [M]. 长春：吉林人民出版社，2001：80.

者也不能完全等同。就发展来看，它体现的是新事物不断代替旧事物的一种客观的新陈代谢过程，虽然带有一定的主观评价，但更倾向于对事实的描述；而进步则不仅如此，它在事实陈述之外主要涉及价值评价等问题，因而是一个价值性的概念。特别是就社会发展与社会进步来看，前者主要是对社会向前的运动过程的描述，既包括社会由低到高的整体运动，也包括社会某一阶段的各个方面的、各个层次的局部运动；后者则更加强调社会由旧的历史形态向新的历史形态的转变，它既包括物质文明，也包括精神文明，且更加注重一种逻辑上的必然。有学者对社会发展和社会进步作出了一种区分："'社会发展'是发展学中属于低层次的'形而下'的范畴，它所概括的范围要大于社会进步，当然包括社会进步，它具有实践性、过程性、局域性特别是代价性等特点；而'社会进步'是发展学中属于较高层次的'形而上'的范畴，它是社会发展进程中主流的、本质的现象和必然的趋势，具有总体性、趋势性、前进性、结果性等特点。"❶ 从哲学上看，这种区分具有一定的道理。不过，如果我们说发展是一个具有普遍意义的概念，它应该广泛包含从自然到社会的多个领域、多个范畴，而一种整体的范畴观实际上已经逼近了我们一般所言的"形而上"。实际上，我们一旦具备了发展的观念，就会对未来形成一种主动的展望和设定，而在这种设定下，人自身的一些价值、观念也会随之发生变化，这就意味着发展的过程不但有事实层面的提升，而且伴随着价值的变革和观念的更新。正是在这个意义上，我们说发展的内涵并不局限于一种事实层面的进步或突破，也包含着一种价值层面的成就、实现和解放。

综上所述，我们可以从三个方面对发展进行把握。首先，从性质上来看，发展是事物从简单到复杂、从低级到高级的运动过程。在这个运动过程中，由于事物实现了一种层次和境界的提升，因此它不是一个普通的运动过程，而是包含了一定的价值判断或观念诉求。其次，从程度上来看，发展包括两层内容，即量变和质变。就发展的过程来看，在整个发展中不仅事物的数量发生了改变，而且这种改变同时形成了事物质的提升，甚至产生了一些全新的内容。这在很大程度上可以成为检验发展的一个试金石，即如果事物在经历了较长时间的发展后，无论在数量还是性质方面都没有发生变化，那么它

---

❶　邱耕田. 社会发展与社会进步关系辨析［J］. 教学与研究，2006（1）：92-96.

就不能称为发展。最后，从结果上来看，发展实现了旧事物的灭亡和新事物的产生。因此发展的内涵还可以指新旧更替、物换星移。实际上，自从社会学家将发展的概念引入对社会历史演进的解释中以后，发展就逐渐成为衡量事物更新变化的一种指标。当然我们无法量化发展的所有内容，但事物一旦实现了某种内在的新旧更替，形成了一个新的状态或阶段，我们说它就是发展。就社会发展来看，它在总体上是一个不断前进的历史趋势，但由于社会生活本身的偶然性，发展的过程也会随之出现许多的曲折，有些时候甚至会出现停滞乃至退步。在这个过程中，我们需要从以上三个方面来对发展形成准确的理解，既不让暂时的停滞或退步影响了我们对发展的认知，也不让虚假的发展遮蔽了我们对发展的判断。

(三) 增长

所谓增长，指的是事物相对于原来的状态，在某一个具体的指标或参数上实现的数量、面积或体积的增加。广义的增长一般涉及从自然到社会的各个方面；而狭义的增长则主要针对经济领域，如一般所言的经济总量增长、资本份额增长、经济收益增长等。就学术的讨论来看，19世纪中期的社会学界和经济学界非常流行"增长论"。在社会学界，这种理论主张将社会进步放置到一个虚拟的量化指标体系中去考察，而在考察中则采用实证的科学方法，用具体的数量、指标、参数来评判社会的进步与否，20世纪快速发展的实证主义社会学就是其代表。在经济学界，这种理论的典型代表是所谓的"经济增长论"，且在不同的经济学流派里其主张各不相同。如亚当·斯密及大卫·李嘉图等古典经济学学者就认为经济增长实际上是国民财富的增长，它的具体表现则是社会总产品的增加。而马克思的政治经济学虽然吸收了古典经济理论的思想，接受了国民财富以及社会总产品等相关说法，但更加强调货币在经济增长过程中的重要地位，并认为科学技术和制度因素在经济增长中，甚至在社会进步中起重要作用。当然，尽管解释不同，但他们在总体上都是以一个国家或地区的国民生产总值的规模扩大与否来衡量社会进步的。

从表面来看，以经济增长的方式来考察社会进步，似乎是对马克思唯物史观立场的弘扬。然而事实并非如此，正如安德鲁·韦伯斯特所言："到了70年代初，以增长为目标的发展模式显然已不那么令人满意了。虽然有些国家人均国民收入一度提高，保健与教育状况也有所改善，但正是在国民生产总值上升的那些国家里，大多数人民的生活水平并未提高。实际上，在这一时期，又有几千万人加入了已达数亿的贫困者大军。"❶ "增长论"只看重社会在经济上的量的变化，而不看重它在质的上面的改变，以这种观点来看，社会政治、文化制度的改革都不具有根本意义，只有经济指标的增长才是社会发展的根本原因，这无疑是对马克思唯物史观的一种误解。我们知道，马克思所理解的社会进步的内涵是非常丰富的，它虽然以经济增长为核心内容，但也对政治、制度、文化、观念以及意识形态等提出了具体的要求，而且还兼顾了这些不同方面之间的互相作用与互相影响。因此，只以经济增长来衡量社会进步的说法显然太过绝对，也具有很大的片面性。同时，从时间上来看，"增长"也有一定的尺度对应，如佩鲁的"新发展观"就认为："如果在考察短时期时，我们用'扩大'这个词。如果在考察某一较长时期（如实行四个以上五年计划所需的时间）时，我们则用'增长'这个词。"❷ 这就是说"增长"是一个相对较长时间尺度下的概念，它也并非一个均匀性的发展指标，而是一个总结性的发展结果。此外，虽然增长主要指的是经济指标，但它在一定程度上还是要受到文化的制约。在经济增长中，文化价值的意义在于，它既是支撑和推动经济增长的重要条件，又是指导经济增长合理性、价值性的重要标尺，这也是需要我们注意的。

（四）创新

不同于进化或发展，"创新"一词主要应用于社会科学领域，但从对创新的解释来看，人们对它的理解也存在许多差异。比如，有人认为创新就是创造出新的、不同的事物；也有人认为创新是形成新的想法、产生新的产品或服务；还有人认为创新是产生新的思想或理念。这些定义都从一定的角度描述了创新的内容，但如果要对创新做一个全面的定义，应该从创新的本质出发，那就是创新所具有的"进步内涵"。在此意义上，我们或许可以说，创新就是形成新的观念和方法，并将其运用于实践，从而创造出与现存事物完全

---

❶ 安德鲁·韦伯斯特. 发展社会学［M］. 陈一筠，译. 北京：华夏出版社，1987：14.
❷ 弗朗索瓦·佩鲁. 新发展观［M］. 张宁，丰子义，译. 北京：华夏出版社，1987：5.

不同的新事物，进而改善现状、带来进步。当然，这里需要将创新与通常所言的创造、革新、发明等区别开来。创造和发明是指从无到有、产生出一个全新的东西，强调的重点是首创性；而革新则是指对已经存在事物的某种重大更新，强调的重点是已存在事物的一种发展或进步。就创新与创造来看，二者的相同之处在于它们都会形成全新的事物，都具有一定的创造性。不同之处则在于，创造的主体不一定具有明确的动机或目的，其所创造的成果也不一定会推广于实际应用、产生出价值或推动相关领域的进步；而创新的主体具有明确的动机或目的，其形成的新事物在实际中也可以得到应用。更为重要的是，人们在创新活动中运用新的理念、新的方法，产生出符合主体发展需求的事物，从而带来了事物的发展或进步。就创新与革新或发明来看，它们在英语中是同一个单词"invention"，意思也相近，但在汉语中则存在着一定程度的区别。就一般的使用习惯来看，发明多用于自然科学领域，而革新和创新多用于社会科学领域。就强弱程度来说，创新的程度要强于革新，而革新的程度又强于发明。同时，发明和革新一般多针对一些具体的事物、措施或某个具体的问题，而创新则更偏向于实际的行为，可以看作发明和革新在实际中的应用。此外，我们还可以从新事物形成的逻辑循环过程来区别三者：发明是新事物形成的第一个阶段，这个阶段的本质是事物的从无到有，是事物的首创阶段。革新是新事物形成的第二个阶段，在这个阶段中虽然存在一种性质的变化，但总体上并不产生与原来不同的新的事物。创新是新事物形成的第三个阶段，它是在第二阶段基础上形成的事物的完全更新，经过创新，事物发生了一种质的变化，形成了全新的状态或结果，因此是新事物的完成或升华。

就人类社会来看，各种领域都存在着创新，而且其具体形式和内容也各不相同。但一般而言，我们可以将创新划分为三种形式：理论创新、技术创新和制度创新。理论创新相当于我们所讲的知识创新，它是指形成新的观点或思想，进而产生出新的理论学说。技术创新主要就科学技术领域而言，它主要是指形成了新的技术或新的工具，并以科学技术的方式推动生产力发展，促进社会的进步。制度创新则是更加深层的内容，它主要指对社会在政治、经济和文化等领域的制度作出较大程度的改革，其直接目的是以更加优良的制度带来更加合理的社会资源配置。从三者的内容来看，理论创新、技术创新和制度创新是创新行为的不同领域，因而具有不同的指向。但是如果考虑到创新的整个过程及其进步指向，那么三者之间构成了创新的整体内容，即理论创新形成一定的成果，成果转换为技术创新；技术创新的广泛应用推动相关制度的变革，形成制度创新；制度创新带来更加优良的社会条件，从而推动社会进步。因此，创新的三种形式实际上构成了创新的整个活动过程，并将其旨趣指向了社会进步的最终实现。

从创新发挥的作用来看，可以说创新是社会进步的"助推器"。首先，创新通过新的研究，引入新的技术或手段，从而为科学技术水平带来了重大的突破；同时，新的科学技术水平应用于社会生产实践，将更快地转化为新的生产力，进而带来整个社会经济的发展。因此，创新是推动科技进步，从而带动生产力和经济发展的重要手段。其次，创新可以促进人们思想观念的更新，从而激发人们的创造热情，带动社会发展。人是社会的主体，人的实践活动则形成了社会生活最主要也最丰富的内容。由于人的实践活动是在一定的思想观念的指导下进行的，因此创新从本质上说是思想观念的创新，通过在思想观念上不断打破各种僵化的教条主义，并形成大胆创新、锐意改革的主体观念，而这些观念也可以为创新打造出一个更加健康、优良的思想基础。最后，创新可以推动社会制度的变革，从而在根本上推动社会的进步。社会进步从最终结果上来说，必然体现为一系列的制度变革和体制更新，而在新制度代替旧制度的过程中，社会就实现了进步。因此，社会变革从根本上说是社会制度的创新，即通过改变与生产力发展不适应、与人民和时代需求不相符的政治、经济和文化制度，从而在整体上形成一个更加进步的社会。在这个意义上，社会进步的过程，实际上也是一个制度创新的过程。

第二节　社会进步的内涵与特征

在对社会进步的研究中，由于角度和目的的不同，容易使人们对社会进步形成许多差异和矛盾的观点，而从马克思主义的角度研究社会进步，则要求我们首先对社会进步进行一种科学的界定，这一界定可以从基本内涵与主要特征两个方面展开。就基本内涵而言，社会进步的研究并不是仅仅实现概念层面的明晰，而是要厘清社会进步的核心视角、整体框架以及内容层次。就主要特征而言，则需要在一种辩证的思维中形成对社会进步不同属性及其内在张力的全面把握。

一、社会进步的基本内涵

一般而言，社会进步作为社会前进或上升的运动，既指社会具体内容如经济水平、社会财富、精神生活的发展，又指社会整体由低级到高级的历史演进。在《马克思主义原理辞典》中，社会进步被定义为："社会进步，突出表现在社会形态从低级向高级的飞跃，把人类历史推进到一个新的发展阶段。在阶级社会，这种飞跃是通过社会革命实现的。同时，社会进步还表现在同一社会形态的向前发展，即表现为社会进化。这种发展是在生产关系基本适合生产力状况的条件下发生的。这时，整个社会的发展是渐进的。社会进步不是直线上升的，而是通过迂回曲折的道路实现的。然而，任何曲折和暂时的倒退，都只能延缓人类社会的发展，却不能改变人类社会走向进步的总的趋势。"❶ 由此可见，从马克思主义的角度来看，人类社会的进步就是指在生产关系基本满足生产力发展的前提下，社会从低级阶段向高级阶段不断迈进的过程，而且这种迈进过程并不以任何人的意志为转移。当然，对于社会进步的具体内容，我们又可以从两个层面来界定：其一，社会进步不仅包括某一个具体社会形态中不同阶段的进步，也包括不同的社会形态之间的新旧更替。在这个层面上，社会进步是社会从低级向高级的发展，并且在发展过程中呈现出不同的样态。其二，社会进步不仅包括社会物质财富的增长和精神文明的发展，也包括具体社会制度的完善和整个政治制度的革新。在这个层面上，社会进步实现是一个不同领域之间的交错推进。由此可见，社会进步虽然是人类社会发展的必然趋势，但它同时也是一个复杂的动态过程；正因为如此，社会进步成为人们不断探求的重大课题。

社会进步观念的形成始于近代西方，由于进化论的巨大影响，当时的社会科学家纷纷将这一主张引入社会领域，并在此基础上逐渐形成了社会领域的进步观。在社会进步观的发展过程中，又形成了许多不同的理论学说，如

---

❶ 刘炳瑛. 马克思主义原理辞典［M］. 杭州：浙江人民出版社，1988：370.

理性主义的进步学说就认为社会进步随着人们知识和能力的提升而不断推进；又如启蒙历史哲学家认为社会进步是理性对现实的先验引导，并在此过程中形成某种辩证逻辑。黑格尔就认为，从不完美的东西进展到比较完美的东西，就是进步；但同时，不完美的东西并非单方面的不足或落后，而是应该在对比中体现，即应该在包含着与自身相反的对比中体现出来，这种在辩证法基础上的进步观揭示了进步与倒退、完美与不完美的动态关系。而马克思则是在研究了人类社会的整个发展进程后，提出了"经济社会形态"的概念，在他看来，社会进步是与一定阶段的生产力发展相适应的经济基础和上层建筑统一发展的过程。根据人类社会不同阶段生产力的不同类型，马克思将人类社会发展划分为不同的社会形态，并认为社会进步就是生产力决定下的新社会形态对旧社会形态的取代。当然，这个过程又可以从两个方面分开理解：一方面，社会进步是一个"物质生活"意义上的历史发展过程，不同的社会形态就是物质生活关系在不同阶段的基本反映。另一方面，由于社会的主体是人，因此社会进步体现出一定的主体目的性，进而在社会形态的框架下形成了许多各异的发展道路。因此，马克思指出，社会进步不是一个直线的发展过程，而是具有一定的反复性或曲折性，甚至具有一定的跳跃性，并在总体上呈现为一种波浪式前进、螺旋式上升的趋势。要正确理解社会进步的概念，还要认识到社会进步中的矛盾性，因为"社会进步不单是时间的前后相继，而且也是内在矛盾的自我展开"。❶ 以往的一些理论往往过于简单地理解社会进步，只强调社会整体的进步性，而没有注意进步中同时存在退步，也没有看到社会进步中的各类矛盾，因此都是对社会进步的片面认识。在马克思看来，矛盾的普遍性是事物发展的内在动力，社会进步同样如此。同样，列宁也认为，社会进步和一定程度的退步，不能单独或分开来看，而应该在统一之中进行理解和把握。事实上，由于社会进步本身的矛盾性和复杂性，我们对于任何社会制度的呈现方式都不应该持一种机械的理解，而是要同时看到不同的社会制度的合理性与局限性，这也是马克思考察人类社会进步规律所秉持的基本立场。当然，从根本上而言，只有体现了生产力与生产关系的矛盾运动规律的社会形态才能在一定程度上被视为社会的进步。在此意义

---

❶ 张艳萍. 社会进步概念的现代诠释 [J]. 郑州大学学报：哲学社会科学版，2001：29-32.

上，无论何种社会制度，在人类实现最终的理想——共产主义之前，都只是暂时的社会形态，因而也是不会永久存在的，这才是马克思社会进步理论的最终追求。

二、社会进步的主要特征

为了深刻理解社会进步的内涵，我们还必须进一步分析社会进步的主要特征。总体而言，社会进步的主要特征可以通过三组辩证关系体现出来，即进步中伴随代价、前进中包含曲折、统一中充满多样。

1. 进步中伴随代价

社会进步并非一种单一的、直线的上升过程，因为在这个过程中虽然存在着进步，但也会付出有相应的代价，这是社会进步的一个基本特征。通过对以往社会历程的回顾，我们可以清晰地看到，人类社会在不断收获文明果实的同时，也让自己付出了许多不同的代价。由于缺乏科学的进步观念，如人类在过往的发展过程中曾一味追求财富的增加，在追求物质生活的同时忽略了精神生活的发展；又如在发展文明的同时忽视了对自然环境造成的影响，由此不但使自然环境进一步恶化，而且也给人类生活造成了不良影响，给社会进步带来了巨大负担。恩格斯认为："所有的两极对立，都以对立的两极的相互作用为条件；这两极的分离和对立，只存在于它们的相互依存和联结之中。反过来说，它们的联结，只存在于它们的分离之中，它们的相互依存，只存在于它们的对立之中。"❶ 因此，我们在对社会进步形成肯定性认识的同时，也要认识到它存在的否定性成分，以及认识到肯定与否定之间的相互依存、相互渗透的关系。从社会主体的角度来看，社会进步伴随的代价是由于社会主体的认识和实践活动受到了客观规律的束缚，因而形成了一定的局限性，它使主体对局部利益与全局危害之间的联系认识不足，一味强调改造客体某些方面的功能或利益，从而忽略了可能存在的风险及由此引发的社会结构失衡。从社会历史条件来看，人们的实践行为是在一定的社会历史条件下进行的，不同的历史条件会形成不同的代价。比如说近代工业社会，生产力的发展虽然使社会分工不断专门化、精细化，但精细化的分工也让人的精神

---

❶ 马克思恩格斯选集：第 3 卷 [M]. 3 版. 北京：人民出版社，2012：954.

世界在狭窄的专门领域内变得愈加贫乏。同时，分工的不断精细化也带来了社会组织的不断分化，进而使阶级之间的对立日益加剧。因此，对于社会进步，我们需要以一种辩证的思维来理解，既要看到它的进步性，又要看到它伴随的代价性，并在对代价的不断扬弃中实现社会的进步，这也是马克思社会进步理论的题中之义。

马克思社会进步理论揭示出社会进步中代价问题的客观性，而在整体社会条件下，我们更应该树立一种正确的代价意识。其一，在追求进步的过程中，既不能盲目乐观，也不要过于悲观。不能因为一味追求社会进步而忽略了其中的代价问题，也不能因为惧怕代价而放弃应有的进步。其二，对于社会进步的需求，既要满足当前利益，又要不损害长远利益；既要满足当前主体的需求，还要不损害以后主体满足需求的权利。其三，对于代价的处理，需要在深刻认识的基础上，积极发挥主观能动性，把代价造成的损失降至最低限度。只有这样，我们才有可能处理好社会进步中伴随的代价问题，促进社会向更好的方向迈进。

2. 前进中包含曲折

所谓社会进步的前进性是指社会具有的确定不移向前发展的趋势，即社会是由低级到高级、越来越先进的发展过程。而所谓社会进步的曲折性是指社会进步的过程并非直线向前的，而是充满了曲折，是一个波浪式的前进和螺旋式的上升过程。就社会进步的实际过程来看，它既非单纯的前进性也非一味的曲折性，而是二者的辩证统一。正因为如此，许多学者将社会的进程总结为前途光明、道路曲折，这一说法看上去似乎有点矛盾，但的确揭示了马克思主义理论关于事物发展的一个根本规律，即否定之否定的规律。"按本性说是对抗的、包含着矛盾的过程，一个极端向它的反面的转化，最后，作为整个过程的核心的否定的否定。"❶ 在马克思看来，永远直线前进的进步其实并不存在，每个事物都具有矛盾性，而这种矛盾性才是推动事物向前发展的根本原因。这是因为，矛盾性包含着一种否定的力量，而否定的力量正是促使事物向矛盾对立面发展的动力所在。具体来讲，事物的变化起始于对自身的否定，而在新的发展过程中则又形成对原来否定的否定，从而达成新的

---

❶ 马克思恩格斯选集：第3卷［M］. 3版. 北京：人民出版社，2012：519.

肯定，事物也就由此获得了新的发展，这就是否定之否定规律的辩证过程。当我们将社会进步置于一种辩证关系中考察时，应该充分认识矛盾以及否定力量在其中的作用，并自觉在社会进步的实践中运用这种力量，以否定之否定的规律观和方法论推动社会的进步。

此外，社会发展中的前进性和曲折性，一方面要求我们将社会进步放在一个宏观的视野下理解。比如在阶级社会中，统治阶级和被统治阶级虽然处于对立的两极，但他们又同时从属于一个整体的社会结构系统，因此对社会进步包含着肯定性和否定性的双重影响。在肯定性上，当统治阶级占据社会主导地位时，这虽然为社会带来一定的稳定因素，但并不会改变固有的性质。在否定性上，当被统治阶级作为当前社会的否定性因素处于主导地位时，社会状态虽然会发生一定的波动，但也会在这一过程中推动社会的进步。在此意义上，社会进步的前进性和曲折性实际上是在肯定和否定的相互转换中形成的。另一方面，前进性和曲折性还要求我们以一种整体历史的眼光看待社会进步。比如，就我国社会目前的发展来看，虽然在发展过程中出现了许多的问题，但社会主义事业整体上是稳定向前发展的，因此我们需要的是以改革的方式调整制度体系中与生产力发展不相适应的某些环节，而不是一味地消极否定。社会主义事业是一个漫长的历史过程，它不会一帆风顺，而是要经历许多困难与挑战，我们不但要正视当前阶段的各种问题，还要以一种整体的眼光树立起继续前行的信心，在对前进性与曲折性的动态把握中推进社会主义事业的向前发展。

3. 统一中充满多样

就统一而言，它是事物存在的基础性因素，也是对事物总体特征或属性的一种概括，事物在统一的前提下，其具体内容才得以展开或呈现。同时，人们对统一性的思考主要也是通过对事物矛盾普遍性的认识来把握的。通过对矛盾普遍性的认识，人们把握了事物发展的规律，并进一步将其转化为一种科学理性的理论知识。这些理论知识既可以对人的社会实践活动进行指导，也可以通过实践中的经验积累不断扩充和完善，并应用于将来。就多样性而言，它是事物在整体发展基础上体现出来的具体的形式、结构或阶段等方面的不同，因此是对事物总体特征的补充。多样性不仅是事物在数量上的差异，它在一定程度上也体现出事物在性质上的不同。事实上，每一个事物都既具有和别的事物相同的共性，又具有和别的事物不同的特殊性，而从特殊性出发，我们将对事物之间的差异和区别形成更加准确的认识。当然，由于事物存在着多样性，因此也在一定程度上为解决现实问题提供了更多的可能性，但这种可能性也要与统一性放在一起理解。一方面，如果要真正认识和把握事物，必须对它的具体性质和特点进行全方面的认识和分析，这其实也是对事物多样性的思考；另一方面，只有从不同角度、通过不同方式对事物的多样性达成一个较为全面的把握，才有可能更加深入地把握到事物的整体。因此，统一性和多样性是事物发展过程中不可分割的两个方面，它们既相互区别又相互依存，并在这种依存关系中获得关于对方的确定性，进而通过这种确定性更加清晰地映照出自身。

在认识社会进步的问题上，我们必须将统一性与多样性结合起来，这是马克思社会进步理论的内在要求。事实上，如果仔细梳理历史上的不同的社会形态，我们不难发现，社会进步的规律实际上就是统一性与多样性的结合。从唯物史观角度来看，社会进步就是在社会基本矛盾作用下，不断由低级社会形态向高级社会形态发展的过程，这可以视为一种统一性。而从具体的国家或地区来看，社会又在由低级到高级的发展过程中呈现出一些多样性，有的国家在某种基本社会形态下表现出了跨阶段的特征，有的国家则因为历史机遇获得了跨越不同社会形态的跳跃式发展。同时，以一个具体的社会形态来看，其具体内容也会因为社会或文化的不同而呈现出许多差异。因此，我们可以说，社会进步就是一个包含着统一性和多样性的过程。我们在认识社会进步规律时，既要认识到社会进步由低级到高级的统一性规律，也要在统一性中看到因地域、民族或历史条件等体现出的具体发展过程的多样性，统一性与多样性共存而互补，它们共同构成了社会进步的规律。比如就当代中国来看，中国特色社会主义正是在遵循社会发展基本规律的基础上，根据自身特色和历史条件形成的社会制度，是统一性中的多样性。我国社会进步的实践证明，作为统一性与多样性结合的中国特色社会主义是正确的历史发展道路。

第三节　社会进步相关理论辨析

人类文明的发展过程中，始终伴随着对社会历史问题的关注和研究，围绕这一问题，历代思想家们形成了许多不同的观点。总的来说，在传统的社会历史理论中，比较有代表性的是历史循环论和历史倒退论。历史循环论认为人类历史遵循某种周期性的规律，并在这个规律内循环往复；而历史倒退论则认为人类社会自始至终一直在退化，所谓进步只是某种表面的假象。与此相比，以进步为立场的历史发展理论到近代西方才出现。本节内容对中西方历史上的历史循环论、历史倒退论以及近代西方进步历史观的形成源头做简单回顾，并以此作为考察近代社会进步理论的前提。

一、社会历史的传统理论

人类社会发展到今天是否一直在进步？或者在某个历史时段曾有过退步？又或者它还有一些别的演化特点？不同的历史时期、不同的思想家对这一问题都有不同的看法。在近代进步历史观形成之前，长期占主导地位的是历史循环论和历史倒退论。

历史循环论在古代源远流长。在西方世界，历史循环论主要形成于古希腊时期，其中具有代表性的是柏拉图的"大洪水"论。他在晚年所作的《法律篇》中说道："人类一再被洪水、灾害和其他许多原因毁灭过，生存下来的只是小部分。人类只有少数在山顶上生存下来了，而那些建造在平原和近海地带的城市都被彻底毁灭了，只有随着时间的流逝和人种数量的增加，文明才前进到现在的发展阶段。"❶ 这说明，柏拉图认为人类历史是循环往复的，一次次遭受毁灭，又一次次恢复繁荣，虽然在具体演变过程中会出现许多新的特征，但最终一切会复归原点，并重新开始新一轮的循环。与此相应，在中国古代，儒家创始人孔子在历史认知上也具有循环论的倾向："殷因于夏礼，所损益，可知也。周因于殷礼，所损益，可知也。其或继周者，虽百世

---

❶ 柏拉图. 法律篇 [M]. 何勤华，张智仁，译. 上海：上海人民出版社，2001：72.

可知也。"❶ 对孔子而言，历史是不断损益的循环过程，每一个新的时代虽然较之前时代在制度上有所变化，但这只是某种内容性的调整，并没有性质上的变化。孔子死后，具有儒家立场的思想家邹衍提出了"五德终始"的历史循环学说。"五德"是指土、木、金、火、水五种德性，邹衍认为宇宙由土、木、金、火、水五种元素构成，并且这五种元素之间从始至终相继更替。这种思想由汉代大儒董仲舒继承，并在此基础上创立了全新的历史循环论学说。一方面，董仲舒将阴阳五行与具有意志色彩的"天"联系在一起，他认为天是"万物之祖"，在天的宰制下，历史展开为五行的相生相胜："天有五行：一曰木，二曰火，三曰土，四曰金，五曰水。……此其天次之序也。"❷ 另一方面，董仲舒强调"王者有改制之名，无易道之实"。在他看来，每一个朝代的新统治者是受"天命"为王的，因此必须都按照在黑、白、赤三统循环的方式来设立王朝制度，并在相应的"统"下对正朔、服色做出改变，否则就是"不显不明"，违背天命，这也就是董仲舒的"三统说"。"五行论"和"三统说"可以说是中国古代历史循环论的典型观点，在其中，朝代的更迭变成了天道的反复流行，历史的兴衰则成为阴阳五行的轮回更替。

　　与历史循环论相对，另一个在古代社会较有代表性的观点是历史倒退论，即认为人类历史是一个不断退步的过程。在古希腊的传说中，人类最初生活的环境十分质朴和美好，但随着时间的推移，各种恶行开始出现，人类社会开始堕落，到最后就成为一个充满战争与伤害的世界，并最终走向衰亡，对此作出理论表达的代表人物是古希腊诗人赫西俄德。在《工作与时日》中，赫西俄德把人类的历史划分为黄金时代、白银时代、青铜时代和黑铁时代❸，并以此来说明人类历史的不断倒退和衰落，这种思想后来成为循环论之外的另一个主流，对西方人的历史观影响深远。而在中国古代，老子可以说是历史退化论的首创者。在老子看来，最完美的理想社会是"小国寡民"，在这种制度下，应该"使民有什伯之器而不用，使民重死而不远徙。……邻国相望，

---

❶　杨伯峻. 论语译注 [M]. 北京：中华书局，1980：21-22. 这里需要指出的是，礼在古代中国一般指礼制、礼俗、礼法，是从原始的献祭仪式中发展而来的一系列的社会规范。礼的建立，为中国古代社会的正常运转提供了必不可少的秩序性内容，因而在某种程度上可以视礼为社会制度。

❷　苏舆. 春秋繁露义证 [M]. 北京：中华书局，1992：321.

❸　赫西俄德. 工作与时日 [M]. 张竹明，蒋平，译. 北京：商务印书馆，1991：5-7.

鸡犬之声相闻，民至老死不相往来"。❶ 从老子的论述来看，他心目中理想的社会是一个反对物质文明的复古式社会形态，在此逻辑下，无论是物质财富的增加还是智慧、能力的提升，相对于原始朴素、自然无为的生活状态来说，都是一种退步。这样一种立场似乎也在先秦诸家中引起共鸣，如以孔子为代表的儒家虽然持历史循环论，但就其关于从尧舜禹到夏商周的下降式叙述——从禅让到革命或从大同到小康来看，其中的倒退论色彩也是很明显的，而孔子的理想也是回到周代的礼乐制度当中，所谓"郁郁乎文哉，吾从周"。同样，法家的韩非子曾作出过"上古竞于道德，中世逐于智谋，当今争于气力"的著名论断，其中所秉承的也是一种历史倒退论立场。

以上是对古代中西方传统历史观念的简单回顾，比照于近现代世界以进步为基调的历史观，我们不难发现，"进步"这一观念在古代从未占据主导地位，无论是循环论将历史视为周而复始的反复，还是倒退论认为社会历史不断走向退化和衰亡，这都是一个与"进步"无关的命题。到了中世纪，由于基督教神学长期占据统治地位，历史的解释权就被基督教的神学家垄断，因此在这一时期的社会历史理论都带有明显的神学烙印，其中又以奥古斯丁和托马斯·阿奎纳为代表。如奥古斯丁的《上帝之城》就认为，作为对现实国度的否定与超越，上帝创造的天国才是完美的存在，人间的国家都是罪恶和丑陋的，因此终将接受上帝的审判。比如托马斯·阿奎纳同样认为与俗世的国家相比，上帝所创造的国度才是真正完美的国度，而处在这个国家的个人也都应该要遵循上帝制定的自然秩序。而在这一解释模式下，历史就被视为一个从上帝创世到最终审判的神圣过程。从本质上来看，这是一种关于人类历史的神学目的论历史。然而，需要注意的是，在宗教信仰的维度下，历史虽然可以被视为一个向"上帝之城"不断逼近的救赎史，但这种史观绝非"进步"式的，因为就现实来看，它作为一个等待"末日审判"的堕落史，最终走向的恰恰是所谓末世，其中的倒退论意味是无言自明的。由此可见，在近代以前的东西方文化中，由于人们的思想长期受历史循环观念和人类退化观念的支配，"进步"这一观念一直都不曾占据过主导地位。

从某些特定的阶段来看，历史循环论和历史倒退论或许有一定的道理，

---

❶ 陈鼓应. 老子注译及评介 [M]. 北京：中华书局，2009：344.

但从人类社会的发展来看，它们显然是站不住脚的。历史循环论"认为人类社会总是由于某种因素制约或依据某种规律做周而复始的运动"，因此是片面的历史观；历史倒退论基于对过往的某种主观式想象来建构人类历史，不但形成了错误的历史认识，而且产生了消极的意义，如后来出现的历史虚无主义在某种程度上正滥觞于此。当然，历史循环论或倒退论在古代之所以成为主流，主要也是由于历史条件的局限。在古代社会，由于生产力低下，社会变化的过程极其缓慢，但与此相较，政权的更替却频繁许多，由此人们认为社会历史就如同不同政权的反复更替。同时由于古代社会人类的活动在很大程度上还依赖于自然环境，在频发的自然灾难中无力保护文明，只能一次次在自然灾害结束后重新发展，这些都是历史循环论占据主导地位的原因。同样，对于历史倒退论，由于古代社会人类对世界与自身的认知水平也较为低下，因此只能以自然界为参照理解自身历史，从而就彻底否认了社会进步的可能，并在对往昔繁荣的回忆中形成对历史的错误理解。事实上，当历史成为一种人力无可为的过程，充满了消极性，人的主动性和创造性也就被完全淹没。在这个意义上，无论是循环论还是退步论，都没有看到历史发展过程中人所具有的意义和价值，因此也就无法形成关于人类社会的"进步性"认知。

二、近代早期的进步理论

回顾近代早期历史，可以说从 16 世纪开始西方已经出现了进步史观的萌芽。这里首先值得一提的是英国人文主义学者托马斯·莫尔（Thomas More）。莫尔在其著名的《乌托邦》中，出于对人类不平等的痛恶，已经开始建构自己理想中的社会。在他看来，私有制作为人类不平等的根源，使"大多数人类，并且是最优秀的人类，会永远被压在痛苦难逃的悲惨重负之下"。❶ 因此，要实现社会发展，必须建立一个消灭了私有制的"乌托邦"，在其中人与人之间实现了平均分配、彼此平等，国家事务得到最广泛的民众参与，每个人都有良好的知识素养和道德水准。无疑，莫尔的乌托邦思想充满了浪漫主义色彩，但其中的一些诉求蕴含着进步的内涵，从中我们不难找到后来马克思科

---

❶　托马斯·莫尔. 乌托邦 [M]. 戴镏龄，译. 北京：生活·读书·新知三联书店，1959：55.

学社会主义的一些因素,这或许也是他被称为"空想社会主义第一人"的原因。到了 17 世纪,以笛卡尔、培根等思想家对"新方法""新工具"的提倡为标志,西方社会进入理性主义时代,正是在这样的思想背景下,一种进步的历史观开始逐渐形成。理性主义者在其所处的时代看到了人类理性的巨大力量,他们以理性代替上帝的权威,用理性构建了一个具有先验色彩的人类历史发展谱系。对于社会进步问题,理性主义者同样以理性作为推动社会进步的根本力量和评价社会进步的唯一尺度,从而形成了后来人们口中所谓的"理性宗教"。笛卡尔是近代理性主义的创立者,他通过"我思故我在"的哲学思辨,确立了理性的至高地位,正是在这一立场下,笛卡尔认为理性是可以决定社会发展进步的,通过运用知识理性,社会的进步将会成为可知、可测的历史发展轨迹。同样,培根也赞扬理性,他把知识作为研究进步观念的主体,提出了"知识就是力量"的口号,并主张通过科学知识的应用推动社会进步。

在理性主义的时代,意大利哲学家维柯(Giovanni Battista Vico)可以说最早系统阐发了人类历史发展的规律性。事实上,作为一种思想立场,历史主义在很大程度上就是从维柯发端的。在其著作《新科学》中,维柯勾勒了这一过程:"最初的各族人民都是些人类的儿童,首先创造出各种艺术的世界,然后哲学家在长时期以后才来临,所以可以看作各民族的老人们,他们才创了各种科学的世界,因此,使人类达到完备。"❶ 可见,在维柯的观点中,历史发展遵循着一定的路线,而这个规则就是从艺术到哲学再到科学,这一过程中,人类自身也实现了最终的完备。这种观点无疑可以视作近代西方进步观的某种雏形。同时,维柯还主张区别人类历史与自然历史,即相比于自然界的演变,人类历史是由人创造的,因此具有自身的特殊法则,这也成为启蒙时期个体张扬的某种先声。事实上,在维柯这里,无论对于人的理性本质的强调还是对人类激情的赞颂,都可以在启蒙哲学那里找到回应。

当然,维柯的历史论述在本质上还是宗教的。在他看来,历史是在"神意"下被创造和推动的,并且从古至今历史经历了三个时代,即神的时代、英雄的时代和人的时代。在神的时代,"诸异教民族相信他们在神的政权统治

---

❶ 维柯. 新科学(上册)[M]. 朱光潜,译. 北京:商务印书馆,1989:262.

下过生活，神通过预兆和神谕来向他们指挥一切，预兆和神谕是世俗史中最古老的制度"。❶ 在神的谕令下，人类建立了宗教、婚姻以及财产三种制度主导下的文明，社会历史的变动也来源于三种制度关系的变化。到了英雄的时代，人类社会开始由贵族和平民的对立主导，这是对英雄"与平民为敌"精神的呈现，贵族不与平民通婚，并内在地延续了对宗教祭祀、社会财产的独占。然而，平民在战争中不惧死亡的意志觉醒却让其获得了某种"个体性"，即一种超越于贵族的"类存在"的自我意识，它标志着作为独立个体的人的形成，并预示着平民将替代贵族。在维柯这里，这一过程是通过平民对立法权、土地权的获得来实现的。以此为基础，人类历史就进入了第三个阶段，即人的时代。在维柯看来，这一时代最大的特征就是启蒙精神对历史神性的褫夺，它让人类社会走入世俗化的歧途，并丧失了对神性的崇敬。因此，维柯主张在人的时代吸纳部分的贵族制以抵抗世俗意志的泛滥，同时唤醒宗教德性，更好地认识历史的"神意"本质。

　　无疑，维柯的历史解释始终没有脱离神学的外衣。然而，我们也可以看到，在阐发人类历史发展的过程中，维柯关注的重点却是人——具有个体意识和意志的人。在维柯看来，历史虽然是由"神意"推动的，但现实世界却生发于人的创造，在这个意义上，历史的发展原则实际上可以在人类自身的精神变迁中找到回应，由此，历史就在维柯这里形成了一种"神意"和"人意"之间的辩证法。而正是在这一维度下，维柯说道："这个世界所自出的那种心智往往是不一致的，有时是彼此相反的，而且经常超出人们自己所追求的那些个别特殊的目的；用这些狭小的目的来为较广泛的目的服务，人类心智经常用这种办法来把人类保存在这个地球上。"❷ 他称赞人类的理性与激情对历史发展的重大作用，认为它们作为人类心智中重要的内容，使历史逐渐克服了野蛮残暴，走向新的文明。维柯对历史发展中人的强调无疑是重要的。事实上，马克思唯物史观中"人创造历史"的立场在根源上就可回溯于此，尽管马克思所强调的人与维柯有本质的区别。当然，身处宗教文化的时代，维柯的局限性也是非常明显的，比如他对于历史发展过程中"神意"的强调

---

❶　维柯. 新科学（上册）［M］. 朱光潜，译. 北京：商务印书馆，1989：29.
❷　维柯. 新科学（下册）［M］. 朱光潜，译. 北京：商务印书馆，1989：624.

让其历史解释无可避免地失去了部分说服力，他认为每个民族的发展都要经过神的承认，上帝是对历史发展的最终掌握者，这种历史观显然是不彻底的。又如他主张历史进程服从单一的模式，这也使其难以逃离机械历史论的窠臼。此外，维柯认为历史会出现"野蛮主义的重演"，这表明循环论的历史观对其仍有影响。

自维柯之后，进步的历史观开始逐渐受到思想家的关注，尤其伴随着进化论的出现，许多社会学家和历史学家都开始接受历史具有不断进步性这一命题，并且试图从社会物质、人类理性乃至自然规律等诸多方面论证这个观点，其中与维柯承接较为紧密的是法国哲学家孔多塞和德国哲学家黑格尔，因本书第二章有详细论述，故此处只作简述。与维柯类似，孔多塞也把人类社会历史发展分为十个阶段，并乐观地认为随着历史的不断发展，人类社会最终会走向一条历史与道德同时趋向完美的道路。不过，相比于维柯对"神意"的强调，孔多塞是从自然规律的角度说明历史的进步与理性觉醒的一致性，这当然也是受到了近代自然科学的影响。在此之后，受维柯历史观影响最大的应该是黑格尔的历史哲学，黑格尔将人类历史划分为不断发展的三个阶段，即传统阶段、理性阶段和超越理性阶段，这其中不难发现维柯的影子。不过，在经历了启蒙理性对历史观的洗礼之后，呈现在黑格尔这里的历史进步已经成为一种绝对先验化的理论体系，那就是由低级向高级不断向前发展的历史，在本质上其实是作为自由意识的"绝对精神"对自身的实现。某种程度上，这已经成为一种"超理性"的历史哲学，但所谓"超理性"并非站在了理性的对面，而是理性成了新的"神意"。就此而言，黑格尔对历史进步的判定在某种程度上可视为对维柯历史观的某种翻转。然而，正如恩格斯所言："历史同认识一样，永远不会在人类的一种完美的理想状态中最终结束；完美的社会、完美的'国家'是只有在幻想中才能存在的东西；相反，一切依次更替的历史状态都只是人类社会由低级到高级的无穷发展进程中的暂时阶段。"❶ 无论是维柯、孔多塞还是黑格尔，他们的历史哲学虽然承认了人类社会的进步性，但绝对唯心主义的哲学前提，使他们最终没有寻找出社会进步背后的真正规律，直至马克思的出现。

---

❶ 马克思恩格斯选集：第 4 卷 ［M］. 3 版. 北京：人民出版社，2012：223.

马克思社会进步理论的历史考察

　　要理解马克思的社会进步理论，我们必须将视野拉回到近代西方社会进步观的整体语境当中，并在此基础上展开一种脉络式的思想考察。从历史语境来看，近代西方社会进步观形成于西方国家进入现代转型的高峰时期，这一时期西方的自然科学与社会科学均获得了空前的发展；而在启蒙与理性思潮的推动下，其国家政治、社会制度等方面可谓风云变幻、万象更新。这些巨大的变化不仅带来了科学的发展与社会生活水平的提高，而且在社会制度、文化、意识形态等方面产生了巨大影响，其中极为重要的是进步观念的形成与普及。而从思想语境来看，如果说进步是一种时代铸就的观念史历程，那么它还和西方智性思想的发展深深嵌套在一起而彰显出独特的价值，那就是在"理性"的视角下对人类历史的重新理解。实际上，从 16 世纪到 19 世纪上半叶，社会学家、历史学家、哲学家及空想社会主义者等都为这种理性主义进步观的确立与完善，从不同角度作出了理论贡献。更为重要的是，这些理论在一定意义上还作为某种理论前提被马克思接受，并对后者社会进步理论的形成产生了重要影响。

第一节　近代西方社会进步观的历史语境

　　近代西方的社会进步观是在理性主导的历史浪潮中形成的。16 世纪到 19 世纪的几百年里，欧洲社会自然科学迅猛发展，工业革命带动了生产力的飞速发展，政治革命则加速了旧制度的瓦解。而在思想文化领域，从文艺复兴到启蒙运动，人们的思想观念也得到了巨大的解放，理性观念冲破中世纪经院哲学的藩篱，为人类社会的未来描绘出丰富多彩的蓝图。从经济到政治、从科学到技术、从文化到观念，正是这些不同因素的叠加共同构成了近代西方进步观的历史语境。

一、自然科学迅猛发展下的观念转型

自哥白尼开始，欧洲进入了一个科学革命时期，在文艺复兴精神的启迪下，不同领域的科学家都相继形成了开创性的理论研究，如德国天文学家开普勒（Johannes Kepler）于 1609 年出版的《新天文学》，又如意大利天文学家伽利略（Galileo Galilei）于 1638 年出版的《两种新科学的对话》，而英国物理学家牛顿（Isaac Newton）则在 1687 年发表的论文《自然定律》中对万有引力和三大运动定律进行了阐发。美国哲学家托马斯·库恩（Thomas Samuel Kuhn）在评价哥白尼的天文学成就时认为它不仅是"人类对大自然理解的一次根本性的变更"，而且构成了"西方人价值观转变的一部分"❶。实际上，这一评价同样适用于整个近代西方的自然科学，科学家们从天文学、数学、物理学等各个领域出发做出了全新的研究，不但建立了新的分支学科，而且推动了人们对自然和社会的重新理解。

到了 19 世纪，西方进一步陆续建立了以研究自然界发展为特点的科学，在这一时期发现了许多重要的科学规律，尤其是细胞学说、能量守恒和转化定律和生物进化论这三大发现，极大地震动了当时的科学界与思想界。第一，细胞学说。德国生物学家施莱登（M. J. Schleiden）最先发现了细胞，他在 1838 年发表的文章中公布了这一点，随后他又发表了《动植物构造及生长相似性之显微研究》一文，详细论述了细胞的结构和一切动植物都具有的共同的属性。另外一位德国生物学家施旺（Theodor Schwann）把自己的研究发现和施莱登的研究共同点概括起来，最终将细胞学说修正为：所有生物都是由细胞组成，生物彼此之间存在着亲缘关系。细胞的发现揭示了动植物具有统一的微观生理结构，为后来的生物学发展奠定了重要基础。第二，能量守恒和转化定律。德国物理学家迈尔（J. R. Mayer）第一个发现并表述了能量守恒定律，1842 年他将核心观点发表在《论无机自然界的力》一文中。随后，德国物理学家赫尔姆霍茨（Helmholtz）和英国物理学家焦耳（James Prescott

---

❶　科恩. 科学中的革命［M］. 鲁旭东，赵培杰，宋振山，译. 北京：商务印书馆，1999：132.

Joule）更加详细地表述出了能量守恒与转化定律的内容，即能量不会凭空产生或消失，只会在不同的物体之间转移或者发生形式上的转化，而在这种转移或转化的过程当中，能量的总量是保持不变。在这之后，英国科学家威廉·汤姆逊（William Thomson）帮助焦耳进一步精确化的了能量守恒和转化定律的表达，由此宣告了能量守恒与转化定律的最终成立。第三，生物进化论。这当然以英国生物学家达尔文（C. R. Darwin）进化论的提出为标志。在1859 年出版的《物种起源》一书中，达尔文正式提出了生物进化学说，即认为生物是不断由低到高进化的，而进化的原因就是自然选择。这个理论一经发表便极大地震动了当时的科学界与思想界，并由此掀起了社会不同领域的巨大变革，因此也被后世称为 19 世纪自然科学最伟大的发现。

从历史的角度来看，"三大发现"可以说为西方社会科学领域的发展提供了重要的思想来源：细胞学说的形成不仅推动了生物学的发展，而且为唯物论提供了论据；能量守恒定律的发现则为社会规律理论奠定了重要的思想和方法论基础；而达尔文生物进化论的创立，不仅确立了规律存在的普遍性和客观性，而且打破了长期在人们观念中占据统治地位的神创论，从而为近代社会进步观的形成提供了重要的理论支撑。事实上，欧洲的众多思想家正是受到了达尔文进化论的启发，充分借鉴前者的相关理论，才逐渐形成了社会进步的相关学说；也正因是由于进化论的产生，进步观念开始被人们接受和认可，进而将其作为一种社会规律加以探讨。而从更大的层面来看，自然科学领域所取得的重大成就为社会带来了观念上的巨大变化，它在实质上确立了根据自然科学本身所提供的事实依据，揭示出人类社会的运行规律和内在联系这一关键的思维范式，极大地推动了思想家运用更新的思维去探讨社会的发展与变迁。当然，自然科学的巨大成就所带来的革命性突破还在于它使得哲学家试图用普遍联系和永恒发展的思维方式，将人类社会作为一个有机整体以揭示其内在的规律，从而形成了对人类历史发展的全新理解。

二、科技革命兴起与生产力的大发展

伴随着自然科学的大发现，社会经济也获得了蓬勃发展。18 世纪五六十年代，为巩固资本主义制度，英国资产阶级率先掀起了一场以资本主义机器大工业取代手工业的产业革命，这场革命又称为第一次工业（科技）革命。

主要是从手工操作生产转向大机器生产、从工场手工业到机器大工业过渡，从而出现了如蒸汽机、珍妮纺纱机等一系列新工具、新技术，使生产力获得了前所未有的飞跃。马克思在研究这一过程时就认为，第一次科技革命胜利的关键因素就是蒸汽机的发明和生产工具机器的更新，"自从蒸汽和新的工具机把旧的工场手工业变成大工业以后，在资产阶级领导下造成的生产力，就以前所未闻的速度和前所未闻的规模发展起来了。"● 到了 19 世纪中期，率先发力的英国已经成为世界上第一个机器大工业国家，而由于工业革命的发生，欧洲国家间在经济贸易、交通运输、化学工业到等诸多领域都获得了巨大发展，越来越多的工业城市出现并彼此联系，新的工业文明逐渐形成。而在第一次工业（科技）革命的巨大带动作用下，资本主义工业化体系也得到了迅速发展。伴随着科学技术与机器大工业的不断结合，新的社会生产方式开始形成，专业化生产逐渐成形，市场经济开始建立，社会分工也越来越细化，资本主义经济秩序逐步确立。而在这一过程中，人类对自身和社会的理解也开始出现一些变化。一方面，人作为社会人存在的前提是人本身具有自然人属性的，而在生产力大发展的过程中，人的本质力量越来越呈现为对自然界的对象化、改造化，随着这一过程的不断进行，其最终结果必然是马克思所说的异化劳动对自然界（人的无机身体）的剥夺。另一方面，工业革命所带来的生产和生活方式的变化同样也使人类文明本身发生重大变化，由此更多的人开始重新审视工业化对人类的意义，这既包括从文明发展的角度看待工业化对人类社会带来的改变，也包括从人的实现的角度来反思工业化对人的精神和价值带来的影响。

当然，这场工业革命产生的影响并不止于此。正如马克思所言："资产阶级在它的不到一百年的阶级统治中所创造的生产力，比过去一切世代创造的全部生产力还要多，还要大。"❷ 随着生产力的飞速发展，资本主义的生产体系越来越成熟，资产阶级也掀起了一场从经济到政治，再到文化、观念、价值等领域的巨大革命，这场革命不但打破了人们以往形成的对世界的认识，即将世界看作永远静止的状态或不断循环的过程；更为重要的是，它塑造了

● 马克思恩格斯选集：第 3 卷 [M]. 3 版. 北京：人民出版社，2012：798.
❷ 马克思恩格斯选集：第 1 卷 [M]. 3 版. 北京：人民出版社，2012：405.

一种全新的理解世界的方式，"过去人们认为世界是相对静止的，对传统的任何背离都是反自然的；而现在，人们认识到生活的法则在变化，世界在不断进步，这是一个健康社会的正常状态"。❶ 世界是按照一定的规律不断进步，而且这种进步终将会使社会走向更加健康美好的状态，正是在这种新的理解方式下，人们以前所未有的热情积极投入到改造世界、推动社会进步的过程当中，由此使人类社会进入前所未有的飞速发展时期。

三、法国大革命胜利带来的进步启示

如果说"三大发现"带来了自然科学的迅猛发展，工业革命推动了资本主义经济的成型，那么法国大革命可以说是政治层面最具影响力的一个事件。托克维尔曾盛赞大革命"摧毁若干世纪以来绝对统治欧洲大部分人民的、通常被称为封建制的那些政治制度，代之以更一致、更简单、以人人地位平等为基础的社会政治秩序。"❷ 而在更多的思想家看来，这场革命并不仅是一场简单意义上的政治体制革新，而是一个包括了政治、文化、历史等观念在内的巨大革命体系。法国大革命为何具有如此深远的意义？实际上，这是因为它和另外一场伟大的思想革命具有直接的关系，那就是启蒙运动。随着欧洲社会自然科学的迅猛发展和工业革命带来的生产力飞速提高，在思想文化领域，人们的思想观念也开始出现巨大的变革，这是一场由理性主导的观念再造，它使得人们的思想冲破了中世纪经院哲学的藩篱，进而用新的纸笔为人类社会描绘出更加丰富多彩的蓝图，而法国大革命的胜利无疑使这一思潮达到高峰。启蒙运动中形成的社会进步观正是法国大革命重要的思想来源，它们为大革命带来了重大的理论启发和学说支持，并成为后者重要的思想武器。因此，我们可以将启蒙运动与法国大革命视为一种思想上的连贯性过程，这个过程最直接的后果是扫清了资本主义发展道路上的各种障碍，使新的生产关系在社会的广泛领域内得以确立和推广，而其思想后果则正如科利斯·拉蒙特所指出："事实上，近代关于进步的观念正是在法国这个理性的时代走向

---

❶ 安德鲁·韦伯斯特. 发展社会学 [M]. 陈一筠，译. 北京：华夏出版社，1987：22-23.
❷ 托克维尔. 旧制度与大革命 [M]. 冯棠，译. 北京：商务印书馆，1992：59.

自己的成熟的。"❶ 它使人们无比崇尚理性的力量，并进一步明确了社会进步的基本内容。

马克思正是在这一背景下展开了自己的历史探索，他开始留意历史发展和进步的推动因素等内容，寻求对社会进步新的理解。他广泛吸收近代以来的思想学说，从古典经济学到实证主义社会学，从德国古典哲学到空想社会主义，逐渐形成了关于人类历史发展的独特见解。通过对当时的封建社会制度、所有制关系、国家和整个社会的对立关系等进行研究和阐述，马克思认识到了资本主义阶级斗争的必然性，产生了唯物史观的萌芽。在法国大革命之后，马克思开始提出自己的新思想，法国大革命的成功给他带来的启发和鼓舞，再结合他对当时德国阶级斗争和英法空想社会主义运动的理解，从而使自己的思想认识得到了巨大提高。马克思在这一时期提出了许多见识非凡的政治学说，比如异化理论、市民社会学说、政治经济学等。而在这些基础之上，马克思则进一步提出了科学社会主义的理论，阐发了人类解放的道路和前景以及人类解放的实质等重要的思想内容，这些都是来源于法国大革命，并在法国大革命后最终成型。因此，法国大革命对马克思理论的形成具有不可估量的重大意义。

第二节　理性主义下的社会进步理论

从自然科学的飞速发展到启蒙理性的光辉普照，不同领域的合力让进步观念成为近代西方历史长河中的一颗璀璨明珠。无论是进化论、工业革命还是法国大革命，这些时代思潮对社会进步成为主流观念形态都作出了不同程度的理论贡献，也为马克思社会进步理论的形成奠定了良好的基础。不过，真正对马克思社会进步理论产生巨大影响的，则是 18 世纪法国思想家孔多塞、卢梭以及 19 世纪德国思想家康德和黑格尔，他们有关社会进步的思想论述可以说是马克思社会进步理论的直接来源。因此，在关于社会进步理论历

---

❶ 科利斯·拉蒙特. 人道主义哲学［M］. 贾高建，张海涛，董云虎，译. 北京：华夏出版社，1990：63.

史演进的阐述中，将着重就这几位思想家展开分析。

一、孔多塞的乐观主义进步主张

孔多塞（Marquis de Condorcet）是启蒙主义进步观的集大成者，他的进步学说具有明显的乐观主义色彩，英国进化论史学家皮特·鲍勒曾说"孔多塞的乐观主义进步观奠定了 19 世纪主流思想体系的基础"❶，由此可见孔多塞的进步观对时代影响之深。孔多塞生活的时代发生了影响深远的法国大革命，大革命的胜利不但使启蒙思想达到高峰，而且使社会进步观念进一步得到推广。孔多塞亲历了法国大革命，并在大革命期间写出了他的代表作《人类精神进步史表纲要》，在这本书中，孔多塞揭示了阶级统治的逻辑即知识垄断，认为这种对知识的垄断对社会进步产生了恶劣的影响，人们不仅得不到他们想要的或真正有用的知识，反而被灌输了许多愚昧无知的知识，这些知识对统治者有用，但却对人民无用，它们束缚着人们的精神，侵蚀着人们的灵魂，使得历史的发展进程一再放缓，人们的道德也停滞不前。而启蒙运动和法国大革命的发生却改变了这一状况，理性重新得到解放，社会再一次加快了前进的步伐。然而，我们并不能因此将《人类精神进步史表纲要》仅仅视为对知识垄断的批判或对法国大革命的赞颂，因为在这本书中，孔多塞以一种极其乐观的态度歌颂了人类的进步史。他在书中写道："假如能有一门预见人类进步、能指导进步、促进进步的科学，那么人类所已经做出了的进步的历史就应该成为这门科学的主要基础。"❷ 事实上，这本书可以说是孔多塞关于社会进步的一次宣言，它以人类进步的历史经验为基础，论述了当时理性主义进步论的几乎所有观点，并对其进行了一个高度的总结。

孔多塞希望能够通过对人类历史的分期研究，以一种规律性的内容呈现社会历史进步的确定性。在他看来，人生而具有接受各种感觉的能力，并且这种能力可以从简单的感觉向复杂的观念发展；与此相同，人类的理智也同感觉一样，可以在实际的经验中不断发展。因此，按照这种观念，孔多塞认为人类理性会随着历史的发展不断地进步，而且只要人类存在，这种进步将

---

❶ 皮特·J. 鲍勒. 进化思想史 [M]. 田洺，译. 南昌：江西教育出版社，1999：121.

❷ 孔多塞. 人类精神进步史表纲要 [M]. 何兆武，何冰，译. 北京：生活·读书·新知三联书店，1998：9.

无限地继续下去；而随着社会的进步，人类的道德和知识也将不断进步："依据推理并依据事实，自然界对于人类能力的完善化并没有标志出任何限度，人类的完美性实际上乃是无限的；而且这种完美性的进步，今后是不以任何想要遏阻它的力量为转移的；除了自然界把我们投入在其中的这个地球的寿命而外，就没有别的限度。"❶ 这样，孔多塞就以人类精神和知识的发展作为划分的依据，列举了人类社会发展的十个阶段。从最早的渔猎时期，经过游牧时期到农业时期，孔多塞认为这三个时代的进步并不明显，只是缓慢的起始阶段。而到了第四个时代，即希腊时代，孔多塞认为由于希腊字母被创造出来，人类的精神由此获得了一个非常巨大的进步，而且这种进步为人类以后更加丰富的知识体系的形成打下了良好的基础。接下来的第五个时代是科学在罗马统治下的衰落，孔多塞认为罗马的独裁统治对人类精神的进步产生了抑制，科学的发展也由此受到了阻碍；特别是基督教成为国教以后，宗教神学成为意识形态，理性精神从此开始衰落。由此来到第六个时代，即我们通常所说的中世纪，孔多塞认为这个时代由于宗教神学对人类精神世界的压抑和束缚，人类的进步精神进一步萎缩和衰落，取而代之的是各种残酷的精神腐化和道德堕落，由此也就造成人类在知识领域内几乎没有任何进展："在这个灾难深重的时代，我们将会看到人类的精神迅速地从它所曾达到的高度降落下来，以及接踵而来的愚昧，在这里是凶暴，在那里又是精心制造的残酷，总之，到处都是腐化和背信弃义。难得有一些才智的光芒、难得有灵魂和善意的伟大心性，是能够穿透那个深沉的黑夜的。"❷ 因此，孔多塞将第六个时代视作精神黑暗的时代或者知识衰落的时代。然而，这一切在第七个时代迎来了转机，而它的契机就是科学开始在整个欧洲蓬勃发展。在孔多塞看来，正是宗教神学和世俗王权对人的精神世界的长期禁锢和束缚，终于导致了人类理性精神的反抗。因此，在这个时代，长期被压制的理性开始复苏，人类终于迎来了一个理性回归的新纪元，由此历史得以推进到第八个时代。孔多塞认为第八个时代最大的成就就是印刷术的发明，它使得知识被广泛传

---

❶ 孔多塞. 人类精神进步史表纲要［M］. 何兆武，何冰，译. 北京：生活·读书·新知三联书店，1998：2.

❷ 孔多塞. 人类精神进步史表纲要［M］. 何兆武，何冰，译. 北京：生活·读书·新知三联书店，1998：78.

播，真理得到越来越多的人的认识，由此带动了社会的进步。同时，这个时代宗教改革的推行、新大陆的发现也对人类精神的进步产生了非常积极的影响，由此人类以飞快的速度进入了下一个发展阶段，第九个时代。在孔多塞看来，第九个时代大致开始于笛卡尔"我思故我在"的理性启蒙，并一直持续到法国大革命的完成。孔多塞认为，在这个理性大爆发的时代，人类终于可以挣脱以往所有的精神枷锁，大胆地追求更加丰富全面的知识以及自身的权利；同时，对理性的全方位运用不仅让人们创造出许多伟大的精神果实，而且也使得理性成为这个时代最高的权威和标准："人们终于有了可能，大声宣布那种长久以来都未能被人很好认识的权利，亦即要使所有的意见都服从于我们自身所固有的理性，也就是说，要运用我们所被赋予的可以认识真理的唯一工具来掌握真理。"❶ 因此，孔多塞乐观地将第九个时代界定为理性完全觉醒的时代。

通过对历史经验的考察、分析，孔多塞进一步指出了理性关于历史认知的方法和任务。在他看来，首先，需要形成的就是对历史发展的整体认识，因为只有对历史形成整体的把握，才能够真正实现对自我理性的把握与运用，也才能够真正认识到历史发展的最终状态。而通过对历史整体的把握，人们最终得以正确判定何种状态才是人类真正的完善。因此，孔多塞认为人类要想把握历史发展，必须具备整体认识的能力。其次，需要在整体认识的基础上对未来进行合理的展望，只有这样才能对历史发展形成真正完整的认识："只有达到了整个链锁的这最后一步，我们对过去事件的观察（作为由思索而获得的知识）才真正变成为有用的。只有到达了那个终端，人们才能欣赏他们自己对光荣的真正资格，或者能确实欣然享受他们自己理性的进步；只有这时候，人们才能判断人类真正的完善化。"❷ 合理展望是整体认识基础上的理性延伸，也是人类主体精神朝向未来的一种延伸与发展。因此，在《人类精神进步史表纲要》的最后一部分，孔多塞对人类精神未来的进步也展开了相应的论述，这也就是人类历史最终的第十个时代。孔多塞对人类历史的文

❶ 孔多塞. 人类精神进步史表纲要 [M]. 何兆武，何冰，译. 北京：生活·读书·新知三联书店，1998：140.

❷ 孔多塞. 人类精神进步史表纲要 [M]. 何兆武，何冰，译. 北京：生活·读书·新知三联书店，1998：175.

明和道德的进步充满信心，他认为这未来的第十个时代"可以归结为这样的三个重要之点，即废除各个国家之间的不平等、同一个民族内部平等的进步以及最后是人类真正的完善化。"❶ 虽然要实现这个目标会有很多阻碍，但孔多塞认为只要人们坚信理性的力量，就可以克服种种阻碍，实现这最终的完美境界。

总体而言，孔多塞的进步观是一种建立在理性和知识基础上的乐观主义进步观。孔多塞将人类的进步首先界定为知识的进步，知识的进步带来理性的进步，而理性的进步又反过来推动知识的普及，从而最终使人类不断进步和完善，这就是孔多塞眼中人类进步的历史。处在从启蒙运动到法国大革命胜利这样一个时代，孔多塞认为这个时代的一些核心价值如自由、平等、博爱等与人类精神的进步是紧密契合的，它们是理性自身开出的精神花朵。因为在他看来，新的时代精神带领人们穿越过往的黑暗景象，将人们从蒙蔽状态中拯救出来，从而走向一个更加光明的未来；而随着人类知识的进步和理性的发展，人类的精神境界必然走向一个消除偏见、歧视，走向平等、公正这样一个方向。无疑，启蒙时代的精神追求恰好符合了这样的方向。由此可见，正是在与时代精神的强烈共鸣下，孔多塞无比强调理性的作用，并坚信在理性的引导下，人类社会必将迎来一个充满自由与平等的完美时代。当然，也正是由于与时代精神的契合，孔多塞的社会进步理论产生了巨大的影响，之后在相当长的一段时期内如果想要对社会进步进行研究，都必须以他的结论为前提，因此皮特·鲍勒认为他的乐观主义进步观为 19 世纪的主流思想体系奠定了基础。同时，从孔多塞对人类精神进步十个时代的划分和对理性的颂扬可以看到，这一时期的启蒙思想家都把理性看作推动历史进步的根本性力量，他们坚信在理性光芒的照耀下，任何愚昧都会随之消散，任何外在的权威都将面临瓦解。他们以理性为武器，积极地追求一切的知识与真理，对以往的宗教神学、君主王权乃至自然决定论展开了无情的批判，并为自己的权利作出勇敢的维护与辩论，因而也在客观上推动了社会的进步。当然，由于对理性的过于乐观，当时以孔多塞为代表的许多思想家都认为人类社会在

---

❶ 孔多塞. 人类精神进步史表纲要 [M]. 何兆武, 何冰, 译. 北京：生活·读书·新知三联书店, 1998：177.

知识进步的同时，道德也会相应进步，甚至关乎人类的方方面面最终都会得到全面地发展，但当时社会出现的诸多问题似乎并不支持这样的乐观。实际上，这种盲目的乐观主义进步观在当时就遭受了质疑和批评，而其中最具代表性的一位就是卢梭。

二、卢梭对进步史观的批判与反思

卢梭（Jean-Jacques Rousseau）是启蒙运动时期的思想家之一，也是后世公认的法国大革命的思想先驱。卢梭身处的时代是欧洲资本主义形成和发展的时期，虽然社会已悄然改变，但封建神学仍然束缚着人们的思想；时代呼唤一场思想观念的革命，从而将理性从封建神学的牢笼里释放出来，卢梭的思想便形成于这样的历史环境。卢梭的思想形成于启蒙运动，他所著的《论科学与艺术》《论人类不平等的起源和基础》《社会契约论》等，正是启蒙精神的反映；而他在讨论社会进步时的一些观点和方法更是影响深远，成为之后许多哲学家包括马克思和恩格斯社会进步理论的重要源头。在世人的评价中，卢梭往往被视为启蒙的批判者或者对立者，其实卢梭本身并不反对启蒙，只是由于当时启蒙思想家对理性过度推崇，用理性质疑一切，把一切建立在理性基础上，这才促使他对理性本身进行反思和批评。在卢梭看来，启蒙运动张扬理性，但它最大的问题恰恰在于没有用理性来思考理性本身，正是站在这一立场上，卢梭重新思考被冠以进步之名的诸多现象，并得出了与当时占据主流的乐观主义社会进步论大相径庭的观点。

1750年，38岁的卢梭参加第戎科学院的一次有奖征文活动，他以题为《论科学与艺术的复兴是否有助于使风俗日趋纯朴》的文章赢得比赛首奖而一举成名。在这篇文章中，卢梭考察了科学与艺术进展同人类道德的关系。他认为，科学与艺术的发展虽然有助于创造更加便捷或舒适的生活，但同时会导致一种虚伪的社会风气，从而最终会造成人类的不平等和人的精神沉沦、灵魂堕落腐化，而这样的发展实际上是一种退步。据此，卢梭认为科学与艺术不利于道德风尚的建设，而且实际上已经开始背离启蒙运动的主旨，走向它的反面，即对浮华与虚伪的崇尚，"我真的不明白：何以会有这么一种比无知更加可鄙的科学的奇谈怪论竟冒充知识，进而反过来对知识的进步设置一道难以克服的障碍"。❶ 在卢梭看来，科学与艺术干涉了人类自由意志，并且造成了道德的混乱，使人与人之间的平等关系被嫉妒、畏惧和怀疑所取代，而且为政府的统治压制个人自由提供了更好的理由。当同时代的思想家都高声颂扬科学的发展给人类历史带来巨大的发展时，卢梭却看到了这里面存在的矛盾，科学技术的发展虽然带来了物质层面的进步，但人与人之间的不平等并没有消除，反而愈加严重。即如他所说"文明向前进一步，不平等也就向前进一步"。然而，人应该是目的，不应该是被利用的工具，因此卢梭主张人应该返归自然本性，并重新树立自由意志的权威。

在此之后，卢梭不再停留在对伤风败俗的社会问题的研究，而是转向对人类的自身精神性价值的更深探索，这在他的另一部著作《论人类不平等的起源和基础》中得以体现："宗教让我们相信，上帝自己刚把人类创造出来，就立刻使人脱离了自然状态，他们是不平等的，因为上帝愿意他们那样。但是宗教并未禁止我们只根据人和他周围存在物的性质，来猜测一下，倘若让人类自然发展的话，究竟会变成什么样子。这就是人们所要求于我的；也就是我想要在这篇论文里加以研究的。"❷ 基于对人类平等问题的思索，卢梭将整个人类的历史划分为两个不同的状态，即自然状态和不自然状态。自然状态下的人们没有争斗，各尽天性，因此享有天生的自由和平等；然而，随着私有制的产生，人们开始为了利益互相争斗，人类的善良本性渐渐被吞噬，由此进入了不自然的状态。卢梭对自然状态进行了生动的描述："在那个时候，人被自然安排得距离野兽的愚钝和文明人的不幸的智慧都一样远，他为本能也同样为理性所限，只知道防备所面临的祸害的威胁，他为自然的怜悯心所制约，不会主动地加害于人，即使受到别人的侵害也不会那样去做，因为按照贤明的洛克的格言，在没有私有制的地方是不会有不公正的。"❸ 在卢梭看来，在自然状态下，虽然人在身体状态、智慧层次、精神活力等方面存在着一定的不平等，但这是人自身条件决定的，并非真正的不平等，而由于这种状态下的人享有完全的自由，因此他们反而是真正幸福的。然而，由于

❶ 卢梭. 论科学与艺术的复兴是否有助于使风俗日趋纯朴 [M]. 李平沤，译. 北京：商务印书馆，2011：10.
❷ 卢梭. 论人类不平等的起源和基础 [M]. 李常山，译. 北京：商务印书馆，1962：71-72.
❸ 卢梭. 论人类不平等的起源和基础 [M]. 李常山，译. 北京：商务印书馆，1962：119.

人的自我完善的内在要求，自然状态最终会远去，从而进入一种社会状态，在此状态中，人与人之间因为私有制而拉开了距离，不平等开始出现，而随着对私利的不断争夺，人类善良的本性也被掩盖，欲望无法满足，从而最终产生了罪恶。卢梭认为这种状态是对人本性的一种背离，因此，他提出"不要在使自然人适应社会的同时摧毁自然人"。在此基础上，卢梭开始从人性的本质和道德归属的角度出发反对文明史的进步观。在他看来，文明的进步与道德的退步是历史发展的一体两面，也是文明进步的二律背反，要想使其永久性解决，只有回到自然状态。

当然，尽管卢梭高度赞美自然状态的无限美好，无情批判人脱离自然状态后的不断堕落与衰败，但对于现实的历史发展来说，自然状态终究是一种基于批判目的的假设，并非历史中真实存在的状态，这是需要我们注意的。在某种程度上，"自然状态"就像是卢梭设立的一个参照系，它以此考察社会、人性并反思人类历史发展中的理性和道德，自然状态虽然美好，但在历史的车轮下，人类社会不可能从当前状态回到原始的自然状态。因此，在社会状态下，要解决文明与道德的悖论，保证个体的自由平等，在卢梭看来，只有通过社会契约的方式，即按照契约的方式为人类约定一个文明与道德相容的社会，从而实现新的平等和自由，尽管它是一种契约自由。从自然状态到社会契约，卢梭对人类历史的思考始终贯穿一个主题，即对人的内在本性的追求。在对自然状态的叙述中，他通过假设一个单纯质朴，并且没有善恶对立的状态来思考人的本性；而在社会契约论的阐发中，他则基于对人性的保护进一步建构了一个公约化的社会。康德对卢梭曾作出评价："卢梭是另一个牛顿。牛顿完成了外界自然的科学，卢梭完成了人的内在宇宙的科学，正如牛顿揭示了外在的秩序与规律一样，卢梭则发现了人的内在本性。必须恢复人性的真实观念。"[1] 从卢梭思想中所散发的"人性的光辉"来看，这样的评价无疑是准确的。

卢梭有句名言："人是生而自由的，但却无往不在枷锁之中。"[2] 他坚持自由源自于人的理性，认为自然人在获得理性之前是具有自爱心与怜悯心这

---

[1] 李泽厚. 批判哲学的批判 [M]. 北京：生活·读书·新知三联书店，2007：32.
[2] 卢梭. 社会契约论 [M]. 何兆武，译. 北京：商务印书馆，2003：4.

两种天生禀性的，而且人类的所有美德几乎都是从自爱心与怜悯心这两种美德中衍生出来的。同时，卢梭还论述了自由与平等的关系。他认为，自由是人的本质，是人天赋的权利；平等是自由的前提，一旦人们之间失去了平等，变成奴役与被奴役的关系，自由便不会存在。以此为基础，卢梭总结了人类历史发展过程中平等的演变过程，即平等—不平等—平等。他认为在自然状态中人是平等的，但进入到社会状态后，由于私有制的发展，人与人之间的平等慢慢消失。私有制造成了人们在经济、政治上的不平等，使人类社会出现了奴役和压迫的现象，因此它是不平等关系形成的经济基础。不过，卢梭同时也指出，虽然在现实专制暴君的统治之下，人类不平等发展到极端，然而这种极端的状态最终会转为新的平等产生的原因，而这种新的平等在他看来是一种更高级的、基于社会公约的平等："这里是不平等的顶点，这是封闭一个圆圈的终极点，它和我们所由之出发的起点相遇。"❶ 这就是人类社会发展的最终归属，即由不平等最终到达平等，由不自由最终回归自由。在卢梭看来，这既是社会进步的规律，又是人类历史的辩证发展过程；既是自由的最终回归，又是理性发展的最高体现。

　　总览卢梭的社会进步理论，我们可知他的最大特征是从人性出发，以道德为依归来论述社会进步及相关问题，在《论科学与艺术的复兴是否有助于使风格日趋纯朴》中，卢梭认为理性与科学的进步并不能带来道德的完善，反而会导致道德的堕落。而在《论人类不平等的起源和基础》中，他同样又表达了理性的发展推动了私有制和法律的建立，但也使不平等成为合法，而这无疑是一种道德的衰败。在对人性从自然状态进入社会状态的分析中，卢梭意识到文明的进步必然会带来自然状态的消失，并由此使得自然人性发生异化，成为文明进步的牺牲品。卢梭对这一点深恶痛绝，他出于对自然状态和美好人性的一种怀念，希望人们通过签订社会契约来重新找回自由。当然，这种自由只是一种契约的自由，所以卢梭又不无伤感地呼唤"回归自然"。以自然状态反思文明进步下的道德退步，以社会契约重新保证个体的自由平等，卢梭的这种思考路径深刻且独特，某种程度上的确比同时代乃至之前时代的思想家思考得更深，也走得更远。然而，尽管卢梭指出了问题所在，却没有

❶ 卢梭. 论人类不平等的起源和基础 [M]. 李常山，译. 北京：商务印书馆，1962：145.

很好地解决它们。一方面，基于自然状态的理论而形成的契约思想，其核心所呼唤的其实是一种新的自然状态，但针对文明业已达到的成就、形成的状态，其与自然状态之间的矛盾似乎是难以调和的。另一方面，卢梭所阐发的自然状态并非历史中实然存在的状态，而只是他对历史的一种设定；而他所描绘的自然状态下的自由与平等，与其说是历史中真实存在的，毋宁说是当时的现实社会所缺失的，因此自然状态学说是否为卢梭的一厢情愿，也就只能见仁见智了。同时，尽管卢梭站在一个不同时代的角度对理性进行了反思和批判，但他最终还是相信人类可以运用理性最终到达一个更加美好的社会，从中我们或许也可以看到卢梭对理性的某种矛盾态度。当然，卢梭基于自然状态假设所形成的社会契约思想，无疑对解决文明进步中的道德退步问题有很大的指导和借鉴意义；而他关于社会进步的深刻观点，对后世思想家探讨社会进步问题也启发良多。在他之后的哲学家如康德、黑格尔等在思考社会进步问题时，都对卢梭的思想进行了不同程度的继承或回应。恩格斯更是指出："我们在卢梭那里不仅已经可以看到那种和马克思《资本论》中所遵循的完全相同的思想进程，而且还在他的详细叙述中可以看到和马克思所使用的完全相同的整整一系列辩证的说法。"❶

三、康德的"历史先验理性"设定

当资本主义在欧洲兴起时，人们对社会的进步普遍持乐观态度，然而由卢梭肇端的启蒙反思也开始让人们注意到理性过度膨胀带来的弊端。到了德国古典哲学时期，哲学家们开始解决这个问题，他们将之前的主观理性转换为一种客观理性，即将理性的基础由主体转移到客观世界的某种超验力量。由此，历史进步成为一个人不可操纵的先验设定，而人的理性活动则成为历史理性实现自我的一种工具，这种理论的形成无疑标志着理性主义进步观的成熟和系统化，而它的重要代表就是德国哲学家康德（Immanuel Kant）。作为启蒙运动的主要思想家，康德以理性作为自己的理论武器，对当时的宗教神学和专制文化展开批判。在他看来，启蒙时代之所以"可以称为批判的时代，

---

❶ 马克思恩格斯选集：第3卷［M］. 3版. 北京：人民出版社，2012：519.

是因为：只有经得起理性的自由、公开检查的东西，才能博得理性的尊敬。"❶
不过，虽然身处理性启蒙的时代氛围，但康德并没有像大多数人那样完全执
迷于理性，而是采取了一种更加冷静的态度。他认为理性虽然可以解决历史
和时代的各种问题，但理性并非万能的，我们在运用理性作为批判工具的同
时，对理性本身也要进行反思，这无疑接续上了卢梭的思路。

事实上，正是由于卢梭的启发，康德对社会进步的思考也是以道德问题
作为重要支点。在他的代表作《判断力批判》中，康德以人类道德为出发点，
认为人类的行为在本质上是由内在的道德所决定，但由于每个人在现实中都
追求各自不同的利益，因而会产生各种冲突甚至斗争，这就使人表现出一种
外在的"恶"，从而使"人是目的"这一人类的内在追求难以实现，最终出
现了社会进步而人的道德退步这一悖论，而康德的最终目的也是解决这一悖
论。与卢梭不同，康德的解决方式是将大自然和现实的人进行一种区分，在
他看来，大自然的历史是由"善"开始的，它背后具有先验理性的推动；但
人的历史却是由"恶"开始的，表现为诸多利益的冲突和道德的欺骗。然而，
正是因为有某种"天意"的预定，文明会不断发展，道德也会走向最终的
"善"。这里的"天意"，于康德而言就是大自然"善"的内在意图，他将其
称为"大自然的隐蔽计划"。牛顿对自然因果规律的揭示对康德产生了很大影
响，他以此为依据，认为"大自然的隐蔽计划"就是一种先验的合目的性：
"大自然决不做劳而无功的事，并且决不浪费自己的手段以达到自己的目
的。"❷它一方面在根源上决定了人类走向道德善的必然性，另一方面也暗暗
地推动这一过程。因此，在康德看来，人类在发展过程中虽然会因为自由意
志的驱动而追求一些恶的目的，甚至产生许多冲突和斗争，但最终会沿着大
自然意图的指引，不知不觉从恶的方向转到善的方向，从而实现一个最终的
目的，那就是人类自身的幸福；尽管在由恶向善的过程中会有很多曲折、反
复甚至失败，但人类文明与道德最终走向完善的趋势却是不变的，这恰恰就
是历史的真正规律。另一方面，为了论证人类历史能走向最终的善，康德除
了设定大自然善的意图之外，还从人的本性之中寻找"先天善"的可能。在

---

❶ 康德. 纯粹理性批判 [M]. 蓝公武，译. 北京：商务印书馆，1957：3.
❷ 康德. 历史理性批判文集 [M]. 何兆武，译. 北京：商务印书馆，1990：5.

他看来，人虽然由于自由意志的驱使而表现为不同程度的恶，但每个人实际上都存在一种不断走向善的天然禀赋，正因为这种内在于每个人的天然禀赋，决定了人类会有意无意地遵循大自然的意图，从而推动社会不断进步，并最终实现整体的善。因此，人类天生的善的禀赋既是历史发展的动力，也是道德完善的原因。更为重要的是，这种善的禀赋在人的身上可以不断地向后世遗传，而人类通过理性的觉醒坚持不懈地启蒙思想，也可以使善的禀赋从萌芽状态不断地发展，并最终得到完全的呈现，成为一种自然的道德力量，从而推动社会实现真正的完善。

除了从先验角度说明外，康德还从历史的经验中来寻找人类进步的证据。康德回顾了从古希腊到启蒙时代的历史进程，他发现尽管历史上出现了许多的冲突和斗争，但从历史发展的整体来看，无论是文明状态还是道德水准，人类社会都实现了进步，并且是一种合规律性的进步。康德身处法国大革命爆发的年代，他认为大革命的胜利是人类历史与道德进步最好注脚，因为其是一个才华横溢的民族的伟大革命，"表明了人类全体的一种特性以及同时（由于无私性）他们至少在禀赋上的一种道德性；那使人不仅可以希望朝着改善前进，而且就他们的能量目前已够充分而言，其本身已经就是一种朝着改善前进了。"❶ 康德非常认同卢梭所指出的文明进步与道德完善的悖论，但他同时认为悖论的出现是由于我们没有选择正确的观察历史的角度和方法，如果以历史的个体或某一个短暂的阶段为观察对象，很容易让人觉得历史就是充满斗争与压迫，是恶的不断呈现；但是如果以一个很长跨度的历史或者整个人类整体发展为观察对象，就会明显地看到人类社会向文明和善的不断靠近。因此，康德认为文明进步道德退步的悖论只是人类历史发展中的暂时现象，我们应该从历史整体出发，消除各种悲观和错误的认识，相信人类社会的美好未来。当然，在强调整体历史观的同时，康德也看到了对抗作为历史发展的必要因素对人类文明进步的意义。一方面，康德从文明与人类天性关系的角度分析对抗性形成的原因。在他看来，由于文明的发展与人类天性的觉醒并非完全同步，一个社会当其物质文明发展而道德教育滞后时，便容易产生对抗和压迫，这实际上是人的天性的发展没能很好地契合文明发展规律

---

❶ 康德. 历史理性批判文集［M］. 何兆武，译. 北京：商务印书馆，1990：156-157.

所造成的。但同时，由于历史关注的主体始终是人，当人在社会出现对抗性时，虽然会带来许多冲突或斗争，但也会促使人类更加深刻地认识到道德进步的重要性，从而在客观上达到了促进人类提高自身道德的效果。另一方面，道德进步通过文化教育实现，文化能够以一种内在的方式积极作用于人的自然天性，并使其发生某种潜在的转变，从而化解文明进步中的各种冲突，并最终实现社会的进步。因此，康德主张通过文化和艺术教育来促进人类道德发展，从而解决人类社会中的各种冲突，实现文明与道德的同时进步。在康德看来，人处于经验世界，因此必须服从自然因果律。虽然人类历史发展在表面上显得杂乱无章，但却有着内在的统一目标，那就是走向最终的善。他强调历史进步的主要动力来自人性中善的禀赋，但恶作为一种客观存在同样也可以对历史发展产生积极的作用，这是因为恶只是大自然实现其最终目的的工具而非目的本身，在人类社会的发展过程中"正是这种阻力才唤起了人类的全部能力，推动着他去克服自己的懒惰倾向，并且由于虚荣心、权力欲和贪婪心的驱使他要在自己的同胞们——他既不能很好地容忍他们，可又不能脱离他们——中间为自己争得一席地位。"❶ 在康德看来，理智作为一种能力，是可以在对抗中产生的。实际上，正是人与人之间、人与社会之间，乃至不同的国家与民族之间的对抗与冲突，激起了理性的向前发展，也激起了人们意识中善的觉醒和追求，从而最终推动了人类社会不断趋向文明和进步。

由此可见，康德的社会进步理论是一种建立在历史理性先验设定和人的道德属性基础上的自然目的论。一方面，大自然的意图会通过一种先验设定的方式指引人类社会不断朝着更好的方向迈进；另一方面，人性中善的本质也会推动人类自身趋近于道德的完善。更为重要的是，康德的自然目的论以人的实现为最终目的，正如他所说的"人是目的，而不是手段"。康德的思想受卢梭影响非常大，他与卢梭都将人作为历史发展的出发点和归宿点，尊重并高扬人的主体性。然而二者之间的不同在于，卢梭思想中强调的人的主体是在自然状态设定下的自然人，其拥有的自由是一种归属于自然的属性；康德所强调的人的主体是实际状态中的社会人或文明人，其除了是一个自然存在者，更重要的还是一个道德存在者，因此人的行为除了具有自然属性，同

---

❶ 康德. 历史理性批判文集 [M]. 何兆武，译. 北京：商务印书馆，1990：7.

时也是道德目的的体现。在康德看来，作为自然的人会追求物质上的最高，即幸福；而作为道德的人则会追求道德上的最高，即善。然而，二者之间却存在着矛盾，要想实现最大的物质幸福，必然会对道德目的造成影响；而要想拥有最高的道德，物质追求则会形成限制，因此整个人类历史的发展史实际上是大自然道德目的和人的自由意志之间矛盾的运动史，而大自然的道德目的则在这个过程中起着决定性作用，它最终引导人类在道德和幸福的矛盾中以一定的幸福为代价而最终获得道德上的至善，这是大自然的目的，也是人类道德本质的体现。由此可见，康德的论述中虽然存在自然和道德的区分，但就像他的那句名言："位我上者灿烂的星空，道德律令在我心中。"二者在自然目的论中获得了统一。康德还把自然目的论引入人类历史，以"大自然的隐蔽计划"为理论支点，为人类构建了一个公民社会的目标，即一个建立在契约精神与普遍法治基础上的公民社会："大自然迫使人类去加以解决的最大问题，就是建立一个普遍法治的公民社会。"❶ 在康德看来，人类历史中的对抗以及在对抗中发展的理性，最大的成果是使人类可以构建出一套由法律秩序来规定的社会，通过让渡自己的部分自然权利，订立契约，从而形成一个公民社会。在这种社会形态下，尽管每个人仍然有可能处于竞争或对抗，但由于社会契约与法律的存在，仍然可以保证一个相对较好的秩序，可以维持一个最低限度的社会公平和正义。康德的这种"法治公民社会"的思想在后来一直得到了继承和发展，在今天的世界政治格局中仍然发挥重要的作用。

　　作为启蒙时期的思想家，康德和卢梭都看到了人类理性的价值，也觉察到了理性的局限，从而反对理性的绝对权威化。然而，与卢梭强烈批判理性，认为理性贬低了人的道德与尊严不同，康德对理性的看法要客观得多，他虽然批判对理性的盲目崇拜，但并没有摒弃理性，也没有对人类理性的发展持一种悲观的论调。在康德看来，理性固然有局限，但这个局限也恰好证明了理性具有一种自我反思的"纯粹的理性"，即理性不断运用自身对自身进行反思，这是人类真正伟大的天赋，也是人类能实现历史进步的最大动力，这可以说是康德与卢梭最不同的地方。同时，不同于卢梭，康德对历史走向最终的善深信不疑，他认为人类历史的"千年福祉王国"一定可以实现的。尽管

---

❶ 康德. 历史理性批判文集 [M]. 何兆武，译. 北京：商务印书馆，1990：8.

人类历史发展的过程是曲折反复的，但它最终不会是无规律的循环，也不会是倒退，而是不断地进步。当同时代的哲学家或陷入理性权威而对人类历史与道德进步盲目乐观，或纠结于自由意志而对文明发展消极悲观时，康德从人类整体的历史出发，通过对历史理性的先验设定与人类道德的本质探讨，不但在杂乱的历史现象中找到了本质规律，而且统合了历史发展的自然律与道德律，形成了更为深刻的社会进步理论体系。面对人类理性启蒙的历史趋势，康德一方面肯定了理性的积极意义，认为理性，"它不允许人再返回到把他已经从其中吸引了出来的那种野蛮与单纯的状态里面去"❶，并告诉人们要敢于运用自己的理性；另一方面也对理性作出了合理的反思与批判，以独树一帜的方式论证了历史的进步不但具有合理性，而且更为关键的是，它本身就是历史理性的基本内容和最终目标："历史就是朝着合理性的一场进步，同时它也是在合理性之中的一场进步。"❷ 在这个意义上，可以说康德的社会进步理论超越了同时代大多数思想家的理论视域。

四、黑格尔的"绝对精神"史观

作为德国古典哲学乃至西方形而上学的集大成者，黑格尔的思想主要继承和发展了德国古典哲学体系，并达到了其最高点。黑格尔对康德的思想有一定的继承，但二者又存在着明显的不同，简而言之就是主观唯心与客观唯心的区别。在康德看来，人的意识来自"主观"，是人的主体发出的；但在黑格尔看来，意识不只来自我们自身，同时还来自事物本身，是客体事物的本质。黑格尔反对康德把本质与现象、思维与存在二分的做法，他认为这种方式割裂了存在的整体性，也没有真正反映意识。在他看来，思想和事物的本身相同，是具有"客观性"的；同时，思维可以完全认识存在，事物也能够被思想把握，二者本身就是同一的。黑格尔把事物本身的思想称为"客观思想"，他认为客观思想可以被人类的大脑掌握，但它并不属于后者，而是一种独立客观的存在；更重要的是，它不产生于物质，而是先于物质，并且本质上是自由的，这就是黑格尔所说的"绝对精神"。"绝对精神"是黑格尔最重

---

❶ 康德. 历史理性批判文集 [M]. 何兆武，译. 北京：商务印书馆，1990：69.
❷ 柯林武德. 历史的观念 [M]. 何兆武，张文杰，陈新，译. 北京：北京大学出版社，2010：100.

要的哲学范畴，也是他历史观的逻辑起点，通过证明"绝对精神"的生成与外化，黑格尔将思维与存在、主体与客体统一起来，形成了绝对客观唯心主义的历史哲学。

黑格尔对历史的进步有一个经典的界定和描述，即世界历史是"自由意识的进步"，是一种我们要在其必然性中加以认识的进步。这里，黑格尔所说的意识不是受上帝宰制的先验实体，也不是受制于自然规律的经验现象，而是一种客观的、发生在历史中的行为活动。在他看来，意识在时间中创造自身，其背后的决定者是一种绝对的理念或精神，而"'精神'的这种依靠自己的存在，就是自我意识——意识到自己的存在。……因为'精神'知道它是自己。它是自己的本性的判断，同时它又是一种自己回到自己，自己实现自己，自己造成自己，在本身潜伏的东西的一种活动"。❶ 可见，黑格尔眼中的"绝对精神"是意识认识和回归自身的结果，同时也是意识不断自我形成、自我实现的过程。既然如此，意识为什么可以不断进步呢？对此，黑格尔在《精神现象学》中指出，这是因为人的意识有自我认识的倾向，它的发展同时又与自我生产一致。因此，当意识进入人的自我，变成自我意识时，它实际上已经发生了改变，从原来是其所是的东西变成了对其所是的一种对象化的意识。而在这一变化过程中，人的意识不仅完成了对特定意识形式在认识上的进步，而且也形成了对意识行为本身在认识上的进步，从而也就产生了新的"进步"意识形式——这种意识形式来源于它在历史性地自我生产，它本身虽然不需要任何特定的进步，但由于是在历史性或世俗性中发生，因此它所揭示出的东西是进步的，而且是随着意识的不断深入进步的——因此，意识也就相应的实现了进步。在黑格尔看来，其一，自由意识从本质上来说是精神自身的意识，而不是人的意识；但它同时通过人的意识存在并体现，因而两者之间并不冲突，且具有某种统一。其二，自由意识不是主观思想，而是与客观现实相伴随的意识，因而它可以在与自然现象中的对比中显现出来。因此，黑格尔所言的历史进步实际上是意识的内在历史的进步，既意识作为世俗中产生的行为活动，在自我产生中不断实现的进步。

在分析历史概念的时候，黑格尔指出历史实际上具有客观和主观的双重

❶　黑格尔. 历史哲学［M］. 王造时，译. 上海：上海书店出版社，2006：16.

意义。一方面，它指的是历史中发生的具体事件，是历史对自身的某种叙述；另一方面，它指的是历史通过意识而书写，从而由意识赋予了一定的主观意义。在黑格尔看来，现实的历史是两种意义的统合，不过这种统合并非出于偶然，而是体现了历史的一种本质，即"表示'精神'的意识从它的'自由'意识和从这种'自由'意识产生出来的实现的发展"。❶ 同时，由于这种发展是在意识对时间的解读过程中形成的，因而它最终呈现出了历史书写和历史行动同时存在的一种状态。因此，"历史"对黑格尔而言，并不仅是某种已经发生的客观事件或过程，而且还是对过去发生的事件的自我意识，是对过去某一个特定子集的自我叙述与自我记录。正是在这个意义上，黑格尔所说的"历史"事实上也就成了某种具有意识和目的的活动，这与康德的历史理性在思考方式上虽然不同，但却可以说是殊途同归。当然，黑格尔所言的历史变化不同于自然变化，对他来说，自然变化或许也具有某种固定的法则，遵循着某个固定的目的，但其对于自身的起源和变化并没有一个明确的意识，它是一个盲目的、不具有自身目的的过程，因此不能从意识的角度来对它进行理解；而历史则不同，它是意识自身的发展变化，是意识在历史中的体现和投射，因此它和自然变化有本质的不同。在黑格尔看来，人类的发展是从自然的黑暗转向历史的光明，是从盲目的规则束缚到理性意识的自我决定，这可以视为黑格尔的历史乐观主义。而这种乐观主义也出现在康德的"历史理性"思想中。不同于康德，黑格尔所强调的重点在于历史是自我意识的发展，它广泛存在于人类文明的各个领域，如政治、经济、宗教、艺术等；或许它无法被人类完全控制，但它并不是盲目的，因为它所体现的实际正是人类对自身的不断纠正和改进，以及如何在实践中对它的不断完善。

在此基础上，黑格尔认为，自然中的人只是作为某种范式才具有一定的意义，具体的个人与整体的存在相比永远只是次要的。而历史中的人却不是作为某一个范式的个人，他是没有重复的新的个人，对历史发展的认识就是对自我意识的认识，正是自我意识不断进步，才赋予了历史这个概念应有的内涵，而个体在这个过程中也得到了应有的关注。因此，在黑格尔所言的历史中，个人是自我生产的存在，而自我生产则是意识在历史活动中的最终目

❶ 黑格尔. 历史哲学 [M]. 王造时，译. 上海：上海书店出版社，2006：58-59.

标，即历史的目标就是要产生出人类法律以及尊重和促进自我的社会，而这也清楚地显示出自然规律与历史发展的根本区别。正是在此意义上，我们可以理解黑格尔哲学意义上的历史进步是自我意识的进步，即相对于自然仅仅是对法则的遵守和体现，历史在对法则的认识中实现了更新，它不但通过自我意识的发展，在不断更新的社会形式中完善自身，而且通过新的自我意识的活动推动了历史的进步。也正是因为如此，黑格尔认为一切试图在永恒法则意义上去理解历史的行为（如叔本华的"意志"）都是没有意义的，因为它们忽略了意识的发展，而试图以某种固定不变的循环法则来解释历史，从而都陷入了一种主观意志的误区。

综上所述，黑格尔的社会历史观以"绝对精神"作为理论核心，通过自我意识的进步阐发了社会历史进步的内在性和必然性。黑格尔拒绝用简单的事件汇编的方式看待历史，他认为这种传统的方式只能够得出历史的片面内容，难以得出历史的内在本质。只有通过绝对理性对历史进行思考才能得到历史进步的完整认识，而理性在黑格尔看来并不仅是人类的一种认识能力，它从本质上来说是一种超验的客观理念，即"绝对精神"。近似于宗教的上帝，"绝对精神"在黑格尔这里是一种精神性的本源，它统摄和决定着世间的一切，而世界历史作为"绝对精神"的外化，在某种程度上也可以理解为"上帝"的计划在人类历史中的执行。而在"绝对精神"的统治下，人类则是作为一种实体性的工具出现的，人类世界的历史不过是"绝对精神"为实现自我的目的而呈现出来的一种形式而已。黑格尔曾对进步有过一个经典的表述，即"从不完美的东西进展到比较完美的东西，便是'进步'"。❶ 只不过，这种进展过程并非一个客观的演进，而是一个在绝对精神引导下的自由意识不断进步的运动。就此而言，黑格尔的社会进步观实际上是一种将主观先验意识无限扩大的产物。从理论自洽的角度来说，黑格尔的社会进步理论是基于其唯心主义哲学体系的建构，因而具有强大的逻辑性与思辨性；而基于"绝对精神"构筑的社会历史演进图式也蕴含着丰富的思想，他不但以这种方式论证了历史发展不以人的意志为转移的特性，也阐发了人的意识对社会进步的巨大作用。但是，由于黑格尔哲学体系的唯心主义倾向，

---

❶　黑格尔. 历史哲学 [M]. 王造时，译. 上海：上海书店出版社，2006：52.

使得他在一条错误的方向上走得太远，以至于他注定无法寻找出社会历史的真正规律。

第三节　理性主义社会进步理论的评价

大体而言，近代西方社会进步理论在总体上呈现为以理性主义为支撑、以乐观主义为基调的思想图景。这一时期的思想家相信理性的绝对力量，认为人类能够以理性推动生产的发展、科技的繁荣，进而实现社会的不断进步。而在此基础上，一些卓越的哲学家更是通过理性的思辨建构了人类历史进步的思想大厦。然而，这种进步观虽然在一定程度上破除了历史循环论和历史倒退论的谬误，但由于自身存在的一些理论缺陷，因此最终伴随着马克思社会进步理论的出现而走下了神坛。

一、理性主义社会进步理论的局限

从发展脉络上来看，近代西方社会进步理论在将近四个世纪（16—19世纪）的历史进程中大致经历了四个发展阶段：弗兰西斯·培根和笛卡尔等人最早将社会进步理解为知识或者智力的进步；❶ 到了启蒙时期，孟德斯鸠、伏尔泰等启蒙思想家则主张通过理性的自觉来对抗愚昧与盲目，进而推动社会经济、政治、文化等各个方面的进步；其后，孔多塞、卢梭、康德、黑格尔等哲学家在对理性的运用和反思中完成了理性主义进步理论的系统化；最终，理性的观念深入人心，而理性主义的进步理论则成为当时社会历史观的主流论调和大众普遍接受的观念。从内在特征来看，理性主义进步理论主要呈现出以下局限。

第一，理性至上论。一方面，英国哲学家培根的"知识就是力量"可谓理性主义进步观的先声。当时，自然科学迅猛发展，无论是经验论者还是唯

---

❶ 培根将历史进步的信念建立在人类知识的基础之上，认为古代人之所以没有获得今天这样的发展是因为没有找到一种可以摆脱当时状况的工具，只要得到新的工具，人类的境况就会得到完善，并将获得更大的自由和幸福。笛卡尔和培根同样相信历史趋向进步，同时他从理性主义出发，认为人类可以运用理性的力量，形成新的方法，从而推动社会的进步。

理论者，都相信知识对社会发展的作用，他们投入大量时间寻求获得知识的新方法、新工具，由此使当时的哲学发生了一种"认识论转向"：新方法产生了大量新知识，新知识则带来了各种领域的发展，而后者则反过来强化了人们对自身能力尤其是理性能力的自信，由此带来的直接结果是人们开始越来越盲目推崇理性的力量。另一方面，理性带来了知识，破除了宗教领域的迷信和世俗生活的无知，使当时许多思想家成了无神论者。比如英国哲学家霍布斯就认为上帝不具备物体的特征，因而是不存在的。洛克虽然承认上帝存在，但认为上帝的观点并非先天存在，而是人们在后天的经验中习得的；同时他还区分了理性与信仰的界限，并认为理性明显高于信仰。这些哲学家这样做的目的虽然为宗教划定了范围，为理性争得地盘，但正如恩格斯所评价的："他们不承认任何外界的权威，不管这种权威是什么样的。宗教、自然观、社会、国家制度，一切都受到了最无情的批判；一切都必须在理性的法庭面前为自己的存在作辩护或者放弃存在的权利。思维着的知性成了衡量一切的唯一尺度。"● 时代的思潮使理性成为思考的最主要工具，但也造就了人们心中新的权威。理性主义者一味强调理性的进步，对于人类活动的实践却缺乏应有的重视，由此他们的进步理论也就变成了缺乏基础的空中楼阁。

第二，乐观主义倾向。理性主义进步论者对理性绝对崇尚，他们认为人可以凭借理性完成任何想要做的事，由此对社会进步也充满了乐观主义的倾向。在他们看来，理性是人天然的禀赋，它存在的目的就是指引人不断地完善自身和周围的环境，最终造就一个完美的世界。因此他们相信，在以理性为基础的科学的带动下，人类社会必然会不断由低级向高级、由简单到复杂发展，最终实现巨大的进步。他们甚至认为，随着人类理性的发展，所有的社会顽疾都将得到彻底医治，所有的罪恶也终将得到铲除，人类必然会迎来一个自由、平等、公平、正义的未来。乐观主义者不光如此憧憬，而且坚信这样的未来必然会实现。在他们看来，社会进步总是朝向一个尽善尽美的终极目标，这一过程是线性的、连续的过程。比如按照乐观主义进步观的代表者孔多塞的说法，人类社会将不断实现进步，这个过程有可能会因各种原因放缓，但绝不会停下；同样，人类的知识和道德完善也没有任何上限，并会

● 马克思恩格斯选集：第3卷［M］. 3版. 北京：人民出版社，2012：391.

随着社会的进步最终达到完美。卢梭曾告诉人们，在理性前进的路上会有许多陷阱，因而需要更加审慎；而像孔多塞这样的乐观主义者则告诉人们，未来一片坦途，它的终点是一个完美的世界。从历史发展的经验来看，这种乐观主义色彩的进步观确实把社会进步看得过于理想化，它虽然能带给人以未来的美好憧憬，但也带有明显的片面性与盲目性。

第三，线性进步图式。理性主义进步论者根据对理性的信仰建构社会进步的理论，但依据的是一种单一的进步观，即社会进步不可偏移，也不可逆转，总是固定的朝某个方向不断前进。因此，这种社会进步观虽然以理性为主导，但仍然是一种线性进步图式，无法对社会历史考察产生真正的指导作用。同时，理性主义进步论者的线性进步图式还体现在对历史发展路径的刻板遵循。在文明中心论的观念支配下，他们将欧洲工业文明的发展模式视为世界不同国家和民族普遍都要遵循的历史发展模式，并在非欧洲文明体系的国家与民族中加以宣传和推广，由此抹杀了不同国家和民族社会进步的多样性。这就等于犯了双重错误，既将社会进步规律简单化、机械化，又忽略了地域文化的差异。此外，由于在理性主义者那里，理性是一种先在的力量，所以在它指引下的社会进步也必须符合理性，这就使理性主义进步观在抽象意义上也呈现出某种线性的特征，即社会进步是一个不断趋近理性的发展过程。按照理性主义进步观的看法，社会进步是通过理性尺度来进行裁定和建构的一个过程，理性作为一种先在的目的，它的作用是引导社会朝着理性构建的方向不断趋近。理性主义进步论者以理性为武器，对以往的宗教神学、世俗政治乃至传统习俗都进行了严肃的批判，他们相信通过思想启蒙可以探索新的知识，制定新的法律，构建新的制度，从而消除以往愚昧无知带来的各种弊端，使社会的发展最终走向更高的理性。但这种具有抽象色彩的进步观从本质上来看仍然充满了一种线性论的色彩，这种色彩是由对理性的过于推崇和盲目乐观决定的，这是它的基本逻辑，也是它的内在要求。

二、理性主义社会进步理论的意义

当然，理性主义社会进步理论也有其积极的意义。我们知道，进化论是近代西方理性主义社会进步理论基本的支撑点，进化论以科学的方式解释了自然界所有生物的起源和发展问题，它的发表几乎否定了神创论，从而动摇了宗教的神学基础。而正是得益于进化论的传播，思想家们形成了社会领域的进步观念，并以此为基础，构建出了一套社会领域的进步理论，不但使之前的历史循环论、倒退论烟消云散，而且使进步的观念深入人心，被大众普遍接受，由此人们对人类社会的认识也迈上了一个新的台阶。无疑，这些都得益于理性主义社会进步理论的贡献。同时，理性主义社会进步理论的主要意义还在于对理性本身的弘扬。理性主义者在对理性的不断运用中发现了它的巨大力量，他们认为理性是人类天赋具有的思维能力，人们可凭借理性分析事物并揭示其内在的本质；同时，理性在他们看来还是一种本质性的评价尺度，它的权威甚至高过上帝；此外，他们还将理性视为科学的基础、知识的来源乃至法律的依据。由此，理性从中世纪的阴暗角落来到人们的眼前，来到历史的前台，它不但取代了上帝的权威，推翻了宗教神学在思想上的权威，而且成为时代思潮的主导，将人类智识带领到了一个更高的台阶。

而就社会进步的推动来看，近代西方社会进步理论将理性作为推动社会进步的源泉，在理性精神的弘扬下，人们充满热情地寻找新知识、新工具，在这个过程中，科学技术也获得了巨大的发展；而它反过来又以科学成果的形式转化为新的社会生产力，由此就带动了社会的飞速发展。当时的理性主义者普遍崇尚科学，他们中的大多数既是哲学家又是科学家，他们相信人类可以凭借科学技术的发展不断提高自身的能力，从而进一步改造自然，改善人类的生活条件，增加社会财富，并最终实现所有人的幸福。理性主义者的这种乐观精神或许夸大了理性以及科学技术的作用，但这其中洋溢的科学理性精神却是弥足珍贵的，某种程度上这种精神可以视为对进化论"自然选择"消极性的一种基于理性维度的超越。更为重要的是，正是这种精神帮助人们不断克服社会进步中的各种苦难和挫折，带领人们以一种一往无前的气概向前迈进，从而实现了社会的巨大发展。同时，对科技的崇拜虽然有一定的弊端，比如自然环境的破坏、人文价值的陷落等，但无可否认的是，科学技术的发展确实以前所未有的方式推动了当时社会的进步。直到今天，对科技的重视仍然让人们不断获益。因此，作为进步史观在启蒙时期的最高成果，理性主义无论对社会进步理论体系的构建还是社会进步实践的推进都有着积极的意义。

自从人类进入理性主义时代，对于社会进步规律的探索方兴未艾。然而如本章所述，虽然出现了许多深刻的理论，但都没有正确揭示出社会进步的根源所在。究其症结，如果说理性主义社会进步理论的贡献在于呈现了人类理性对于社会历史的巨大推动力，那么它还在很大程度上规定了前者对后者的宰制，正如科林伍德所言："既然一切历史都是思想的历史而且展现为理性的自我发展，所以历史过程在根本上便是一个逻辑过程。"❶ 然而正是在这里，马克思与理性主义进步论者分道扬镳。对于马克思而言，基于理性判定的社会进步理论，所形成的仅仅是一套可理解的、具有内在一致性的普遍性话语，但却无法在现实世界中寻求到有效性的检验或确证，因为这种理论本身就是"超历史"的。就此而言，理性主义进步论者虽然在阐述历史发展原理，但实际上却与历史背道而驰了。19 世纪的欧洲风云变幻，资本主义在经济、政治、制度、价值等诸多层面呈现了严重的危机，然而这并不是一种简单的腐化性后果，而恰恰是由前者奠基的思想传统自身的问题显现。诚然，理性主义传统深厚的"精神地基"对马克思产生了相当的影响，他也在前者的理论中看到了人类进步的希望，因而对其"人类理性的自由规律"持有积极的判断。然而，当马克思对人类历史发展和社会本质做进一步思考时，他看到了理性主义进步观存在的某种缺陷，比如对理性的过于推崇而使自身在某种程度上走到了理性的反面，又比如过于强调人的智性思考反而忽略了作为人类生存基础的实践活动。马克思认可理性但没有迷失于理性，他突出了人的主体性但避免了自我化、意识化的极端。在理性主义进步观的基础上，马克思对其进行了合理的批判，既继承了它的合理之处，也克服了它的一些缺陷，从而超越了理性主义进步观，形成了更加科学的社会进步理论，实现了人类进步观念史上的伟大变革。当然，要真正理解它的伟大之处，我们还必须对马克思社会进步理论进行更加实质性的探究。

❶ 科林伍德. 历史的观念 [M]. 何兆武, 张文杰, 陈新, 译. 北京: 北京大学出版社, 2010: 117.

马克思社会进步理论的思想结构

马克思社会进步理论是在近代西方理性主义进步观的基础上形成的。不过，这既不是一种简单的理论承袭，也不是一种单一的立场倾向，而是经历了自身的思想历程。在此过程中，马克思社会进步理论形成了唯物史观立场下的社会进步阐发和无产阶级立场下的共产主义追求这两个核心主题，它们不仅蕴含着马克思对启蒙运动以来的历史哲学范式的深刻反思，也承载着他对人类社会进步的重新理解。当然，马克思社会进步理论还有着更加深刻的思想结构。一方面，通过从"理性"到"实践"的思维转换以及"劳动异化"视域下的历史批判，马克思从正反两个方面让历史这一主题回到其存在和发生的现实场域，社会进步的本质、内涵以及运转方式从而得到了准确的阐发，这一阐发不仅超越了唯心的"先验理性论"、杜绝了机械式的"经济决定论"或"自然主义论"，而且为科学社会主义的最终创立打下了坚实的基础。另一方面，启蒙语境中的社会进步理论使得历史成为一种高度思辨的抽象观念，而马克思的社会进步理论则摆脱了这一"虚幻"的哲学范式，通过"物质的生活关系"重新确立了历史的恒定性，从而实现了从历史哲学到历史科学的转变。由此，人类社会历史的面貌也就得到了根本性的澄清。

第一节　马克思社会进步理论的核心主题

马克思社会进步理论是在对人类历史发展进行整体考察和对近代资本主义展开严厉批判的过程中形成的。在这一过程中，通过运用唯物主义的方法考察社会历史发展的基本特征与趋势，以一种客观、理性的方式对社会进步的规律进行了科学的归纳与总结，形成了两个核心主题，即唯物史观立场下的社会进步阐发和无产阶级立场下的共产主义追求。就其意义而言，马克思批判地继承理性主义进步理论，并吸纳古典政治经济学家和空想社会主义学的思想精华，从而不但实现了社会进步理论的范式更新，而且造就了无产阶级革命的强大的理论武器。

一、唯物史观立场下的社会进步阐发

(一) 马克思唯物主义立场的形成

某种程度上，马克思的唯物史观可以视为对理性主义的唯心史观，尤其是黑格尔"绝对精神"史观的一种唯物主义翻转。不过，在此过程中，马克思所吸取的思想资源是丰富的。从费尔巴哈的人本主义哲学，到亚当·斯密的古典经济学理论，再到空想社会主义，它们在马克思这里相互补充、相互论证，融成了一个整体，从而扬弃了唯心主义和旧唯物主义，最终形成了具有划时代意义的马克思唯物史观。

从思想历程来看，早期的马克思较多受启蒙理性主义的影响，注重从现实事务的角度为启蒙价值辩护，对社会历史问题并未表现出强烈的兴趣，如《莱茵报》时期（1841—1843 年）的《评普鲁士最近的书报检查令》《论离婚法草案》等文章，均是从理性的立场为大众利益发声。而在哲学立场上，马克思则主要接受黑格尔的法哲学理论，注重对法律关系、国家本质等问题进行意识层面的解读。然而在此期间，以莱茵省议会关于林木盗窃和地产分析的讨论以及摩泽尔地区贸易状况的相关辩论为契机，马克思关注到了无产阶级的现状，开始对黑格尔法哲学进行反思，思想立场也逐渐从后者的国家理性转至市民社会中贫苦大众的物质生活："为了解决使我苦恼的疑问，我写的第一部著作是对黑格尔法哲学的批判性的分析……我的研究得出这样一个结果：法的关系正像国家的形式一样，既不能从它们本身来理解，也不能从所谓人类精神的一般发展来理解，相反，它们根源于物质的生活关系。"❶ 而在这一过程中，马克思接触到了费尔巴哈的人本主义哲学，其思想随之发生转变。究其原因，黑格尔的"理性辩证法"虽然具有精神结构上的自洽，但

❶ 马克思恩格斯全集：第31卷 [M]. 2版. 北京：人民出版社，1998：412.

它的思辨本质也决定了其无法协调理性和现实之间的冲突，而费尔巴哈的"感性对象"恰恰蕴含着从抽象意识走向现实的人的可能。事实上，费尔巴哈正是通过对黑格尔"绝对精神"的反思，重新确立了人与自然不可分割的唯物属性，这在某种程度上成为马克思唯物史观立场的重要基础。

转折来自《1844 年经济学哲学手稿》，在这部后来被视为马克思唯物史观的奠基性著作中，马克思以对黑格尔"劳动异化"理论的批判为中心，系统地审视了现代市民社会中的经济关系及其背后的理论逻辑。基于对费尔巴哈"感性对象"理论的吸收借鉴，马克思批判了黑格尔"绝对精神"宰制下的国家理性观，他结合亚当·斯密、大卫·李嘉图等人的古典经济学理论，将精神维度下的异化概念重新拉回到了市民社会中的物质生活关系。在《1844 年经济学哲学手稿》中，"劳动异化"构成了资本主义社会最具现实意义的核心问题，也正是对"劳动异化"问题的深入思考，推动着马克思一步步走向唯物主义立场。1845 年，马克思完成了《关于费尔巴哈的提纲》的写作，在其中，马克思从阶级基础、哲学功能等角度第一次揭示了唯心主义和旧唯物主义的缺陷，并表明了自己在社会历史问题上的"新唯物主义"立场，那就是立足于人类社会，从实践出发来理解人的本质及社会生活："人的本质不是单个人所固有的抽象物。在其现实性上，它是一切社会关系的总和。"❶当然《关于费尔巴哈的提纲》只是一个宏观性的论述，并没有系统的理论阐发。唯物史观真正的诞生是之后的《德意志意识形态》，在这部划时代的著作中，包括生产力与生产关系、社会存在与社会意识、社会形态发展历程等一系列唯物史观的基本内容都得到了基本的阐发。此后，随着马克思对社会进步问题认识的不断加深，其唯物史观的理论体系也愈加系统。1859 年发表的《政治经济学批判序言》标志着马克思对于社会发展客观规律的认识达到了成熟的境界。在《政治经济学批判序言》中，马克思全面地阐发了社会发展的两对基本矛盾，区分了矛盾的主要方面和次要方面，并且揭示出社会在两对基本矛盾的运动中实现其进步的内在规律。由此，唯物史观的理论体系最终建立，人类社会历史的研究迎来了全新的阶段。

作为第一个科学阐发人类社会进步规律的理论体系，马克思的唯物史观

---

❶　马克思恩格斯选集：第 1 卷 [M]. 3 版. 北京：人民出版社，2012：135.

是西方社会历史观在现代的一次深刻变革,它从根本上改变了理性时代以来形成的对人类社会历史的抽象理解,也标志着唯心主义历史观的彻底破产。同时,唯物史观也让马克思阐发的社会主义从空想变成了科学,其中的关键就在于,将人类社会对未来的憧憬落实为一种无产阶级解放的革命实践。在这个意义上,唯物史观不但是人类社会历史的科学解释,也是人类推动社会进步的行动指南。马克思曾言:"哲学家们只用不同的方式解释世界,而问题在于改变世界。"❶ 无疑,这正是其唯物史观的伟大之处。

(二) 唯物史观对社会进步的阐发

社会进步是马克思唯物史观的重要内容,它奠定了唯物史观的理论基础,也标志着唯物史观的基本形成。在马克思之前,人们受到时代条件和思想局限性的限制,虽然提出了许多关于社会进步的深刻看法,但都没有正确揭示出社会进步的根本规律。马克思身处人类精神财富爆发的年代,他总结时代智慧资源,摒弃了理性主义者以理性推导社会历史的做法,并结合德国古典哲学、英国古典政治经济学和空想社会主义等思想学说,构建出了一套博大精深的社会进步理论。相比之前的思想家对主观理性的过分夸大,马克思的高明之处就在于:他既没有执迷于社会历史发展的表面现象,也没有陷入对理性的过度崇拜,而是通过对社会历史进程进行客观、深入的研究,不断去挖掘社会发展的真正规律。马克思以人类社会活动的动机为出发点,通过对动机背后深层原因的不断研究,最终发现了物质资料生产方式的重大意义,即物质资料的生产方式是社会最基本也最重要的属性,它不但决定着社会的面貌、结构和性质,而且决定着社会的发展方向。同时,生产力的属性决定生产关系的属性,生产力一旦发生变化,必然会引起相应的生产关系的变化,进而文化、观念、意识形态等上层建筑发生变革,从而社会也就实现了相应的发展,这就是人类社会进步的基本逻辑。以唯物史观来解释社会进步的规律,可以说是马克思社会进步理论的一个创举,这种理论有力地驳斥了社会发展的"无规律论""机械决定论""唯心论"等错误观点,也为后来的科学社会主义的创建奠定了良好的基础。

---

❶ 马克思恩格斯选集:第 1 卷 [M]. 3 版. 北京:人民出版社,2012:140.

　　在《德意志意识形态》中马克思指出："在生产、交换和消费发展的一定阶段上，就会有相应的社会制度形式、相应的家庭、等级或阶级组织，一句话，就会有相应的市民社会。"❶ 由此可见，不同的生产方式决定了不同的经济结构，而不同的经济结构又决定了不同的社会制度，进而呈现为不同的社会形态，这意味着，社会形态具有一定的阶段性。然而，这种阶段性并不否认社会发展的总体连续性，即社会进步在总体上是不间断的。这是因为，生产力本身是一个动态的元素，它会随着历史的推进不断发展，而不是倒退或循环，生产力的发展带来了人类社会的进步，而社会的进步则推动它迈向更大的发展。与此同时，生产力的发展带来生产关系的不断超越和突破，从而最终形成适应和满足生产力发展要求的生产关系。因此，正是在生产力与生产关系的矛盾运动下，社会实现了不断的进步，呈现出了总体的进步连续性。因此，我们可以说，人类社会历史的发展具有阶段性和连续性两种特征，并且是这两种特征的统一。根据这一规律，马克思一方面指出人类社会的未来将会是共产主义社会，由于它符合生产力与生产关系矛盾运动的内在规律，因而是一定可以实现的。但同时也强调，共产主义同以往的社会形态一样，也将经历一个由低级到高级的逐步完善过程。

　　从唯物史观对社会进步的阐发来看，人类社会进步的过程就是生产力与生产关系的矛盾运动，进而产生新社会形态的过程。在马克思看来，社会形态是统一了经济基础与上层建筑的整个社会结构，它不但包括经济形态、政治形态、文化形态等基本内容，还包括意识形态、观念形态、价值形态等内容。然而，无论社会形态如何复杂，它在根本上还是由生产力的发展决定的，这是人类社会的普遍规律。对此，恩格斯也说道："一切社会变迁和政治变革的终极原因，不应当到人们的头脑中，到人们对永恒的真理和正义的日益增进的认识中去寻找，而应当到生产方式和交换方式的变更中去寻找。"❷ 社会存在是历史发展的决定性力量，而它的核心就是生产力与生产关系的统一。生产力与生产关系的矛盾是人类社会最基本的矛盾，也是社会发展的基本推动力。因此，抓住了生产力与生产关系之间的矛盾，也就抓住了社会运动的

---

❶　马克思恩格斯选集：第 4 卷［M］. 3 版. 北京：人民出版社，2012：408.
❷　马克思恩格斯选集：第 3 卷［M］. 3 版. 北京：人民出版社，2012：654-655.

基本规律和社会进步的内在机制；而只要能合理分析二者之间的矛盾，并通过不断地实践解决这种矛盾，社会的进步就必然会实现。由此可见，生产力与生产关系的矛盾运动及其形成的社会经济基础是人类社会发展的最基本的一个规律，也是马克思唯物史观分析社会进步问题的基本出发点。

马克思唯物史观在批判和继承前人成果的基础上形成了对社会进步的科学阐发，它以物质资料的生产作为人类社会产生和发展的依据，通过对社会基本矛盾的分析，揭示了人类社会进步的客观规律。首先，社会进步是社会基本矛盾运动的结果。马克思从唯物史观出发，指出生产关系是人类社会最基本的关系，生产力与生产关系的矛盾是人类社会的基本矛盾，而在这一矛盾运动的展开过程中，社会进步的逻辑基本上呈现为：生产力发展的要求催生相应的生产关系，并在后者的基础上逐渐形成一种稳定的经济（所有制）形态。然而，由于生产力发展的速度远快于生产关系，这就意味着随着时间的推移，生产关系将呈现出滞后性。当二者之间的距离逐渐拉大，直到旧的生产关系已经无法容纳已经跃升的生产力，变革就会发生，新的经济形态就会形成。而在此基础上，上层建筑也会随之革新，最终就会实现社会的进步。其次，社会进步是一个具有规律的自然历史过程。马克思之前的哲学家在思考社会进步问题时，大多数都只看到了社会进步中人的主观动机，如理性对进步的向往与构建，而没有看到其背后的物质原因。马克思通过对物质与意识关系的准确判定，揭示出社会存在决定社会意识这一根本规律，从而在社会物质根本性的基础上得出了进步的基本规律，即社会是一个规律性的自然历史过程。最后，马克思揭示了人类社会走向共产主义是历史的必然。通过对社会基本矛盾的分析，马克思指出资本主义制度必将消亡，人类社会必然会走向共产主义，这是社会基本矛盾运动的结果，也符合人类历史发展的客观规律。当然，由于资本主义在一定的历史时期内还具有促进生产力发展的空间，因而仍具有一定的合理性。因此，资本主义的灭亡和社会主义的胜利将会是一个较长的历史过程。

就像恩格斯所说："正像达尔文发现有机界的发展规律一样，马克思发现了人类历史的发展规律，即历来为繁芜丛杂的意识形态所掩盖着的一个简单事实：人们首先必须吃、喝、住、穿，然后才能从事政治、科学、艺术、宗教等等；所以，直接的物质的生活资料的生产，从而一个民族或一个时代的一定的经济发展阶段，便构成基础，人们的国家设施、法的观点、艺术以至宗教观念，就是从这个基础上发展起来的，因而，也必须由这个基础来解释，而不是像过去那样做的相反。"❶ 马克思唯物史观立场下的社会进步阐发是对人类社会基本规律的一种洞见，它揭示出了社会物质性的根本特征，以及在此根本特征下形成的人类社会的基本结构，从而找到了解释社会规律、推动社会进步的根本方式和途径。在此前提下，这一理论体系的卓越之处还在于，从生产力与生产关系矛盾运动的角度充分证明了随着生产力的发展，资本主义终将被社会主义取代；同样，在前者逻辑的运转下，通过无产阶级的革命斗争，共产主义也将迎来最终的实现。就此而言，马克思唯物史观立场下的社会进步阐发实际上还昭示了人类美好的新纪元。

二、无产阶级立场下的共产主义追求

马克思对无产阶级的关注始于他对"犹太人问题"的关注。所谓"犹太人"问题即人的解放问题。在《论犹太人问题》中，马克思批判了青年黑格尔派学者鲍威尔以宗教途径寻求犹太人解放的观点，在马克思看来，犹太人解放的关键并不在于废除犹太教以换取公民身份，而是在于通过新的途径将分裂的"市民"和"公民"统一起来，那就是作为类存在物的"人的解放"："只有当现实的个人把抽象的公民复归于自身，并且作为个人，在自己的经验生活、自己的个体劳动、自己的个体关系中间，成为类存在物的时候，只有当人认识到自身'固有的力量'是社会力量，并把这种力量组织起来因而不再把社会力量以政治力量的形式同自身分离的时候，只有到了那个时候，人的解放才能完成。"❷ 从本质上来看，这一观点是对费尔巴哈"人是人的最高本质"命题的充分阐明；不过，相比于费尔巴哈对作为意识的"类本质"立场的浅尝辄止，马克思更加深刻地看到了其背后的社会历史根源，那就是要实现人的自由，并不在于克服宗教，而在于克服宗教背后的世俗基础，即市民社会中那些根深蒂固的结构性因素。正是在这一视角的转换中，马克思看到了市民社会中无产阶级普遍的生存苦难，他发现，无产阶级革命作为"一

---

❶　马克思恩格斯选集：第3卷［M］．3版．北京：人民出版社，2012：1002．
❷　马克思恩格斯全集：第3卷［M］．2版．北京：人民出版社，2002：189．

个被戴上彻底的锁链的阶级"，是对市民社会最具否定性的力量，因此也将是最具革命普遍性的阶级。也正是在这一基础上，马克思开始将人的解放和无产阶级联系起来："这个解放的头脑是哲学，它的心脏是无产阶级。"❶ 一方面，无产阶级将打破市民社会等级的锁链，彻底消除人的本性丧失，实现"人的解放"这一历史使命，而这无疑为马克思的无产阶级解放主张奠定了基本的前提。另一方面，通过对无产阶级的观察和分析，马克思加深了对市民社会的理解，他由此意识到经济关系或许才是"人的解放"的真正的症结所在，后者则无可置疑地改变了马克思考察人类历史的方式。事实上，正是无产阶级立场与政治经济学视角的结合，构成了马克思科学社会主义的主要思想方法。

一般而言，科学社会主义是相对于空想社会主义而言的："'科学社会主义'，也只是为了与空想社会主义相对立才使用，因为空想社会主义力图用新的幻想欺蒙人民，而不是仅仅运用自己的知识去探讨人民自己进行的社会运动。"❷ 不过，作为"关于无产阶级解放的条件的学说"，科学社会主义的思想内涵早已超越了前者。科学社会主义一方面吸收了古典经济学、德国古典哲学以及空想社会主义中合理的思想资源，另一方面结合了资本主义的制度批判与无产阶级革命的斗争实践，因此可以视为一个关于人类社会发展的综合思想体系。1848 年，马克思、恩格斯发表《共产党宣言》，这标志着科学社会主义的正式诞生。不过，作为科学社会主义的纲领性文件，《共产党宣言》的意义还在于，在《共产党宣言》中，马克思明确提出资本主义灭亡和社会主义胜利的不可改变性："资产阶级的灭亡和无产阶级的胜利是同样不可避免的。"❸ 这实际上揭示了科学社会主义的基本信念和追求。然而，"社会的社会主义形式的具体化不能通过一种决定论的目的论来实现，而是要从现存社会力量的因果分析中产生出来"。❹ 在此意义上，科学社会主义的论证只能建立在对资本主义向社会主义发展的因果分析之上，而这也正是马克思所做的努力。在马克思看来，近代资本主义社会起步时期，无论是资产阶级还

❶ 马克思恩格斯全集：第 3 卷 [M]. 2 版. 北京：人民出版社，2002：214.
❷ 马克思恩格斯选集：第 3 卷 [M]. 3 版. 北京：人民出版社，2012：341.
❸ 马克思恩格斯选集：第 1 卷 [M]. 3 版. 北京：人民出版社，2012：413.
❹ 阿维纳瑞. 马克思的社会与政治思想 [M]. 张东辉，译. 北京：知识产权出版社，2016：171.

是无产阶级，都面临着一个共同的阶级敌人，那就是封建贵族和地主，因而资本主义社会能顺利地完成体制过渡，并迎来一个较快的发展期。但当资本主义制度确立并占据世界体系的主导位置时，资产阶级真正的面目开始显露出来，越来越多的剥削和压迫开始出现，并造就了越来越庞大的无产阶级群体，而随着这个群体的增长，它的力量也不断增大，最终成为推动社会进步的决定性力量。在资本主义社会的本质逐步得到揭露后，无产阶级也开始渐渐觉悟，他们对社会和自身都有了更多的认识，并提出了自己合理的政治诉求和经济诉求。马克思认为，当无产阶级组织起来，以阶级斗争的方式向资产阶级发出挑战时，就会形成席卷全球的共产主义运动，这一运动的最终结果就是资本主义制度的灭亡和社会主义制度的建立。

按照马克思的观点，资本主义向社会主义的过渡为我们呈现了科学社会主义必须实现一些基本目标。恩格斯在《社会主义从空想到科学的发展》中对此作出了总结，它们包括发达的社会生产力、生产资料的共同占有、消费品的按劳分配、阶级的消灭、国家职能的消亡等内容。在马克思看来，这些目标的实现需要长期的社会历史条件，因为社会进步实现过程的曲折性决定了资本主义灭亡与社会主义胜利不是单一的线性过程，而是曲折的、复杂的过程，这是由社会进步规律的客观现实性决定的。但同时，社会进步规律的必然性已经决定了资本主义灭亡与社会主义胜利的不可避免，这也是生产力发展的自然规律和内在要求。更为重要的是，在马克思看来，这一内在要求在根本上其实已经具备了切实可行的实现路径，那就是无产阶级革命斗争。在马克思看来，在资本主义社会，资产阶级对无产阶级的剥削与奴役决定了无产阶级终将成为旧制度的掘墓人和新社会的开创者，他们通过自己的阶级斗争建立无产阶级政权，对资产阶级的生产关系给予毁灭性的打击，并把社会的所有物质生产资料、生产资源、生产工具以及科技成果牢牢把握在自己手中，以更加先进的生产方式带来社会的真正飞跃，在这个意义上，科学社会主义的目标主要就呈现为无产阶级的解放。

当然，就最终目标来看，科学社会主义的最高形式是"自由人联合体"，也即共产主义："代替那存在着阶级和阶级对立的资产阶级旧社会的，将是这

样一个联合体，在那里，每个人的自由发展是一切人的自由发展的条件。"❶
在马克思的阐述中，共产主义是一个摒弃了资本主义私有制而代之以国家公
有制的社会形态，每个人都作为生产资料的主人，共同参与到社会化大生产
的过程当中，从而摆脱了以往的阶级剥削和奴役，形成了更加独立和平等的
社会关系。同时，由于物质财富的极大丰富，人们也摆脱了"物的奴役"，每
个人都能在最开放的时间和空间中发挥自身的禀赋和能力，劳动真正成了自
觉的价值实现过程，"建立在个人全面发展和他们共同的社会生产能力成为他
们的社会财富这一基础上的自由个性"。❷ 而在这一基础上，人的精神境界也
不断提高，并进入一个真正的"自由领域"："这个领域内的自由只能是：社
会化的人，联合起来的生产者，将合理地调节他们和自然之间的物质变
换，……在最无愧于和最适合于他们的人类本性的条件下进行这种物质
变换。"❸

第二节　马克思社会进步理论的视域突破

　　马克思的社会进步理论形成于 19 世纪中期，并随着科学的发展和革命斗
争的深入不断完善，最终形成了一个丰富的理论体系。作为唯物史观的重要
组成部分，马克思的社会进步理论对以理性主义为主导的近代社会进步理论
有所继承，但与后者相比，马克思社会进步理论的本质特征并非理性，而是
实践。正是这一本质特征使马克思的社会进步理论超越了理性的依赖、机械
论的偏执以及线性论的单一，到达了社会进步理论的最高点。同时，在对市民
社会物质生活关系的观察中，马克思批判地继承了黑格尔的"劳动异化"理论，
并形成了"劳动异化"视域下的历史批判。这是马克思关于人类社会总体历史
的辩证法，它揭示了生产规律下人类社会由资本主义走向共产主义的必然。

---

❶ 马克思恩格斯选集：第 1 卷 [M]. 3 版. 北京：人民出版社，2012：422.
❷ 马克思恩格斯全集：第 46 卷（上册）[M]. 北京：人民出版社，1979：104.
❸ 马克思恩格斯文集：第 7 卷 [M]. 北京：人民出版社，2009：928-929.

一、"实践"视域下的社会进步论述

某种程度上，理性主义进步观可以说是马克思社会进步理论形成的重要基础。这表现在：其一，理性作为社会进步的重要特征，不仅贯穿于理性主义进步观的方法论中，也同样在马克思的问题意识中得到了继承，尽管后者是以一种"批判"的方式介入其中。其二，马克思与理性主义进步论者共享了一个理论前提，即人可以凭借自身的不断完善改造自然，从而推动社会的进步。其三，解读马克思的社会进步理论，我们可以发现，尽管马克思论证社会进步的逻辑是政治经济学的，但他在思维方式上仍然遵循了理性主义二元化的思维方式，即区分了理性与非理性、物质世界与观念意识。其四，就价值追求来看，马克思与理性主义的价值旨趣也可谓一脉相承，即通过对人道主义的高扬来对人的主体性辩护。然而，马克思与理性主义进步论者最大的不同就在于，马克思衡量社会进步的核心视域不再是作为理性的原则或信念，而是作为人的存在方式的实践。

总体而言，实践是指人能动地改造客观世界的物质活动，是人所特有的对象性活动，也是人类的存在方式。而在具体的语境中，实践又表现为不同的内容或形式，大致可分为三类：一是处理人和自然之间关系的活动，即物质生产活动；二是处理人与人的社会关系的活动，即人类的社会交往、组织、管理和变革社会关系的活动；三是以观察、实验和科学研究为内容的科学活动。当然，马克思社会进步理论以唯物史观作为基础，这就决定了他始终把人的物质资料生产活动作为考察实践活动的核心角度。这是因为，人不只是理性或意识的生物，而是有着肉体层面的具体需要，而且后者实际上更为根本，这就决定了人首先需要通过生产来解决生存问题，即人的活动首先是在物质资料的生产活动中展开。物质生产活动是人的内在欲望和需求投射到自然界的第一个活动，它是人的本性的直接表达，只有满足了一定的物质需求，人的社会交往活动和其他精神活动才会形成。因此，在马克思看来，物质资料的生产活动是社会其他活动的基础，是实践的第一要义。

实践是马克思解释社会进步及其历史发展的基本概念，也是其社会进步理论的方法论主体。在马克思看来，理性虽然在社会进步过程中具有推动性作用，但社会进步却不能仅仅从理性的角度来界定，因为从根本上来看，历史的发展并不是某种由意识推动的神秘过程，而是"现实的人"的活动总和在时间上的展开，尤其是物质生产活动总和性的展开。因此，社会进步的根本推动力来自人的实践活动，而历史的本质实际上也是实践活动的产物。人类发展到今天所取得的所有成就，都源于自身实践的不断积累，正是有了人类的实践活动，历史才得以被创造和推进。同时，实践作为一种载体还是连接线性时间的工具，它作为一种连续性的运动将过去、现在和未来连接起来，从而让历史呈现为一种总体的实践史，而这也就决定了实践是理解历史、把握社会进步的一条根本线索。从作为生产活动的实践出发，马克思对社会进步的本质作出了基本的澄清，即一个社会的进步从本质上来说是生产力发展的历史过程。在唯物史观的经典阐发中，这一本质被进一步表述为生产力与生产关系的矛盾运动，这是社会的发展和进步的一条基本规律和法则。在马克思看来，在人类历史向前推进的过程中，旧的社会形态或阶段被新的形态或阶段取代总是要经历许多曲折，但客观上而言，只要生产力的发展是客观的，那么这一取代就是必然的。比如就近代社会的发展演变来看，资本主义生产方式取代封建制的生产方式，正是由于前者在客观上促进了生产力的发展。但正如马克思指出的，资本主义并不是人类社会的最终形态，也不是社会进步的终点，因为资本主义的生产关系使人的实践活动在其"对象性"本质上发生异化，人的力量无法得到真正实现，从而也背离了其"人的本质"，因此资本主义必将被更高级的社会组织形式（共产主义）替代。而这也揭示出，实践作为人所特有的对象性活动，不仅体现出社会进步的规律，还表征了人的主体性，即通过实践活动，人不仅提高了生产力，推动了社会的进步，而且在此基础上实现了人自身的进一步发展。

马克思在谈到社会进步的规律时，始终强调人的实践对历史的塑造。在他看来，社会进步之所以是"人的真正的自然史"，就是因为实践在其中发挥的作用："这些规律由于是人类本性的历史，所以是自然的规律。"❶ 其一，从实践自身的意义来看，与动物消极地适应自然的活动不同，"动物只是按照它所属的那个种的尺度和需要来构造，而人懂得按照任何一个种的尺度来进

---

❶ 马克思恩格斯全集：第 46 卷（下册）［M］. 北京：人民出版社，1980：107.

行生产，并且懂得处处都把内在的尺度运用于对象。"❶ 因此，人的实践活动具有自主性和创造性。就自主性而言，人通过实践不但能够认识客观规律，而且能够使客观规律为人所用，从而使"物"按照人的方式同人发生关系，达到被人所掌握和利用的目的。就创造性而言，人对世界的改造本质上就是创造，没有创造就不会形成适合人类生存和发展的"属人世界"，而通过实践可以创造出按照自然规律本身无法产生的事物。其二，从实践对人类社会的意义来看，实践既是人类改造现实世界、发展自我的过程，又是在自我发展中不断完善自身与现实世界的关系的过程。在改造世界的过程中，人的潜能和素质得到了提高，并形成了多样的价值追求，从而逐渐实现自身的发展；而在发展自我的过程中，人类获得了更强大的力量，并将其运用于提高生产力和改善社会关系上，从而又进一步推动了社会的进步。其三，从实践对人的发展的意义来看，不断地实践在最广泛意义上促进了生产力发展，而生产力的发展又使得实践进一步深化和扩展，进而带来更加普遍而广泛的社会联系和更加多样的社会交往，这些内容最后都会推动人的自身能力与素质的提高，从而最终促进人的进一步发展。因此，通过实践，生产力和人类自身都获得了发展，社会进步的两种尺度真正达到了统一。就此而言，实践可以说是社会进步合规律性与合目的性的统一———它既遵循了历史规律的合理性，又充分发挥了主体的能动性。

通过对实践的引入，马克思还对社会进步的阶段问题形成了新的解读，他从人的"类本质"出发，依据人在历史过程中实践的社会交往关系，将人类社会划分为前后相接的三个阶段，即"人的依赖关系占统治地位的阶段""以物的依赖关系为基础的人的独立性的阶段""人的自由和全面发展的阶段"❷。这种简洁有力的划分不但反映了社会进步的"属人性"，而且揭示了实践在历史发展过程中的始终"在场"，正是这种"在场"保证了马克思的社会进步观回归到了社会的客观经验当中。由此，历史不再是理性主义进步论者那种理性尺度的裁断，社会进步也不再是主体观念在客体世界中的映射，

---

❶　马克思恩格斯全集：第3卷［M］. 2版. 北京：人民出版社，2002：274.
❷　与此相比，马克思对人类历史发展还有二阶段、四阶段以及五阶段的划分，其具体内容和方法论意义可参考刘忠世《马克思对人类历史发展阶段的多种划分形式及其方法论意义》一文. 刘忠世. 马克思对人类历史发展阶段的多种划分形式及其方法论意义［J］. 河北学刊，1999（4）：33-38.

而是回到其自身的存在方式当中。然而，需要指出的是，通过对社会进步的论述，马克思还确立了一种新的以人为核心的社会进步立场。在马克思看来，人是实践主体，但同时也是价值主体，人的实践活动不但推动了社会的进步，同时也为其赋予了终极价值，即人的解放和全面发展。而在社会进步的过程中，只有牢牢把握这一价值，实践活动的动力与热情才不会褪去，人类社会的航船才不会迷失方向，因此马克思社会进步理论又可以说是一种以人为本的人文社会进步观。马克思立足于社会进步中人的主体性，将主观与客观、理性与价值紧密联系起来，在坚持客观物质指标的同时，注重对社会进步的价值评判和引导，以人的自由全面发展和人与各种关系的和谐相处为目标，将客观规律与价值追求相结合，形成了关于社会进步的伟大论断。这是其社会进步理论的关键所在。马克思的社会进步理论以实践为标尺，"把人类实践活动中'物的因素'与'人的因素'内在地结合在一起，将人类历史发展的一般规律与具体模式辩证地统一起来，描述出人类历史复杂的进步过程。"❶而在这一维度下，马克思的实践进步观实际上给我们带来了一个重要的方法论启示，即不能把社会与人抽象地对立起来，也不能把历史与人抽象地对立起来，而是要将社会、历史都看作"现实的人"的活动，无论历史如何发展，社会形态如何演变，主体始终是人，这也就为马克思后来反对道德与经济、历史评价与道德评价的抽象对立，对二者实现统一提供了理论基础。就此而言，马克思的实践进步理论可谓意义重大。

二、"劳动异化"视域下的历史批判

"劳动异化"是马克思在对资本主义社会展开批判时形成的思想成果，形成于《1844 年经济学哲学手稿》（又称《巴黎手稿》）。从源头来看，这一理论来源于马克思对黑格尔异化理论的扬弃。在《〈黑格尔法哲学批判〉导言》中，马克思从市民社会与国家分裂的角度提出了"政治异化"问题❷，然而

---

❶ 王晶. 马克思历史进步观的实质 [J]. 学术探索, 2010 (5): 18-22.

❷ 值得一提的是，马克思对"政治异化"的提出，在很大程度上是对费尔巴哈"宗教异化"范式的借鉴。对此，马克思在 1843 年写给阿尔诺德·卢格的信中也作出过说明："我们的全部意图只能是使宗教问题和政治问题具有自觉的人的形态，像费尔巴哈在批判宗教时所做的那样。"马克思恩格斯全集: 第 47 卷 [M]. 2 版. 北京: 人民出版社, 2004: 66.

在运用黑格尔的理性主义哲学分析市民社会时，马克思遭遇了市民社会中普遍的物质利益与法律和理性之间的矛盾。政治解放虽然建立了自由平等的政治共同体生活，确立了现代社会的基本政治现实和原则，但市民社会中的利益冲突和对抗并没有随之消失，反而随着现代社会的发展愈演愈烈，这促使马克思重新反思黑格尔的"绝对精神"史观。到了《1844年经济学哲学手稿》，马克思开始将异化问题的关注重心从"政治异化"转向"劳动异化"。一方面，马克思延续了黑格尔异化理论"把劳动看作人的本质"这一国民经济学立场。在他看来，黑格尔的伟大之处正在于此。事实上，也正是这一立场推动了马克思劳动异化理论的形成。另一方面，马克思虽然借鉴了黑格尔的异化理论，但放弃了其中的形而上学内涵。在黑格尔那里，由于劳动只被论述为"精神劳动"，因此异化也变成了抽象的"思维生产史"。而在马克思看来，这种唯心哲学立场的异化批判，只是一种表面的否定，并未达到这一理论的应然本质，即经济关系。由此，马克思穿过国民经济学的迷雾，扬弃了黑格尔的异化理论，完成了从"政治异化"到"劳动异化"的转向。这是一次具有范式意义的理论转折，它标志着马克思突破启蒙历史哲学尤其是黑格尔"绝对精神"史观的藩篱，形成了以"劳动异化"为基本视角的历史批判学说。

在《1844年经济学手稿》中，马克思论述了历史的"自然史"本质："全部历史是为了使'人'成为感性意识的对象和使'人作为人'的需要成为需要而作准备的历史（发展的历史）。历史本身是自然史的即自然界生成为人这一过程的一个现实部分。"❶ 在他看来，自然作为人的精神的无机界，是"人必须事先进行加工以便享用和消化的精神食粮"❷；人作为"对象性存在物"，则通过劳动和生产的方式实现自己的本质力量，进而确证其"对象性"本质。因此，马克思将人类社会历史看作人的"对象性活动"的产物："对象性的存在物进行对象性活动，如果它的本质规定中不包含对象性的东西，它就不进行对象性活动。它所以只创造或设定对象，因为它是被对象设定的，因为它本来就是自然界。因此，并不是它在设定这一行动中从自己的'纯粹

---

❶ 马克思恩格斯全集：第3卷 [M]. 2版. 北京：人民出版社，2002：308.
❷ 马克思恩格斯全集：第3卷 [M]. 2版. 北京：人民出版社，2002：272.

的活动'转而创造对象，而是它的对象性的产物仅仅证实了它的对象性活动，证实了它的活动是对象性的自然存在物的活动。"❶ 然而，在以往存在过的社会里，人的对象性活动却大多是异化的，这种异化不仅体现在人无法把控自己生产出来的对象，还体现在其本质力量的实现受到阻碍、其作为"类存在"的无法完成。到了劳动分工和私有财产的现代社会中，资本作为社会的支配性力量，更是形成了一种"死的物对人的完全统治"，从而使劳动者处于一种无处不在的异化关系中。马克思认为，异化劳动在私有制下普遍存在，它具有几种不同的表现形式：一是人与劳动产品的异化。劳动产品在本质上是一种对象化的客体，但在私有制的制度下，劳动产品反客为主，成为与主体相敌对的存在，从而形成一种异化关系。在马克思看来，资本主义社会中生产的隐蔽奴役化特征使劳动的本质以一种非常吊诡的方式发生异化："工人生产得越多，他能够消费的越少；他创造价值越多，他自己越没有价值、越低贱；工人的产品越完美，工人自己越畸形；工人创造的对象越文明，工人自己越野蛮；劳动越有力量，工人越无力；劳动越机巧，工人越愚笨，越成为自然界的奴隶。"❷ 这无疑形成了资本主义社会极其扭曲的一种劳动异化关系。二是人与劳动行为的异化。马克思认为资本主义制度下的劳动行为不再是简单获取财富或价值的方式，而是腐蚀劳动者心灵与精神的一种残酷"刑具"。对于劳动者而言，劳动既不是获得财富或幸福的源泉，也不是对自我价值的肯定方式，而是对身体与心灵的奴役，对自我价值的否定，甚至是对人的主体精神的一种摧残。劳动不再是一种主观感受上的自觉与自主，而是一种被迫的、强制的行为，人在劳动中找不到自己，他们的劳动不是为了满足一种需要，是违背自己意愿的。三是人与自己的异化。人的劳动是自由的有意识的活动，但是异化的劳动却把这种自由活动贬低为一种只为了维持肉体生存需求的行为。在机器大工业的体系下，劳动实现了日益的精细化、高效化，但也变得愈加枯燥和乏味，工人在流水线般的生产车间中接受物的统治，不但身心变得愈加贫乏，而且被夺去了精神上的自由自主，扭曲在一种自我异化的迷雾当中。四是人与人的异化。在这一方面，马克思从"对象性"的角度

---

❶ 马克思恩格斯全集：第3卷［M］. 2版. 北京：人民出版社，2002：324.
❷ 马克思恩格斯全集：第3卷［M］. 2版. 北京：人民出版社，2002：269.

出发，认为人作为"对象性存在物"需要通过劳动和生产的方式确证自己的"对象性"本质，正是在这个维度上，不同的异化关系最终将表现为人与人之间的异化。

"劳动异化"是马克思对现代资本主义社会的深刻诊断，同时也形成了一种"劳动异化"视角下的历史批判学说。在马克思看来，历史是一个不断进步的过程，而它的实现路径则是对象化—异化—异化的扬弃。因此，要改变资本主义社会的劳动异化，必须通过工人运动，废除私有财产，将劳动者从奴役中解放出来。在这个意义上，工人阶级必须掌握自己的全部力量，对资本主义私有制和劳动异化关系进行积极的批判和消除，这就要求工人阶级进行阶级斗争。然而，工人运动的意义绝不仅在于此，"因为工人的解放还包含普遍的人的解放；其所以如此，是因为整个的人类奴役制就包含在工人对生产的关系中，而一切奴役关系只不过是这种关系的变形和后果罢了"。❶ 就此而言，工人运动的实质是对作为"异化"客体的人的总体解放，它意味着只有当绝大多数人重新获得对生产对象和自身生活的控制权时，异化才会被扬弃，而这只有通过建立共产主义社会才能实现。而在这个意义上，"共产主义决不再只是具有'政治的性质'，相反，它越过了现代政治解放的限度；不是确立现代市民社会的地位，而是使人们从市民社会本身获得解放，从而具有'人类解放'的性质"。❷ 因此，以阶级斗争来实现共产主义是人类历史发展的必然，它产生于对资本主义私有制的反思与批判，也实现于无产阶级坚持不懈地反抗与斗争。在这个意义上，我们可以将马克思"异化劳动"视域下的历史批判视为其社会进步理论的另一种表达。

第三节　马克思社会进步理论的逻辑路径

立足于对启蒙历史哲学"意识迷思"的反思，马克思以"物质的生活关系"为根源，重新确立历史自身的恒定性，这构成了其社会进步理论的逻辑

---

❶ 马克思恩格斯全集：第3卷 [M]. 2版. 北京：人民出版社，2002：278.

❷ 胡绪明. 1844年经济学哲学手稿：马克思现代性批判的第一个总体性文本 [J]. 学术论坛，2007 (7)：58-61.

起点。而作为"自然史"的社会进步则以一种二分法的方式明晰了历史的属人性与主体性，从而也形成了其社会进步理论的逻辑重心。在此基础上，通过人的发展来确认社会进步的目的和意义，进而凸显社会进步的"主体性尺度"，这成为马克思社会进步观最终的逻辑归宿。在马克思看来，历史呈现为生产力与生产关系之间的矛盾运动，而社会进步则作为关于这一运动的"科学"，在经验的时空中展开和延伸。这正是他对启蒙历史哲学的超越。

一、重新确立历史的"恒定性"

就对进步观念的接受而言，马克思无疑与启蒙传统分享着共同的历史语境。然而，正如恩格斯在《路德维希·费尔巴哈和德国古典哲学的终结》中指出的："历史同认识一样，永远不会在人类的一种完美的理想状态中最终结束；完美的社会、完美的'国家'是只有在幻想中才能存在的东西。"❶ 仅仅从意识层面为历史找寻依据，无论构建出如何精密的"思想大厦"，最终都难以在经验世界中对自身达成有效的说明。正是基于这样的反思，马克思开始主动告别以往的"意识哲学"传统，寻求对历史新的理解："我们决定共同钻研我们的见解与德国哲学思想体系的见解之间的对立，实际上是把我们从前的哲学信仰清算一下。"❷ 在马克思看来，德国的哲学体系固然呈现出很高的历史思辨性，但也让历史始终处在一种二元化的"拉扯"当中，一方是经验层面的历史现实，另一方则是先验层面的历史秩序。然而，这就产生了一种内在的悖论或矛盾："它们的对象和内容是历史材料本身，但只有通过走出历史，才可能理解这种历史材料。也就是说，历史不为它本身所理解。"❸ 因此，对马克思而言，德国历史哲学的问题不在于其对历史对象的考察，而在于考察当中先验意识的反客为主——无论这种先验是康德意义上的"大自然"（客观先验），还是黑格尔意义上的"绝对精神"（主观先验），历史在其中都呈现为意识对历史的审定，历史对他们而言并非某种现实的对象，而是被用来

---

❶ 马克思恩格斯选集：第4卷［M］. 3版. 北京：人民出版社，2012：223.
❷ 马克思恩格斯全集：第13卷［M］. 北京：人民出版社，1962：10.
❸ 阿尔都塞. 政治与历史：从马基雅维利到马克思［M］. 吴子枫，译. 西安：西北大学出版社，2018：200.

反思和建构的思想客体。由此，这就造成了一种根基性的不稳定，即历史成为了历史意识的注脚，作为研究对象的历史本身却变得不再重要，而马克思所要做的就是从这种"意识迷思"中脱身出来，让历史的尺度重新回到其自身。

实际上，马克思想要寻求的是一种关于历史的"科学"，即一种对历史的绝对客观的"普遍有效性"理解："要想让历史通过它的经验的当前的辩证法回到它自己的过去从而照亮自己；要想让自身中孕育着'未来'的'现在'和行动能够有助于建立一种通过自己而照亮过去的科学理论；就必须在'过去'和历史的'当前性'之间存在一种深层的、共同的联系，即摆脱了现在的相对主义的绝对客观的有效普遍性。"❶ 在马克思看来，历史的运转并非来自某种先验意识的宰制，而是与当下时空的"经验"息息相关，而所谓"经验"，即历史存在、发生和发展的根本条件。更进一步讲，历史来自其自身的要素与其存在条件之间的关系，历史的存在条件虽然会发生变化，但在这种变化中始终存在一种具有恒定性的东西。那么，这种恒定性的东西是什么呢？在《政治经济学批判》序言中，马克思曾说道："我的研究得出这样一个结果：法的关系正像国家的形式一样，既不能从它们本身来理解，也不能从所谓人类精神的一般发展来理解，相反，它们根源于物质的生活关系。"❷ 这里所说的"物质的生活关系"，即人们因生产物质生活资料而形成的社会关系，它是社会存在的根本条件，也是人类生活的保障方式。而这些关系的总和又进一步构成了社会的经济结构，它是一种"物质利益结构"，是社会存在最直接的呈现状态。更重要的是，在马克思看来，经济结构虽然处于变动当中，但其背后却存在一种恒定性，即它始终呈现为生产力与生产关系的矛盾运动，这一矛盾运动正是社会进步的"动力源"。按照马克思的解释，这一过程为：在生产力发展要求下的生产关系刚刚形成的阶段，由于后者能较好地适应前者，因此生产力会获得较快发展。然而，随着生产力的进一步发展，生产关系开始呈现出某种"滞后性"，并与前者不断拉开距离，而当其最终无法容纳不断发展的生产力时，相应的变革就会出现，新的所有制关系（社会形

---

❶　阿尔都塞. 政治与历史：从马基雅维利到马克思 [M]. 吴子枫，译. 西安：西北大学出版社，2018：214.

❷　马克思恩格斯全集：第31卷 [M]. 2版. 北京：人民出版社，1998：412.

态）就会形成："所有制关系中的每一次变革，都是产生了同旧的所有制关系不再相适应的新的生产力的必然结果。"❶ 当然，由于历史中阻碍生产力发展的生产关系往往非常顽固，因此变革的发生并非总会"按时到来"，它总要经历一个或快或慢的过程，但这一矛盾运动的规律性是无可置疑的。由此我们可以看到，在马克思这里，"一定的历史社会的总体在自身中包含着它的生产和转变的原则本身：即生产力和生产关系之间的矛盾。正是这种根本的关系，这种根本的矛盾，向历史学保证了使得它可以成为科学的那种普遍性要素和'恒定性'"。❷ 也正是在这一根本矛盾的推动下，社会发展呈现为一个"波浪式前进、螺旋上升"的辩证过程，此过程即为社会进步。

以生产力与生产关系的矛盾运动作为社会进步的核心本质，这不仅是一种从抽象到具体的角度转换，也是一种新的范式的生成。立足于对启蒙理性"先验迷思"式的历史哲学的反思，马克思站在了一个新的思想地基上，将历史还原到经验的现场，并进一步界定其"生产"的本质属性。由此，历史观回到历史自身，成了一种自我呈现和自我解释的"科学"，这也正是马克思社会进步理论的伟大之所在。

二、作为"自然史"的社会进步

让历史回到自身，这是马克思对启蒙历史哲学的拨正，同时也是其社会进步观的逻辑起点。❸ 那么，以此出发，马克思眼中的社会进步具体呈现出怎样的一种面貌呢？在《资本论》（第一版）序言中，马克思提到"我的观点是把经济的社会形态的发展理解为一种自然史的过程"。❹ 在以往的理解中，这句话容易被误读为马克思的社会进步观是一种"经济决定论"或"自然主义论"。实际上，这正是马克思社会进步观的逻辑重心所在。

受益于英国古典政治经济学理论，马克思以经济关系分析社会结构、考

❶ 马克思恩格斯选集：第1卷 [M]. 3版. 北京：人民出版社，2012：303.

❷ 阿尔都塞. 政治与历史：从马基雅维利到马克思 [M]. 吴子枫，译. 西安：西北大学出版社，2018：223.

❸ 邹诗鹏认为："正是在这一背景下，马克思发现，其作为'现实的人及其历史发展的科学'（恩格斯语）的唯物史观，已不能使用'历史哲学'这一术语，马克思直接使用了'历史科学'。"邹诗鹏. 从启蒙到唯物史观 [M]. 上海：上海人民出版社，2016：20.

❹ 马克思恩格斯选集：第2卷 [M]. 3版. 北京：人民出版社，2012：84.

察社会发展规律，但这并不意味着他对社会进步持一种"经济决定论"的立场。一方面，马克思的这一观点来自唯物史观关于社会结构的二分法，即经济基础和上层建筑的划分，而对经济的强调所表明的其实是马克思社会历史考察的一种方法论自觉。对于这一点，列宁的解读或许可以带给我们一些提示，他认为马克思分析社会时，"所用的方法，就是从社会生活的各种领域中划分出经济领域，从一切社会关系中划分出生产关系，即决定其余一切关系的基本的原始的关系"。❶ 另一方面，马克思在这里之所以要强调经济，是因为人类社会发展的动力就在于物质生产活动。在生产活动中，由于存在不同的生产力水平，这就决定了人们会基于具体生产过程中的社会结合和社会联系形成不同性质的生产关系，这些生产关系在本质上就是一种经济关系。同时，由于生产力状况可以通过自然科学的精确性得到厘定，那么作为其社会形式的生产关系或经济关系就进一步对社会发展规律实现了某种"轨迹化"的表达，因此抓住经济就等于抓住了社会发展规律的实际脉搏，这秉承的其实是一种科学和实证的精神。

相比于"经济的社会形态"，这里更加值得注意的是"自然史的过程"这一表述。简单来看，"自然史的过程"揭示出的其实是唯物史观的一个基本预设，即人类社会和自然界共有的物质性。在马克思看来，人虽然具有超越于动植物的理性思考及劳动实践能力，但从本质上来看，"人作为自然的、肉体的、感性的、对象性的存在物，同动植物一样，是受动的、受制约的和受限制的存在物，也就是说，他的欲望对象是作为不依赖于他的对象而存在于他之外的；但这些对象是他的需要的对象；是表现和确证他的本质力量所不可缺少的、重要的对象"。❷ 就此而言，人类社会的发展并不独立于自然界，而是自然界进化的结果，是其发展的一个阶段。正是在这一维度下，历史在某种意义上可以理解为人的"自然史"："全部历史是为了使'人'成为感性意识的对象和使'人作为人'的需要成为自然的、感性的需要而作准备的发展。历史本身是自然史的即自然界成为人这一过程的一个现实部分。"❸ 这无疑是马克思对人类社会性质的一个基本判定。然而，马克思的意图并不止于

---

❶ 列宁选集：第 1 卷 [M]. 3 版. 北京：人民出版社，1995：6.
❷ 马克思恩格斯全集：第 42 卷 [M]. 北京：人民出版社，1979：167-168.
❸ 马克思恩格斯全集：第 42 卷 [M]. 北京：人民出版社，1979：128.

此，他真正想要强调的并不仅是人类社会的自然属性，还包括其独有的"属人性"。在马克思看来，人类社会虽然是自然界的延伸，但立足于自然的地基，人类社会在感性活动的基础上还进一步形成了对自身存在的主体性建构。相比于动物，人最重要的特点是拥有前者没有的主观能动性，并能将其呈现于人的生产、交往等实践活动中，而在这一过程中，人类最终形成了以生产力作为推动力的社会经济结构以及架构于其上的上层建筑。因此，对于马克思而言，历史虽然可以理解为人的"自然史"，但其最终的呈现却是一种超越于前者的"人化自然"，这才是历史作为自然的"现实部分"的意义所在，即"不只是要强调历史的自然性质，而是要强调其现代性质，也就是世界历史的属人性质与特定的主体性质。"❶ 而一旦以"人化自然"的角度切入，无论是自然界还是人类社会，实际上都发生了新的角色转换，即虽然人类社会是自然界的延伸，但人类社会自身的发展却在一定意义上将历史转换为人自身的历史，而自然界则在这一要求下走向一定程度的"虚无"："作为自然界的自然界，也就是说，就它还在感性上不同于它自身所隐藏的神秘的意义而言，离开这些抽象概念并不同于这些抽象概念的自然界，就是无，即证明自己是虚无的无。它是无意义的，或者只具有应被扬弃的外在性的意义。"❷ 对于这个作为"无"的、需要扬弃的自然界，马克思称为人的"无机身体"："自然界，就它本身不是人的身体而言，是人的无机的身体。"❸ 而社会则作为人的"有机身体"，呈现出其独有的标识，即规律性和目的性的合一。

正如"经济的社会形态"不能视为经济决定论，马克思所说的"自然史的过程"同样也不能视为自然主义论调（尽管其中确实有某种自然主义的语境），它其实蕴含着马克思关于社会进步深层的逻辑。其一，"自然史的过程"将社会进步这一命题重新拉回到其自身的客观性地基，即作为人的存在方式的物质资料生产活动。对于马克思而言，人类社会和自然界一样，符合感性、物质性、对象性等基本特征，特别是当这些特征呈现于经济关系的运动，更加凸显出其"自然性"："这些规律由于是人类本性的历史，所以是自然的规

❶ 邹诗鹏. 从启蒙到唯物史观［M］. 上海：上海人民出版社，2016：110.
❷ 马克思恩格斯全集：第42卷［M］. 北京：人民出版社，1979：179.
❸ 马克思恩格斯全集：第42卷［M］. 北京：人民出版社，1979：95.

律。"❶ 它既体现为人的物质生活关系的形成、发展和转换不以某种意志为转移，而是始终符合生产力与生产关系的矛盾运动；也体现为社会形态的发展阶段始终在对经济关系辩证否定的扬弃中得以界定，人不能对其任意取消。因此，如果说以经济作为切入角度为马克思考察社会发展规律提供了一种逻辑路径，那么这一路径的进一步落实就是作为"自然史"的社会进步。其二，尽管强调"自然史"，但马克思所说的"自然"并不能简单理解为一种自然科学意义上的概念，而是由人参与其中的"人化自然"。这是一种主体向度和客体向度的统一，即自然的人的存在和人的自然的存在的统一，它在说明规律自然性的同时，实际上揭示出了社会进步更为丰富的可能，这表现在：一方面，马克思虽然按照经济关系的性质，指出了亚细亚的、古代的、封建的和资产阶级的四种社会形态（《政治经济学批判》），但他并没有将其视为放之四海皆准的固定模式，而是承认某种异质性，比如晚年马克思对东方社会的论述："他（笔者按：指批评家）一定要把我关于西欧资本主义起源的历史概述彻底变成一般发展道路的历史哲学理论，一切民族，不管它们所处的历史环境如何，都注定要走这条道路……但是我要请他原谅。（他这样做，会给我过多的荣誉，同时也会给我过多的侮辱。）"❷ 社会的进步有其自然规律，但也会因时间、空间等历史环境的不同而呈现出一定的异质性，正是这一认识使马克思社会进步观脱离了一种机械式的线性史观。其三，在强调社会进步规律性的同时，马克思并不否定跳跃式发展的合理性。在他看来，社会进步固然不以个人意志为转移，但人的主观能动性并不是没有意义的，通过发挥主观能动性，人实际上可以更好地把握社会的发展脉搏，并通过实践活动创造各种有利的资源或条件，从而推动社会进步的加速，实现一种"卡夫丁峡谷"式的跨越。当然，无论是异质性还是跳跃式发展，都不构成对"自然史"本身的否定。在马克思看来，"人并没有创造物质本身，甚至人创造物质的这种或那种生产能力，也只是在物质本身预先存在的条件下才能进行"。❸如果历史出现了某些"超越性"的片段，这恰恰说明的是物质生产活动本身

---

❶　马克思恩格斯全集：第46卷（下册）[M]. 北京：人民出版社，1980：106-107.

❷　马克思恩格斯选集：第3卷 [M]. 3版. 北京：人民出版社，2012：730.

❸　马克思恩格斯全集：第2卷 [M]. 北京：人民出版社，1957：58.

的超越性，而正是存在这种历史唯物主义的基本前提，"自然"才显示其不可变更的优先性。

三、社会进步的"主体性"尺度

对作为"自然史"的社会进步的厘定，标志着马克思对人类社会"自然性"的重新肯认（与此相比，启蒙思想传统更加注重以理性意识凸显人类社会的"超越性"）。然而，这并不意味着马克思忽视了人在社会进步中的作用或意义；恰恰相反，马克思的社会进步观所要强调的正是作为"主体性尺度"的人。在《德意志意识形态》中，马克思指出："我们开始要谈的前提不是任意提出的，不是教条，……这是一些现实的个人，是他们的活动和他们的物质生活条件，包括他们已有的和由他们自己的活动创造出来的物质生活条件。"❶ 在他看来，现实的人及其物质生产活动是探寻社会进步规律的真正目的，也是其最终落脚点，离开了人，社会将不复存在，进步更是无从谈起。从现实的人及其实践活动出发，通过人的发展来确认社会进步的目的和意义，从而凸显社会进步的"主体性尺度"，这成为马克思社会进步观最终的逻辑归宿。也正是这一点上，马克思的社会进步观实现了从逻辑起点到逻辑归宿的最高统一。

如上文所言，马克思是从经济关系的角度来探查社会进步规律的，在这一角度下，人作为经济活动的承担者，被理解为"经济范畴的人格化"（《资本论》）。不过，这并不是说经济范畴取代了人的主体性人格。实际上，在马克思这里，人始终是"历史发展过程中的、具有主观能动性的、经济范畴的人格化"❷，而这一立场的一个重要出发点就是对人作为社会进步"主体性尺度"的确认。一方面，人是社会进步的实践主体。无论社会进步以哪种方式展开，它都离不开人及其实践活动。通过实践，人首先实现了自身能力的进步，进而才能推动社会向前迈进，从这个意义上来说，社会的进步本质上也是人的进步。另一方面，人是社会进步的价值主体。社会进步的核心体现是生产力得到发展，而发展的目的其实也是使人获得更加富足的物质生活，进而创造出更多的精神财富，从而真正实现人的价值。正如恩格斯所说："在自

---

❶ 马克思恩格斯选集：第 1 卷 ［M］. 3 版. 北京：人民出版社，2012：146.
❷ 徐春华，胡钧. "动物精神"还是拜物教——论资本主义经济危机中人的因素 ［J］. 政治经济学评论，2016 （2）.

然界中（如果我们把人对自然界的反作用撇开不谈）全是没有意识的、盲目的动力，……相反，在社会历史领域内进行活动的，是具有意识的、经过思虑或凭激情行动的、追求某种目的的人；任何事情的发生都不是没有自觉的意图，没有预期的目的的。"❶ 社会进步从来都不仅只是一种"自然"规律的机械过程，而且还是一个承载着人的物质需要与价值诉求的目标过程。而在这一过程中，后者的维度在某种程度上更加重要，因为失去了这一维度，社会进步将变成一个没有内涵和意义的空命题。因此，如果说社会进步规律与自然界的发展规律有某种不同，那么这种不同的关键就在于人的意义，如果人没有得到全面的发展，那么社会的进步便成为一句空话，马克思在探寻社会进步规律时将人获得自由而全面的发展作为人类"自由王国"最高目标，正是出于对社会进步中人的主体性这一核心尺度的把握。

　　当然，作为一种"主体性"尺度，马克思所说的人并非指抽象的人，而是"现实的人"，人的发展也不是意识层面自我建构的实现，而是每个人在经验社会中自由而全面地发展。一方面，就人的内在来看，作为社会进步的行为主体，人的发展首先基于自身的需要，当需要不断得到满足，客观上也促进了的社会进步。因此，人作为社会进步的主体性尺度首先就体现在其需要的意义上："我们首先应当确定一切人类生存的第一个前提，也就是一切历史的第一个前提，这个前提是人们为了能够'创造历史'，必须能够生活。但是为了生活，首先就需要吃喝住穿以及其他一些东西。因此第一个历史活动就是生产满足这些需要的资料，即生产物质生活本身。"❷ 同时，由于人的需要总是呈现为不同的层次或领域，这就促使人不断地丰富和扩大生产，从而也在客观上推动了社会的进步。因此，需要既是人与客观对象之间的基本关系，也是人推动社会进步的内在动力。在马克思这里，需要可以说是"现实的人"的第一要素，只有不断挖掘和满足人的更加丰富多元的需要，才能更好地发挥人的主观能动性，也才能真正彰显人的主体性尺度。另一方面，就人的外在来看，人是社会关系的总和，人的发展也只有在不同的社会关系中才能确证，因此人作为社会进步的主体性尺度，还体现在不同的社会关系中形成的

---

❶　马克思恩格斯选集：第4卷［M］．3版．北京：人民出版社，2012：253．
❷　马克思恩格斯选集：第1卷［M］．3版．北京：人民出版社，2012：155．

价值以及这些价值在何种意义上能够符合社会进步的规范或要求。具体来看，第一，人与自然的关系。如前文所言，在马克思这里人与自然的关系更多指向一种"人化自然"，即它"既强调人类的主体性，也强调人类与自然的统一性，而正是人类的主体性和人类与自然的统一性要求人类必须保护自然环境"。❶ 因此，人与自然的和谐相处是人作为社会进步主体性尺度的题中之义。第二，人与社会的关系。从现实角度来看，由于人始终在社会中生活，因此社会的制度、规范以及观念等因素都会对人的发展形成一定的影响，这需要在这些因素中形成一种价值上的平衡。这里有两个基本的考量向度：传统制度、规范和观念在多大程度上促进了人的发展；人的发展是否可以在与前者的平衡当中共同推动社会进步。第三，人与人的关系。实际上，作为一种"主体间性"维度，人与人之间关系的是否平等友好抑或压迫对抗，这直接构成对人的发展是否真正实现的重要衡量。第四，人与自身的关系。人的发展不光体现为物质的满足或能力的提升，还应该包括对自身独立个性的充分实现，以及个体身心的最大和谐，它是人的主体性尺度的内在体现，对于人真正实现自由而全面的发展至关重要。总之，人在实践活动中形成了不同的社会关系，这些关系不但体现了社会进步的丰富内容，也进一步凸显了人作为社会进步主体性尺度这一命题丰富的思想内涵。

人的发展，贯穿于马克思社会进步探索的始终，以其作为尺度，马克思考察了人的社会交往关系的历史演进，并据此对人类社会的发展历程进行了三个阶段的划分。具体来看，在"人的依赖关系占统治地位的阶段"，人的生活建立在对他人依赖的基础之上，自身并不具有独立性，因此在这一阶段的人只能在"狭窄的范围内和孤立的地点上发展"，无法实现全面的进步。而到了"以物的依赖关系为基础的人的独立性的阶段"，人们之间形成了较前一阶段更为丰富的物质交往关系，由此人的能力就获得了进一步提升。不过，由于此阶段人严重依赖于由"物"确立的社会关系，因此也很难获得进一步发展，甚至会形成某种"物役性"。只有到了"人的自由和全面发展的阶段"，由于摆脱了对人和物的双重依赖，解开了以往种种社会关系的束缚，每个人都可以从全新的社会关系中获得新的自由，从而真正实现自由而全面的发展。

---

❶ 刘仁胜. 马克思关于人与自然和谐发展的生态学论述 [J]. 教学与研究, 2006（6）: 62-67.

按照马克思的展望，这是一个由自由人的联合体组成的美好阶段，每个人都是自由而独立的个体。由于消灭了不平等的私有制和阶级等级，每一个人都能按自己的需求得到应有的成果分配，每个人也都可以按照自己的意愿自由地选择职业。同时，由于物质财富的极大丰富为人们腾出了充分的时间和空间，人的潜能在最广泛的领域得到了发挥，由此人的精神境界也极大地提高了，劳动成为自觉、自为的价值实现过程，人与人之间形成了的充分互利的交往关系，人与自然之间也实现了真正的和谐共生。这并不是一个空想的乌托邦，而是人类社会发展的必然归宿，是历史自身逻辑的最终实现，"它是人和自然界之间、人和人之间的矛盾的真正解决，是存在和本质、对象化和自我确证、自由和必然、个体和类之间的斗争的真正解决。它是历史之谜的解答，而且知道自己就是这解答"。❶ 因此，如果说社会进步是一个辩证的历史有机体，那么人的发展就是其贯穿始终的核心主题，在马克思这里，"人之所以要改变现实世界，促进社会文明，为的是改变人的现有生存状况，使自己的本质力量得以充分发展和实现；社会文明进步也就体现在它能为人的生存和发展提供有利的社会条件，保障人的价值能够得到正常实现，促进人的发展"。❷ 就此而言，马克思的社会进步观不仅是一个关于人的发展的理论学说，而且是一个"以人为本"的价值体系。

从辩证唯物主义的角度出发，马克思社会进步理论为我们呈现出了关于人类社会历史的真实逻辑，即历史从来都是在社会存在和社会意识的辩证运动中向前发展的。一方面，社会存在作为一种存在基础对社会意识具有决定性的作用，它以经济关系的方式锚定了意识发生和发展的逻辑，进而揭示出历史的生产本质。另一方面，意识作为一种观念存在对社会存在形成反作用，从而在价值层面反映出二者的深层互动。更为重要的是，二者还作为历史发展规律的双重维度，在历史唯物主义的辩证运动中共同彰显了进步的主体性尺度。当然，无论是生产力发展还是人的发展，都不是一个一蹴而就的过程，它对物质生产和社会关系发展都提出了很高的要求，因而也与它们之间形成了长期的复杂互动，这就需要通过理论和实践不断探索，不断推进。

---

❶ 马克思恩格斯全集：第 42 卷 [M]. 北京：人民出版社，1979：120.
❷ 丰子义. 马克思与人类文明的走向 [J]. 北方论丛，2018 (4).

马克思关于社会进步的规律呈现

　　以物质资料的生产为核心的经济活动贯穿于人类历史的整个过程，它是人类社会维持和发展的现实基础，也是人类社会进步的根本路径，这一观点可视作马克思阐发社会进步规律的前提。在此前提下，马克思对社会进步规律在逻辑上作出了两个层面的阐发：其一，生产力与生产关系的矛盾运动；其二，社会交往关系的历史演进。但需要注意的是，马克思对社会进步规律在逻辑层面作出澄清的同时，对其现实层面的呈现也作出了阐发。在马克思这里，社会进步是"自然史的过程"，这一过程具有其自身的内在规律性，并不会以人类的意志为转移。但是，当人的实践活动充斥于这一过程，"自然史"作为人的"无机身体"的历时性展开必然会呈现出相应的能动性与目的性。在此意义上，社会进步规律在演进形式上呈现出来的其实是一种规律性与目的性的合一。这一特性一方面决定了社会进步是曲折的、不平衡的发展过程，另一方面也为人的主观能动性的发挥提供了巨大的现实空间。实际上，正是由于强调人的主观能动性以及实践的巨大作用，因此马克思对社会进步规律的论述具有极强的指导性与时效性，这尤其体现在人可以通过运用主观能动性，在不违反社会进步整体趋势的前提下，实现社会的跳跃式发展。在某种程度上，这也是社会进步规律的一种呈现。

第一节　社会进步规律的逻辑呈现

　　马克思对社会进步规律作出过不同层面的阐发。从逻辑上来看，马克思的阐发其实主要呈现为两个维度：其一，生产力与生产关系的矛盾运动。其二，社会交往关系的历史演进。就区别性而言，两个维度反映出马克思考察社会进步的两个重要视角，即生产方式与交往方式；就相同性而言，它们则共同传达出马克思关于人类社会进步规律的核心理解，即社会进步的真正原因并不是主观意志的空想或理性意识的建构，而是在物质生活关系中实现的发展和变革。在此意义上，马克思社会进步规律的逻辑所揭示出的其实也是对人类生存本质的认知。

一、生产力与生产关系的矛盾运动

在马克思唯物主义的定义中，生产力一般指有劳动能力的人和生产资料相结合而形成的改造自然、创造财富的能力，主要包括生产资料、生产工具和劳动者的生产知识及技能三方面内容。从本质上看，生产力作为人类确证自身存在的一种方式，是人的本质力量的一种体现，也是人的"对象性活动"的自然呈现，因此具有客观历史性。从现实角度看，生产力是在人的需求转向实践的过程中形成的，实践的对象是自然界，因此生产力是反映人和自然关系的范畴；实践的内容是生产劳动，因此生产力又是一种物质性范畴。与此相应，所谓生产关系，一般是指人们在物质生产过程中所结成的关系，主要包括生产资料所有制形式、人们在生产中的相互关系和产品分配方式三方面内容。就其属性而言，生产关系主要有主体性、客观性和稳定性三个特征。尤其是稳定性，一种生产关系一旦建立就有相当大的稳定性，它作为生产力的形式，为生产力发展提供了一个现实的空间和可能的发展余地。就其本质而言，生产是在一定的社会形式下进行的，生产力中的各要素只有在一定的社会关系中结合起来，才能形成现实的生产力，这种社会关系就是生产关系："为了进行生产，人们相互之间便发生一定的联系和关系；只有在这些社会联系和社会关系的范围内，才会有他们对自然界的影响，才会有生产。"❶ 因此，生产关系在本质上就是人们在生产过程中形成的社会关系。按照马克思的观点，生产力和与之相匹配的生产关系构成了生产方式，生产方式即狭义的经济基础，而在此前提下，则形成了能够反映经济基础本质的上层建筑。经济基础是一般意义上的社会经济结构和制度，上层建筑则包括了阶级关系、维护这种关系的国家机器、社会意识形态以及相应的政治法律制度、组织和设

---

❶ 马克思恩格斯文集：第1卷 [M]. 北京：人民出版社，2009：724.

施等，它们二者共同构成了一个社会的综合结构，即我们通常所说的社会形态。

从生产力与生产关系的本质来看，生产力标示的是人和自然的关系，生产关系则标示的是人和人的关系。不过，人和人的关系需要通过人和物的关系呈现，因此生产关系又表现为人和物的关系，如人对生产资料的占有、劳动产品的分配等。而如果"将生产力理解成人的生产实践活动的结果与人的本质力量的对象化，将生产关系理解成人的'自主活动形式'，那么生产力与生产关系的关系即是人的物质生产活动与人的'自主活动形式'的关系"。❶事实上，作为生产过程中发生的两种基本关系，生产力和生产关系是不可分割的两个方面，生产力是生产的物质内容，生产关系是生产的社会形式，二者的有机统一构成社会的生产方式。但在社会生产的具体展开中，生产力与生产关系之间又是相互联系、相互作用的，这种相互作用主要呈现在两个维度：一方面，生产力决定生产关系。它具体又表现为两个方面，其一，生产力决定生产关系的性质。马克思认为，决定生产关系的只能是生产力状况，即生产力的性质、水平和发展要求。当然需要注意的是，只有当生产有了剩余，才出现了生产资料的私有制，进而形成了相应的生产关系。其二，生产力发展决定生产关系的变革。建立在生产力状况基础上的符合生产力的生产关系才能促进生产力发展，而当生产关系不能适应生产力发展的要求时，人们就要变革旧的生产关系，建立新的生产关系，以适应生产力的发展。另一方面，生产关系反作用于生产力。这里的反作用不是一种单纯的消极作用，而是一种能动的反作用，即合理的生产关系会激发劳动积极性和创造力，从而促进生产力发展；反之，则会阻碍生产力发展。当然，在具体情况下，可能并不存在绝对的促进或者阻碍，因为生产关系虽然"作为物出现"，但它在根本上体现的还是生产中人与人之间的关系。这就意味着一种新的适应生产力发展的关系中可能会存在不适应的环节；同样，一种旧的阻碍生产力发展的生产关系中也存在某些仍旧可以发挥促进作用的因素。因此，所谓反作用，只能是一种能动的状态。

---

❶ 林剑. 马克思历史观视野中的生产力、生产关系及其矛盾运动 [J]. 江海学刊，2005（6）：29-32.

从本质上来看，生产力和生产关系的相互作用其实也是生产力的活跃性和生产关系的稳定性之间的相互作用。在马克思看来，生产力的特点是活跃性；与此相反，生产关系一旦建立起来，就具有很大的稳定性，不会随便改变，这就产生了二者之间的矛盾。因此，生产力与生产关系的相互作用主要就表现为二者的矛盾运动，这种矛盾运动中内在的、本质的、必然的联系，就是生产关系一定要适应生产力状况的规律。具体来看，一种新生产关系建立后，它同生产力是基本适应的，然而由于生产力的活跃性和革命性，在这种生产关系下它会不断发展，达到一定程度，生产关系又变得不适应生产力了，于是这种生产关系被否定，再建立新的生产关系。以此类推，随着生产力的进一步发展，新的生产关系又会变得不适应，于是再一次推动生产关系变革，从而，在生产力和生产关系的不断矛盾运动下，生产方式就实现了向前发展。实际上，在马克思看来，作为生产方式内部矛盾的两个方面，正是生产力与生产关系的矛盾运动推动着生产方式的发展，进而推动着整个社会的进步。从内容看，这一矛盾运动包含了生产力和生产关系相互作用的两个方面，即同一性与矛盾性；从过程看，这一矛盾运动表现为生产关系与生产力总是从基本相适应到基本不相适应，再到新的基础上的基本相适应；与此相应，生产关系也总是从相对稳定到新旧更替，再到相对稳定。生产力和生产关系的这种矛盾运动循环往复，不断推动社会生产发展，进而推动整个社会逐步走向高级阶段，这正是社会进步规律的逻辑呈现。

生产力是推动社会进步的根本原因，它通过自身的发展促进生产关系发展，从而带动社会经济基础以及上层建筑的发展，进而推动了社会进步。正是基于这一发现，马克思对社会进步的内在规律进行了全面的阐发。首先，社会进步具有客观的规律性，不以任何人的意志为转移；而推动它进步的内在原因则是生产力发展。其次，生产力发展对滞后于它的生产关系提出发展的要求，由此带动生产关系的发展，当形成适应生产力发展的生产关系时，就意味着新的所有制形式（社会形态）生成，此即为生产力与生产关系的矛盾运动。而在这一矛盾运动的展开过程中，社会进步的机制基本上呈现为：生产力发展的要求催生相应的生产关系，并在后者基础上逐渐形成一种稳定的经济（所有制）形态。然而，由于生产力发展的速度远快于生产关系，这就意味着随着时间的推移，生产关系将呈现出滞后性。当二者之间的距离逐渐拉大，直到旧的生产关系已经无法容纳已经跃升的生产力，变革就会发生，新的经济形态就会形成。而在此基础上，上层建筑也会随之革新，最终就会实现社会的进步。社会中的生产关系的总和构成了一个社会总体的经济基础，而在经济基础上又形成了社会的上层建筑，一旦经济基础发生变革，上层建筑必然会随之发生变革。最终，在这几方面的相互作用和推动下，社会进步便会实现。当然，这其中最重要的就是生产力与生产关系的矛盾运动，在马克思看来，社会虽然有不同的发展形态，也有不同的发展路径，但其内在逻辑却始终不变，即生产力与生产关系的矛盾运动。

通过生产力与生产关系的矛盾运动的逻辑推衍，马克思还形成了对人类社会形态更替的准确界定。在《德意志意识形态》中，马克思第一次揭示了劳动分工在社会历史阶段中的重要意义，他对历史上不同的所有制形式进行了考察，认为所有制就是生产力发展过程中劳动分工的不同表现："分工发展的各个不同阶段，同时也就是所有制的各种不同形式。"❶ 在此基础上，马克思根据分工发展的不同阶段将人类社会历史设想为五种所有制的更替，依次是部落所有制、古代公社所有制和国家所有制、封建的或等级的所有制、现代资本主义社会的所有制、共产主义的所有制。恩格斯则以马克思对所有制形式的设想为依据，进一步对人类社会作出了五种形态的划分，即原始氏族社会、古代奴隶制社会、中世纪农奴制社会、近代资本主义社会和未来共产主义社会。❷ 五种形态的社会历史划分表现出由经济结构（生产所有制）决定的社会关系由低级向高级的推进，也确立了人类社会进步的整体方向。当然，正如马克思所言："无论哪一个社会形态，从它所能容纳的全部生产力发挥出来以前，是决不会灭亡的；而新的更高的生产关系，在它的物质存在条件在旧社会的胎胞里成熟以前，是决不会出现的。"❸ 这就意味着，现实中的社会形态的更替并不是一个绝对的你存我亡的更替，而是彼此交错、逐渐消融的一个过程。当然，这并不是说某一种或几种社会形态的共存具有合理性。

---

❶ 马克思恩格斯选集：第1卷［M］. 3版. 北京：人民出版社，2012：148.

❷ 在1858年写成的《政治经济学批判》中，马克思还作出过四种社会形态的区分：亚细亚的、古代的、封建的和资产阶级的。这一区分虽然延续了《德意志意识形态》中的思路，但"亚细亚的"的提法也表明马克思此时已经注意到了东西方社会形态可能存在"异质性"问题。

❸ 马克思恩格斯选集：第2卷［M］. 3版. 北京：人民出版社，2012：3.

事实上，任何一种社会形态的更替的因素都是从自身的生产逻辑中萌发出来的，当生产力与生产关系之间形成阻碍，随之而来的必然是不同生产方式的对抗，而社会形态的更替也将在这种对抗中发生。在这个意义上，我们说社会主义对资本主义的取代并非某种虚幻的推论或一厢情愿的建构，而是深深契合社会进步规律的内在逻辑："资产阶级的生产关系是社会生产过程的最后一个对抗形式，这里所说的对抗，不是指个人的对抗，而是指从个人的生活条件中生长出来的对抗；但是，在资产阶级社会的胎胞里发展的生产力，同时又创造着这种对抗的物质条件。"❶ 当然，我们要认识到资本主义的灭亡和社会主义的胜利不会一蹴而就，它将是一个社会基本矛盾推动下的漫长过程，而在这个过程中，社会主义的生产体系和各项制度将不断完善，从而也将更好地保证这个过程的完成。

生产力与生产关系的矛盾运动是马克思关于社会进步规律的核心逻辑，通过对它们之间辩证运动关系的阐明，人类社会的本质及其规律第一次得到了科学的解释，社会进步的脉络也得以清晰地呈现。就此而言，生产力与生产关系的矛盾运动可以说是人类关于社会历史研究的一个里程碑。然而，它的意义并不止于此，如果说生产力与生产关系的矛盾运动决定了社会进步的根本规律，那么它还在更大程度上决定了我们以何种方式去实践这种规律，就此而言，马克思实际上为人们提供了一把探索历史发展根源的钥匙，它启示人们对于历史发展的根源要到生产方式中去寻找，特别是到生产力中去寻找，到人对自然的改造关系中去寻找。

二、社会交往关系的历史演进

在马克思社会进步理论中，所谓社会交往关系，一般是指现实的人们在一定的社会条件下所形成的物质和精神上的相互关系。人们一般容易将交往关系与生产关系等同起来，但二者实际上是不同的，生产关系标示的是人与自然的关系，而交往关系标示的则是人与人之间的关系。不过，马克思虽然较早时期已经使用这一范畴（《1844 年经济学哲学手稿》中已经开始使用"交往"），但以交往关系考察人类社会历史却要到唯物史观正式提出以后。

---

❶　马克思恩格斯全集：第 13 卷 [M]．北京：人民出版社，1962：9．

在《德意志意识形态》中，马克思从人的"个人关系"出发，将现代社会定义为"物的关系对个人的统治、偶然性对个性的压抑"，而随着历史的向前发展，最终将"确立个人对偶然性和关系的统治"。❶ 这可以说是马克思对社会交往关系逻辑下的社会进步作出的首次论述。后来在《1857—1858 年经济学手稿》中，马克思对此作出了系统阐发。从人的"类本性"出发，依据人在历史过程中社会交往关系的演进，马克思将人类社会划分为前后相接的三个不同的阶段，即"人的依赖关系占统治地位的阶段""以物的依赖关系为基础的人的独立性的阶段""人的自由和全面发展的阶段"。在马克思看来，社会进步虽然有其复杂的维度，但从根本上与现实中人的社会交往关系演变息息相关，他从唯物史观的角度考察社会形成的历史，认为生产力的发展会带来经济的繁荣，而经济繁荣促进人与人之间的交往，从而慢慢形成了交往关系的历史演进。因此如果我们将社会进步视为一种波浪式前进、螺旋式上升的过程，那么它的每一次跃升都伴随着社会交往关系的变化："为了不致失掉文明的果实，人们在他们的交往［commerce］方式不再适合于既得的生产力时，就不得不改变他们继承下来的一切社会形式。"❷ 这样，马克思就从交往关系的角度，对社会进步规律形成了一种新的逻辑呈现。

在"人的依赖关系占统治地位的阶段"，由于生产的规模、水平和范围均有限，自然经济占统治地位，因此个人必须依靠群体的力量才能生存，这就自然形成了个人对群体的依赖，这样一种依赖关系表现为每个人与其他人是按照群体中的地位、职能以及自然血缘来形成关系，而不是按照个人需要或个人意志，由此形成的社会关系只能是一种"依附性"关系，缺乏个人的独立和自由。随着生产力水平的提高和社会分工的发展，自然经济模式会被以个人自主活动为前提的商品经济所替代，这就到了"以物的依赖关系为基础的人的独立性的阶段"。在这一阶段，通过"物的依赖性"中介，传统的"依附性"关系得以改变，个体的独立性人格逐渐形成。这种人格形式具有自立能力、自主性质、自律意志和自由意识等多项内容，并在培养自身全面能力的过程中逐步打破了地位、血缘等依赖关系，走向主体间的进一步平等和

---

❶ 马克思恩格斯全集：第 3 卷［M］. 北京：人民出版社，1960：515.
❷ 马克思恩格斯选集：第 4 卷［M］. 3 版. 北京：人民出版社，2012：409.

自由，由此就在社会关系上形成了一种更加有效的物质交换关系和更加丰富的交往体系。也是在这个意义上，商品经济作为"物的依赖关系"的表现形式，在客观上促进了人在社会交往关系上的进步。

从依附性关系到的人的独立性，这一逻辑的演进是进步规律在社会关系上的某种呈现。然而，在马克思看来，社会交往关系还有着自身的复杂性，那就是它既可以在发展过程中推动历史的进步，也会在一定程度上作为某种对立面阻碍这一过程，此即交往关系的异化。尤其在商品经济形式下，这种异化的交往关系得到了更进一步的凸显。一方面，在商品经济形式下，商品是没有等级的"天生平等派"，而当劳动力成为商品，就意味着劳动者得以作为独立的个人进入商品交换领域，这种社会交往关系本身就体现了一定的价值性。另一方面，劳动者在商品经济中虽然获得了一定的独立性，但这种独立性背后的实质其实是一种新的"奴役性"，既奴役于商品主资产阶级，又奴役于商品本身。因此，如果说商品经济为劳动者的独立性开辟了某种道路，那么这种道路恰恰是以后者在社会交往关系上的"物化"为代价的。而随着商品经济的发展，这种物化关系最终将由人的独立性载体变为它的桎梏，其最终结果只能是劳动者独立性的进一步丧失，沦为资产阶级和商品的双重奴隶。因此，商品经济的发展虽然在一定程度上为人的独立性提供了发展载体，实现了"人的独立性"与"物的依赖性"的暂时统一，但只要这种商品经济存在，二者之间的矛盾是根本的，也是难以调和的，而且会随着双方各自的发展愈演愈烈。最终，"物役性"将成为人的独立性的最大障碍，并对后者产生巨大的损害。就此而言，商品经济中的社会交往关系只能是"物的依赖关系"这一历史阶段的"否定性"内容，而随着历史逻辑的展开，当社会条件具备之时，新的"否定之否定"的关系将会出现，即第三个历史阶段："人的自由和全面发展的阶段"，也即历史的最终（最高）阶段。

所谓"人的自由和全面发展的阶段"，即我们通常理解的共产主义社会。在这一阶段，"人已经从劳动束缚中彻底解放出来，人能够自由地建立自己的交往关系，以自由个性为基础的交往方式所建立的交往关系既不是出于生存性劳动的需要，也不是以货币为中介的交换需要，而是在自由个性的相互契合中建立的稳定持续的关系"。❶ 然而，它的实现并非突然来临，而是必须在以交换价值为前提的社会交往关系得到充分发展的基础上才有可能。按照马克思的观点，共产主义社会要想实现所有人自由而全面的发展，必须先达到每个人全面的发展，因此它必然要建立在每个人都能够通过交换价值使自身获得发展的基础之上，只有这样，才有可能实现所有人自由而全面的发展。对这一社会历史的最高阶段，马克思作出了非常生动的描绘："以交换价值为基础的生产便会崩溃，直接的物质生产过程本身也就摆脱了贫困和对立的形式。个性得到自由发展，……与此相适应，由于给所有的人腾出了时间和创造了手段，个人会在艺术、科学等等方面得到发展。"❷ 从马克思的描述可知，共产主义阶段到来之后，人类之前的以交换价值为前提的社会交往关系便会终结，人类社会将形成一切自由人的联合体。这并非一个虚幻的空中楼阁，它是马克思在对人类社会进步规律作出深刻阐发的基础上形成的美好憧憬和科学预测，符合马克思社会进步理论的内在逻辑，也符合社会进步的根本规律，因而必将在未来实现。当然，相比于可跨越的资本主义制度的"卡夫丁峡谷"，以商品经济充分发展为载体的社会交往关系是历史发展不可逾越的阶段，因为只有经过这一中介，独立个人的真正实现才能获得不可或缺的基础：一方面，基于独立人格的"去枷锁化"，人的发展不再受物的支配，而是通过最大化地开发自身的潜能与天赋，既充分实现个体的本质力量，又全面建立丰富而良好的对象性关系。另一方面，由于个体平等的实现，人格上的自私也被全面摒弃，每个人都能自觉、自为地将自身的发展与人类的总体发展统一起来，从而每个人既是自身的主宰者，也是人类文明航船的掌舵者。

第二节　社会进步规律的现实呈现

　　人类社会的进步并非由理性意识主导，但的确受到一种潜在规律的支配；社会在具体发展过程中虽然呈现出一定的偶然性，但从社会进步的整体来看，

---

❶ 郑晓艳. 马克思共同体视域下交往方式的历史演化及现实反思 [J]. 信阳师范学院学报：哲学社会科学版, 2021 (3)：15-22.
❷ 马克思恩格斯全集：第31卷 [M]. 2版. 北京：人民出版社, 1998：101.

在偶然性的背后存在着一定的必然性。马克思从人的经济活动的本原性出发，将社会进步的规律理解为一种"自然史的过程"，这揭示出社会历史发展的客观性，但就其中的内涵而言，马克思所强调的实际上是一种规律性和目的性的合一。这意味着，社会进步虽然有其必然性，但其过程必然充满曲折和变化。

一、社会进步是合规律与目的历史过程

马克思从经济形态发展的角度出发，将社会进步视为一种"自然史的过程"，这一命题似乎有些抽象，那么我们从何种角度来理解马克思所说的自然历史的过程呢？总体而言，自然历史的过程指人类社会发展是自然的、有规律的，不以人的意志为转移的。一般而言，人类社会发展是以人为主体的运动过程，而人又具有主观性，那么社会发展是否会因为人的主观性而呈现出不同的规律性呢？马克思之前的哲学家对这个问题没有给出很好的答案，他们或把社会发展看作完全类似于自然规律的纯客观过程，或把社会发展看作完全由人的主观决定的过程，而其最后的结果都是将人与社会、历史与自然一分为二，人类社会的发展规律难以得到完整的解释。马克思通过对人与自然的关系和社会本质的反复思考，解决了这个长期困扰人们的理论难题。他从唯物史观的角度指出，历史发展既是一种客观规律不断运行的过程，又是人的主观能动性不断发挥的过程，而此二者在人类的实践活动中达成了统一。同时，在对历史发展两个方面的论述中，马克思更加强调自然规律演进的优先性，他认为"人并没有创造物质本身。甚至人创造物质的这种或那种生产能力，也只是在物质本身预先存在的条件下才能进行"。[1] 实际上，由于历史发展偶然会出现一些具有随机性或意外性的片段，这些片段不管来自人的主观意识，还是来自历史存在中的某种未知因素，它都说明历史发展是一个要经历各种复杂因素的曲折过程。然而，正是由于自然规律的优先性，历史发展才在整体上表现为规律发展的特点。

当然，所谓"自然历史"并非纯粹自然科学意义上的自然，而是包含了人的主观能动性的社会化自然。历史的发展固然具有不以人的意志为转移的

---

[1]　马克思恩格斯全集：第2卷 [M]．北京：人民出版社，1957：58.

规律，但人的主观能动性在这个过程中同样也具有重大的推动作用，如果一味强调规律而忽视人的作用，只会得出一种单一的自然决定论，从而无法对社会进步规律形成准确的理解。马克思虽然主张自然规律的优先性，但它同时也反对单方面强调自然规律而忽视人的因素。他认为，如果不承认人的主观能动性，不承认人对于客观世界的改造作用，就与旧的哲学思想没有任何区别。因此，马克思在指出用客观、科学的态度和方法来认识世界的同时，非常强调人的主观能动性，主张通过充分发挥人的主观能动性去改变世界。事实上，马克思所理解的人的独特性就在于，除了社会性、实践性等，人最重要的特点就是具有其他物种都没有的主观能动性，他充分肯定人的主观能动性在历史发展中的作用，通过主观能动性的发挥，人不但可以更好地把握社会进步的客观规律，而且还可以通过实践不断缔造规律所需要的各种条件资源，并以一种积极能动的方式投入社会发展过程当中，从而促进社会进步的更快实现。正是在这个意义上，马克思认为社会进步不但是一个合规律的过程，同时也是一个合目的的过程，二者统一于历史发展的整个过程。合规律性与合目的性是马克思对社会进步规律的独创性认识，这个认识不仅扭转了唯心史观长期占据社会主流意识的现象，而且真正地实现了从自然历史观向社会历史观的跨越。

马克思关于自然历史的过程的阐发结合了规律性与目的性，是一种世界观的表达，而这个命题也传达出了一种考察历史的新方法，即精确性研究和抽象性归纳相结合的方法。我们知道，考察历史一般需要从历史中的事件入手，由此形成对历史的概括性的总结。然而，任何历史事件都是具体的，通过对具体事件本身的精确分析，可以帮助我们找出许多原来没有想到过的结论，而马克思在对资本主义进行分析和批判的过程中就经常用到这种方法。比如，马克思在发现剩余价值规律时就是对商品价格、劳动生产率、货币流通量等运用公式进行计算和对比，从而最终发现了资本家获取剩余价值的秘密。同时，仅仅依靠精确性的研究也是不够的，还要透过现象看到本质。比如，马克思分析对比历史中的不同社会形态如封建社会、资本主义社会，进而通过合理的抽象总结出了人类历史发展的整体规律与特征。总体来看，精确研究的方法多出现于历史研究的初始阶段，通过对具体事件和现象的具体分析，以小见大，从而较为省力地得出许多有效的结论。而在研究推进到较深阶段以后，光靠精确研究已不够，这就需要引入一种更加高级的方法，即抽象的方法，"分析经济形式，既不能用显微镜，也不能用化学试剂。二者必须用抽象力来代替"❶。马克思的政治经济学研究可以说是精确性方法与抽象性方法的最佳结合。而在社会发展问题上，马克思同样实现了两种方法的结合，既从精确研究入手，得出社会发展的内在规律；又从抽象性出发，总结出客观能动性的积极作用，从而合理地解答了社会发展客观规律与人的主观能动性在社会进步过程中的关系问题，解决了社会进步学说领域内的一个很大的理论难题。

二、社会进步是曲折的不平衡的发展过程

在马克思这里，社会进步是合规律与合目的的自然历史过程，但这并不意味着这一过程是毫无阻力甚至毫无变化的。事实上，社会进步并非一个匀速的过程，它的实现要经历许多偶然的因素，走过许多曲折的道路。回顾过往的历史，任何社会的进步无一例外都经历了这样的过程。

(一) 社会进步不是直线的，是曲折的、螺旋式的上升过程

将社会进步视为一种线性发展的过程，认为社会进步将会沿着某个固定的方向平稳上升，这无疑只是社会进步的一种理想状态。理论上讲，它或许会发生在一个稳定的社会形态之中，在这种社会形态下，社会生产力和生产关系总体上处于比较适应和协调的状态中，社会的经济、政治、文化等结构也会处于平稳当中，因此社会便可以实现平稳发展。然而，任何社会都不可能一直处于一种理想状态，社会中具有许多不可预测的因素，这些因素相互作用，使社会进步的具体内容变得复杂多样，并充满了各种随机性与偶然性。因此，在具体的社会发展过程中，更多的情况往往是在新社会形态刚刚形成的一个时期，社会生产力与生产关系彼此相互适应，社会的经济、政治、文化等各方面运行都相对良好，人们的精神面貌也焕然一新，整个社会都处在一种良性发展的状态之中。但随着社会的向前推进，不同领域发展不平衡的状况开始出现，一些潜在的矛盾也显露出来，社会进步开始受到不同程度的

---

❶ 马克思恩格斯选集：第 2 卷 [M]. 3 版. 北京：人民出版社，2012：82.

影响和阻碍。尤其在一些特定的历史时期，经济的发展反而会阻碍社会的进步，甚至会给人们带来一些不良的观念。此外，社会在前进过程中还会受到各种预料之外的因素作用，尤其一些不可抗力的存在，会对社会进步的过程产生相当程度的影响。因此，社会进步并不是一个稳步向前的简单过程，而是一个曲折前行的复杂过程。线性的单一上升过程并非社会进步的实然状态，社会在实际发展过程中也并非直线式的，而是一个曲折的、螺旋式的上升过程。从历史发展的长远过程来看，人类社会经历了从原始社会到奴隶制社会，再到封建社会、资本主义社会和社会主义社会的过程，社会的进步从来不是一蹴而就，而是经历了一个又一个的波浪，其中甚至存在持续的低潮期。而从具体的某一个社会来看，新社会形态成立的初期都是明显进步的，所谓万象更新；但随着社会的推进，原有的生机与活力开始淡去，发展慢慢放缓，甚至会出现倒退、衰落，直至新的阶段或形态出现，这中间也经历了一个曲折的过程。

社会进步总是包含肯定和否定两个方面的内容，在社会基本矛盾的运动过程中，肯定与否定相互转化，二者共同促进了社会进步的实现。从人的主观愿望来看，人们都希望社会实现一种直线式的进步，但往往难以如愿。社会进步并不是在一个直线方向上越来越好，而是一种波浪式的前进和螺旋式的上升，在这个过程中，进步与退步、肯定与否定、得到与失去、希望与失望都是同时存在的。回顾人类发展历史，这样的例子可以说是多不胜数，比如工业社会的发展为人们带来了更多高质量的产品、更便捷的交通、更方便的生活，但也带来了大量的能源消耗，对空气、土地、水源等造成了巨大的污染；并由此引发了气候变暖、物种灭绝等各类灾害。同时，随着城市化的发展，人们虽然都住进了高楼大厦，但也失去了与自然为伴时的新鲜空气和过去亲密的邻里关系；而城市为人们带来便捷的同时，也带来了各种问题如城市垃圾、空气污染、交通拥堵等。此外，科技进步虽然促进了社会的进步，但也在一定程度上对社会带来许多负面影响，如个人电脑和智能手机的广泛使用极大地方便了人们的工作、生活和学习，但大量碎片化的信息和电子垃圾也使人们疲于应付，甚至成了网络的"新奴隶"。以上种种，让我们看到社会进步中肯定与否定是如影随形的，它在任何一方面的进步都会同时带来其他某些方面的退步；它为人们带来许多正面效应的同时，也形成了许多人们难以承受的负面效应；它在带来许多美好的成果的同时，也潜藏着许多难以预料的危机，这就是真实的社会进步。它和人们希望的社会进步是完全不同的，大多数人往往只看到它肯定的一面而看不到它否定的一面。随着对以往社会经验的积累和对社会进步认识的加深，人们对社会进步的负面影响虽然会有更加全面的判断，也会有更好的预防或解决措施；但是由于社会是不断向前发展的，每个时代的人对社会进步的认识也永远都是相对的，这就决定了社会进步的曲折性是注定无法摆脱的。

（二）社会进步不是匀速的，也有减缓、停滞甚至倒退

社会发展历程并非只有简单的一个向度，而是充满了各种复杂性与偶然性，这决定了社会进步并不是匀速的，而是会有减缓，在一定的历史时期甚至会出现停滞和倒退。从人类不同社会形态的发展历程来看，某种社会形态形成后，新统治阶级的巩固并非一帆风顺，新政权的建立也伴随着不断的斗争，在这些复杂的形势下，只有当社会阶级结构逐渐走向稳定，社会才会渐渐趋向平稳，并由此进入一种常态的发展速度。然而即便如此，许多不确定因素的出现仍然会搅动社会发展的固有节奏，打乱已经形成的稳定态势，从而使得社会进步的速度又发生各种变化。马克思曾在《德意志意识形态》中指出，"一些纯粹偶然的事件，例如蛮族的入侵，甚至是通常的战争，都足以使一个具有发达生产力和高度需求的国家陷入一切都必须从头开始的境地"。❶实际上，除了突发的战争，引起历史曲折性的因素有很多，有的是阶级结构不够稳定，有的是经济基础过于薄弱，还有的是腐败势力层层渗透，不一而足。而从历史整体来看，从古代奴隶制到中世纪封建制，从资产阶级革命到社会主义革命，社会进步从来都不是匀速的，既有加速、也有减缓，既有停滞、也有倒退。社会进步中的不可知因素无法避免，即使是到了社会主义社会，仍然要面对这样的状况，而共产主义作为人类最终和最完美的社会制度，它的实现同样要经历这样的过程。因此，我们必须正视包含在社会进步中的倒退或停滞现象，从社会进步的现实规律中对其进行把握。

综上所述，社会进步并非一个匀速的发展过程，而是一个充满各种曲折

---

❶　马克思恩格斯选集：第 1 卷［M］. 3 版. 北京：人民出版社，2012：188.

的波浪式前进过程和螺旋式上升过程；而在这个过程中，进步也并非匀速的，而是有减缓、停滞甚至倒退。社会进步规律的演进形式是极其复杂的，这其中既有作为规律自身的原因，也有社会主体的原因，当然还有制度、观念、文化等多个方面的原因。因此，我们要理解社会进步的规律，就要正确理解它的复杂性。一方面，我们要认识到，作为社会进步规律的演进形式，其复杂性从某种程度上来说是无法避免的，有些甚至是必不可少的。作为社会进步的"否定性力量"，它们的现实性构成了其存在的必要性。另一方面，我们也要看到，在某些情况下，社会虽然会出现局部放缓、停滞，甚至倒退的现象，但是社会历史在发展过程中的总体趋势是进步向前的。按照马克思唯物史观的理论，进步作为人类社会发展的基本趋势，存在客观的规律，掌握这些规律对我们认识社会进步是非常必要和有价值的。因此，我们要深刻理解社会进步的规律，既要看到进步是它的逻辑规律，也要看到反复曲折是它的现实规律。只有这样，我们才能不在这些乱象中迷失，才能真正把握社会进步的节奏。

第三节　跳跃式发展作为社会进步规律

跳跃式发展是指在社会历史发展总的进程中，不同的国家或民族由于内外各种原因的推动，跨过较低的一个或几个阶段，直接进入某个高级阶段的一种特殊现象。如果把人类历史作一粗略划分，我们可以看到跳跃式发展在社会进步中具有普遍性。古代社会，生产和交往活动一般都局限在本民族的地域范围内，但在先进民族对落后民族的征服过程中，也会让落后民族在客观上跨越落后阶段。近代社会，资本主义的生产方式使人类的生产和交往都越过了以往狭隘的民族和地域界限，从而进入了一个新的时代；在这种情况下，一些相对落后的国家就可以通过跳跃的方式直接进入资本主义社会形态。而到了现代，资本主义生产体系已经实现全面的国际化，整个世界形成了一个资本性的生产和交往体系，这种体系以发达国家对落后国家的剥夺为特征，并迫使落后国家在资本主义体系之外寻求新的出路。当然，在马克思这里，跳跃式发展之所以可能，是有着不同层面的依据的。其中，生产力本身跳跃式发展的特点为其提供了理论依据，人的实践为其提供了现实依据，后发展国家现象则为其提供了历史依据。正是在此意义上，我们可以将跳跃式发展视为社会进步的一种特殊规律。

一、生产力本身具备跳跃式发展的特点

从生产力的实质来看，它是人们在实际劳动过程中解决自然和社会矛盾，进而创造社会财富、促进社会进步的能力。马克思认为，生产力既是改造社会的客观物质力量，又是社会发展的最终决定力量。从构成来看，生产力主要由劳动资料、劳动者和劳动对象构成。由于劳动者具有主观能动性，因而具有进步的积极性和更大的选择空间；而随着社会的进步，劳动资料也会随之飞速向前发展。因此，在生产力内部要素的交叉促进下，生产力就获得了跳跃式发展的可能。当然，马克思虽然认为社会发展的根源来自生产力与生产关系的矛盾，但他同样认为不一定只有在二者之间的矛盾发展到非常尖锐或不可调和的时候才有可能发生跳跃式发展，尤其是近代以来的落后的国家或民族，它们完全可以利用世界发达国家已经取得的成果，以更加先进的生产力思路来规划本国的发展道路，从而实现跳跃式发展。而从生产力与生产关系来看，生产力较为活跃，并且处于不断的变化之中；而生产关系则相对稳定，一直处于一种比较牢固的状态。生产力与生产关系的这种不同步的关系使它们一旦进入历史中就会表现出某种偏差或独立。因此，生产关系虽然与生产力发展的大时代相适应，但也会因为一定时代生产力水平的不同而呈现出不同的形式，而它的具体表现就是社会中存在的不同的所有制形式。所有制形式的不同在一定程度上揭示出生产力与生产关系矛盾中的历史选择性，历史选择性又通过人的实践活动来体现。正是在此过程中，跳跃式的社会发展成为可能。

另外一个重要的生产力因素就是科学技术。作为新的生产力，科学技术能够以更加高效的方式转化为现实生产力，从而推动社会大幅度向前发展。在手工劳动时代，生产基本上建立在劳动者的直接经验的基础上，科学技术发展低下，也不足以对生产力发生变革性的影响。到了大机器生产时代，科学技术的飞速发展使其成为重要的生产力，科学技术与劳动者、劳动资料和劳动对象等因素相结合而转化为实际生产力，并使生产力得到巨大提高。而

到了信息时代，科学技术则以前所未有的方式进入社会生产的每一个角落，它给劳动者、劳动工具甚至劳动对象都带来了颠覆性的影响，由此科学技术真正以第一生产力的角色，促进了社会的跳跃式发展。现代社会，科学技术实际上已经成为社会跳跃式发展的重要基础。首先，科学技术推动了社会形态的变革。对于一个社会而言，生产方式的不同就代表着生产力的不同，而生产力的不同则是推动社会形态变革的重要动力，如封建社会的生产力水平由手推磨、脚力水车等简单的生产方式决定，而资本主义社会的蒸汽机、纺纱机等机器生产方式则决定了它的生产力水平必然超过封建社会。其次，科学技术推动了生活方式和观念的变革。科学技术通过改变社会的经济结构进而推动社会其他结构如政治结构、文化结构的革新，从而不但推动人们生活方式的转变，也给人们的思想观念带来了变革。由此可见，科学技术对社会的推动是全方位的，包括经济、政治、教育、文化等诸多方面，这种推动以迅猛的方式改变了人们的生产和生活状态，改变了人们的思想观念，从而为社会实现跳跃式发展提供了更大的尺度。

随着科学技术的发展，它将会对社会实现跳跃式发展产生更为深远的意义。一方面，科技知识更新的频率越来越快，比如目前超过 90% 的化学、物理乃至生物学方面的知识，都是 1950 年至今 70 多年的时间获得的，但它们对人类社会带来的影响却比过去几百年还要大。另一方面，由于科学技术更新的周期越来越短，它们应用于生产实践的时间也越来越快，许多科技发明在几年甚至更短的时间就可以应用于社会生产实践，这样的时效性对社会生产带来巨大的帮助。科学技术的这种飞速发展无疑使社会实现跳跃式发展更加成为可能；甚至可以说，它为落后国家超越目前阶段，赶超先进国家带来了新的契机。因此，在某种程度上可以说，在科学技术成为第一生产力的今天，社会实现跳跃式发展的基本条件是科学技术的发展。

二、人的实践为跳跃式发展提供可能

从社会历史的整个过程来看，社会的主体始终是实际活动中的人，社会进步的规律始终是人的实践活动下的产物，因此它在很大程度上是人类实践活动的内在规律。马克思社会进步理论正是以现实的人及其实践活动为出发点，认为社会和自然本质上是相互关联的，也正是在二者的统一当中展开社会历史的论述。在马克思看来，人类社会发展与自然界演进的最大不同之处在于，它并不是一个纯粹自发、自由放任的盲目发展过程，而是人类有意识、有目的、有计划的实践活动过程，正如马克思所指出的，"社会——不管其形式如何——是什么呢？是人们交互活动的产物"。[1] 整个社会历史是人通过人的劳动而诞生的过程，没有人的存在，没有人进行实践活动，人类社会的规律就根本不存在，更无法展开，因而我们也可以说人自己创造着自己的历史。因此，马克思把人的实践活动作为其社会进步研究的出发点和目的，主张人类社会进步必须放置在人的实践活动中才能得到正确的理解，人及其实践活动才是社会规律发挥作用的核心前提。

通过对人类社会历史的回顾，马克思看到了以往时代对人类理性的各种压迫，因而肯定理性对人的本质的唤醒和对社会进步的推动作用，但他并不将理性视为社会进步的决定力量；同时也反对将精神、欲望、情感等心理因素纳入对社会进步的考量。在马克思看来，历史并不是把人当成某种达成目的的工具，或者某种特殊的理性人格；恰恰相反，历史的发展是由现实的人及其实践活动推动的。在他看来，社会进步包含生产力发展、生产关系变革以及在此基础上形成的上层建筑的转变，但这些转变首先都应该从实践的角度来理解，离开了实践，它们成立的前提将不复存在。因此，马克思将理解人类社会发展的立足点落在了"现实的人"的实践活动之上："社会生活在本质上是实践的。"[2] 通过这一角度，马克思对社会的发展和人类自身的命运形成了新的解答，即社会进步既是一种遵循客观规律的过程，又是人的主体性不断展开的过程，而这一活动的实质就是实践，它既是客体层面的自然与历史的统一，又是主体层面的过程与结果的统一。

社会规律通过人的实践存在并发挥作用，而跳跃式发展同样是人在生产和交往中进行的主体性活动，因此它在本质上是符合社会进步的内在规律的。而且，由于跳跃式发展是在主观推动下的创造性活动，因此它也体现出了社会进步的合规律性与合目的性的统一。马克思认为，"整个所谓世界历史不外是人通过人的劳动而诞生的过程，是自然界对人来说的生成过程，所以，关

---

[1] 马克思恩格斯选集：第 4 卷［M］. 3 版. 北京：人民出版社，2012：408.
[2] 马克思恩格斯选集：第 1 卷［M］. 3 版. 北京：人民出版社，2012：139.

于他通过自身而诞生、关于他的产生过程，他有直观的、无可辩驳的证明"。❶
由此可见，在马克思看来，人的实践在历史发展中居于核心地位。人通过自
己主观的有计划、有目的的活动改造世界，其目的就是让世界朝着有利于人
的方向发展。因此，选择更加好的社会发展道路或更加高级的社会形态不但
是一种客观的发展规律，而且也符合人的主观需求。历史上实现的跨越，常
常是落后民族在与先进民族交往的情况下，自觉或不自觉地、被迫或主动地
利用先进民族的经验和成果，超越自己较为落后的社会形态，从而缩短了社
会发展要经历的阶段，加速了社会进步。实际上，对于社会形态、体制形式、
发展道路等社会进步因素，人类都可以在一定的主客观因素下进行选择。由
于人类社会发展阶段不平衡但又同时存在，因此一些落后国家完全可以通过
学习和借鉴先进国家的发展经验，吸收其发展成果，从而少走弯路，并且以
最快的速度赶上甚至超越先进国家。由此可见，落后国家无论在社会形态还
是发展阶段上，完全有可能实现超越普通模式的跳跃式发展，而在这个过程
中，发展的合理性和主体的自觉性都扮演着重要的角色，发展的合理性决定
着跳跃式发展的可能程度，而主体的自觉程度则决定着跳跃式发展的实现
程度。

三、后发展国家跳跃式发展的历史条件

在马克思看来，世界历史的形成是由生产力、分工和交往的扩大等事实
决定的，因此它并非一个普通意义上的社会发展进程，而是不同国家与地区
的个人与群体在交往中逐步摆脱孤立无援，最后进入相互联结、相互依存的
历史过程，而后发展国家就是这个过程中形成的一个历史现象。近代世界体
系形成后，后发展国家问题变得愈加普遍，马克思认为它的直接原因是资本
主义体系的全球扩张。一方面，资本主义体系的不断扩大使越来越多的后发
展国家处于一种被剥削的状态，并受尽了各种苦难和屈辱。就此而言，马克
思将近代历史视为资本主义压迫与剥夺的历史，认为"这种剥夺的历史是用
血和火的文字载入人类编年史"❷ 是有其道理的。另一方面，由于后发展国家

---

❶ 马克思恩格斯全集：第 42 卷 ［M］. 北京：人民出版社，1979：131.
❷ 马克思恩格斯选集：第 2 卷 ［M］. 3 版. 北京：人民出版社，2012：291.

谋求发展时，所面临的一个基本环境是已经实现了更高发展的先进国家，它也使后发展国家卷入跃升后的新世界历史进程中，从而获得了实现跳跃式发展的可能。因此，对于后发展国家来说，历史发展实际上是一个具有双重属性的过程，在这一过程中，由于其自身的文化环境和历史条件不同，具体的发展道路也会不同。同时，由于许多后发展国家的"现代性"并不来自其国家内部，而是在与发达国家形成对立的紧张关系或其他外部因素的强迫下才形成的，因此在走向跨越式发展的过程中会出现许多错位或失衡的现象，也将会面临发达国家不曾面对的许多问题，而能不能很好地处理这些问题，则是它们能否取得突破、实现跳跃式发展的关键所在。因此，对于后发展国家来说，找到合适的发展模式、探索出正确的发展道路至关重要。而随着现代化在全球广泛展开，发展中国家可以说是拥有了获得跳跃式发展的最佳契机，如果能在这种背景下借鉴发达国家发展的经验与成果，并结合自身，找到适合自己的最佳发展道路，广大的发展中国家完全有可能赶上甚至超过发达国家。

现代社会，资本主义生产体系已经实现全面的国际化，整个世界也形成了一个全球资本支配下的生产和消费体系，这种体系以发达国家对落后国家的剥夺为特征，并迫使落后国家在资本主义体系之外寻求新的出路。作为社会进步规律的跳跃式发展，无疑为当代落后国家超越目前阶段、赶超先进国家带来重要启示。马克思从社会进步的内在规律出发，指出社会的发展并不排斥不同国家或地区发展道路的特殊性，也不否认跳跃式发展作为后发展国家社会进步模式的合理性；而从历史发展的角度来看，后发展国家实现跳跃式发展可以说是人类历史的巨大进步。这种观点充满了思维上的逻辑性和辩证性，无疑是唯物史观的经典运用。马克思深刻地指出，如果后发展国家不努力推进自己的社会进步，而是仅仅维持原来的落后生产方式，其社会形态不但得不到根本的提升，而且会不自觉地形成一种屈服于外部环境的消极状态，甚至有可能在此状态下滋生出许多盲目、愚昧的破坏性力量，阻碍社会发展，乃至产生出许多不必要的冲突或斗争；一旦如此，再想要从之前的落后封闭状态中走出来并寻求更大的发展，可就是难上加难了。而就人类社会发展的整体来看，资本主义的形成毕竟是由于其代表着当时的先进生产力，相比于当时各种落后的制度如农奴制、封建制，资本主义无疑更加有利于生产的发展，也可以带来更多的物质财富，因而能推动社会的进步。同时，资本主义虽然通过不断的资本扩张对后发展国家人民带来掠夺和杀戮，但它也在一定的客观意义上使某些后发展国家具备了发展资本主义制度的条件，这些后发展国家以引进资本主义工业技术乃至政治、经济制度的方式实现自己的发展，从而逐渐摆脱了原来的仍停留在自然崇拜的状态，并且为下一步的跨越式发展提供了强力的支持。因此，跨越式发展实际上也取决于本国自身的发展条件："当本国的社会发展条件成熟时，是有机会跨越的；而发展条件还不具备时，则不能实现跨越。这正是马克思主义所强调的'历史常常是跳跃式发展的'现实表现。"❶ 当然，后发展国家的这种跨越式发展毕竟是用广大后发展国家人民的鲜血和生命换来的，它给后发展国家带来许多压迫和伤害，让那些国家的人民付出了惨痛的代价，在马克思看来，这才是后发展国家问题的关键所在。

如果说"前资本主义时代"的跳跃式发展是出于盲目或被迫，那么到了"后资本主义时代"，跳跃式发展早已成为广大后发展国家谋求发展的重要方式，而且它的整个发展过程都呈现出强烈的目的性与自觉性。通过制订新的发展目标，规划新的发展路径，设计新的发展模式，后发展国家为自己实现跳跃式发展铺设了越来越优质的发展道路。具体来说，在宏观领域，后发展国家主要通过向先进的社会形态的转变来实现跳跃式发展；而在微观领域，后发展国家则主要通过学习和借鉴发达国家的经济、法律制度及先进技术等方式实现跳跃式发展。可以说，选择和创新发展模式，实现社会的跳跃式发展是当代后发展国家摆脱自身困境、谋求进步的最主要方式。在这过程中，发展的合理性和主体的自觉性都扮演着重要的角色，发展的合理性决定着跳跃式发展的可能程度，主体的自觉程度则决定着跳跃式发展的实现程度。而随着智能时代的到来，跳跃式发展将会成为实现社会巨大进步的最主要方式。这是因为，在智能时代，人们的交往将会以前所未有的方式触及任何国家与民族，通过全新媒介的连接，在全球范围内实现知识、技术与资源的共享，而这必将会使人类社会的进步获得一种新的爆发力，从而促使后发展国家跨越资本主义制度的"卡夫丁峡谷"，实现真正意义上的跳跃式发展。

---

❶ 谢霄男，王让新. 马克思主义对人类社会发展阶段的探索及理论贡献［J］. 求实，2014（10）：4-8.

马克思关于社会进步的动力机制

所谓社会进步的动力机制，是指社会进步的推动因素及其运转方式。在马克思看来，社会进步虽然是一个"自然史的过程"，但它同时也是一个由低级到高级不断推进的过程。有推进就有推进的因素，这就涉及社会进步的动力机制问题。按照马克思社会进步理论的阐发，一方面，社会进步的"动力源"主要是社会基本矛盾、阶级斗争、科学技术，它们生发于人的实践活动，既服从生产力与生产关系的基本逻辑，也体现出一定的历史创造性。另一方面，社会进步虽然有其"动力源"，但在其他层面的一些推动因素，比如人的需要、经济竞争以及文化等，实际上也应当被纳入对社会进步动力机制的考量当中。此外，还要看到社会进步中代价问题的重要性，通过对马克思关于代价问题的理解，认识到作为消极因素的代价在社会进步中的积极意义。

第一节　社会进步的"动力源"

在马克思社会进步理论的逻辑下，社会进步是在社会基本矛盾的运动中实现的，因此它是社会进步最根本的动力。不过，在具体的历史过程中，由于人的实践，社会进步其实有着更为丰富的动力来源，比如阶级斗争作为重要手段形成了社会进步的直接动力，科学技术作为新的生产力形成了社会进步的重要动力。以上三者作为社会进步最为关键的推动力量，共同组成了社会进步的"动力源"。

一、基本矛盾是社会进步的根本动力

马克思对社会基本矛盾的论述主要集中在他 1859 年完成的《政治经济学

批判》一书中。在该书的序言中，马克思提出："社会的物质生产力发展到一定阶段，便同它们一直在其中运动的现存生产关系或财产关系（这只是生产关系的法律用语）发生矛盾。于是这些关系便由生产力的发展形式变成生产力的桎梏。那时社会革命的时代就到来了。随着经济基础的变更，全部庞大的上层建筑也或慢或快地发生变革。"❶ 这是马克思对社会基本矛盾与社会进步之间关系的独到而深刻的论述，它揭示出社会基本矛盾的内容及其对社会进步的推动作用。马克思之所以会如此强调生产力与生产关系的矛盾，就是因为生产力发展是社会进步的根源所在，一旦生产力发展到一定程度，就会对影响或阻碍它发展的旧的生产关系发出变革的要求，而在此基础上才有可能形成新的生产关系，进而引发上层建筑的变革。因此，马克思对生产力与生产关系矛盾的强调实际上来源于他关于生产力的强调。事实上，虽然生产力和生产关系在社会物质生产过程中同时存在，但是占据主导位置的是生产力，因为一个社会的生产力发展水平直接决定了社会进步的逻辑与路径。同时，生产力作为社会基本矛盾中最重要的推动力，也是社会革命中最活跃的因素——社会革命作为两大矛盾运动的解决形式，正是生产力作为根本推动力的体现，而一个社会政治、经济、文化等领域的变革在根本上也是导源于生产力。当然，在社会进步过程中生产关系也具有一定的作用，只是有时是加速的作用、有时是减缓的作用。我们要确定怎样一种生产关系才对社会进步有加速的作用，就要看它对生产力发展起到的是促进还是阻碍的作用。具体来说，在现实中对生产力发展有促进作用，对社会进步有加速作用，反之则有减缓作用。

在社会历史发展过程中，生产力与生产关系之间有强和弱、活跃和稳定的不同，因此它们之间的矛盾是一直存在的。在生产力要求下的新的生产关系刚刚形成的阶段，生产关系基本上能够适应生产力发展的需求，因此生产力能够获得较快的发展。然而，随着生产力的不断发展，生产关系的滞后性开始显现，它与生产力的关系就会转变为最初的适应到逐渐的不适应，并与生产力的发展拉开越来越大的距离；当生产力发展到旧的生产关系已经无法容纳时，变革就会发生，新的所有制关系就会形成："所有制关系中的每一次

---

❶ 马克思恩格斯选集：第 2 卷 ［M］. 3 版. 北京：人民出版社，2012：2-3.

变革，都是产生了同旧的所有制关系不再相适应的新的生产力的必然结果。"❶
当然，从生产关系不适应生产力发展，再到其发生变革并形成新的生产关系，
这并非一蹴而就，而是需要一个漫长的过程；而随着变革之后新的生产关系
确立，生产力和生产关系就又会在新的生产基础上开始新一轮的运动。因此，
生产关系和生产力之间的新旧交替、适合与不适合等不断循环的过程，就是
生产力和生产关系不断更新的过程，而在这个过程中也会带动社会不断进入
新的阶段，不断实现更大的进步。

　　和生产力与生产关系的矛盾运动相应，经济基础与上层建筑之间的矛盾
运动作为社会基本的另一方面，对社会进步也具有重要影响。所谓经济基础，
在马克思这里主要指的是一个社会的经济结构，它是社会生产关系的总和，
也是社会经济活动的运转方式；而所谓上层建筑，则是指建立在经济基础之
上并依赖经济基础的社会政治、文化、观念、意识形态等方面的内容。对于
经济基础和上层建筑之间的矛盾关系，根据马克思在《德意志意识形态》中
的论述，经济基础是社会基本矛盾的主要方面，居于支配地位；上层建筑是
社会基本矛盾的次要方面，居于被支配地位。具体来看，当经济基础与上层
建筑的关系在形成的初始阶段时，它们之间是相互适应的，因此不会发生明
显矛盾；但随着旧的经济基础被新的所代替，旧的上层建筑就会由于其保守
性而难以适应新的经济基础；当这种不适应发展到无法调节的时候，社会革
命便启动了；社会革命通过消灭旧的上层建筑，建立与之相适合的新的上层
建筑，这样新的上层建筑和新的经济基础之间就会达到基本适合，从而开始
新的矛盾运动。当然，这里需要强调的是，马克思虽然认为经济基础在社会
发展中占据决定性地位，但是并没有用简单的经济状况来决定一切，他认为
经济基础是社会进步的决定力量，但是除此之外，对社会进步构成影响的还
有上层建筑的不同因素，比如利益需求、意识形态等。同时，虽然上层建筑
居于被支配地位，但是它也对经济基础具有反作用，这种反作用体现在：一
方面，社会进步并非经济基础单方面的决定和支配，而是与上层建筑合力作
用的结果；另一方面，上层建筑也会对经济基础形成一定的影响，这种影响
即使不是物质的也至少是观念或价值的。

---

❶ 马克思恩格斯选集：第 1 卷［M］. 3 版. 北京：人民出版社，2012：303.

总的来看，生产力与生产关系、经济基础与上层建筑之间的矛盾运动是社会进步的根本动力所在，由于它们之间矛盾的往复运动，社会才得以不断向前推进。不过，除此之外，我们还应该注意到马克思所提到的关于社会存在与社会意识之间的矛盾。在《政治经济学批判序言》中，马克思从总体上论述了社会基本矛盾中的社会存在与社会意识、生产力与生产关系、经济基础与上层建筑这三大基本矛盾。实际上，除了生产力与生产关系、经济基础与上层建筑的矛盾，社会进步的动力还应该放在社会存在与社会意识的矛盾中理解，因为从根本上来说，生产力与生产关系构成了生产方式，而生产方式则是社会存在的内容之一；同样，上层建筑也可以被纳入社会意识的范畴中理解。而这也就意味着，生产力与生产关系、经济基础与上层建筑之间的矛盾运动，在更大层面上其实也是社会存在与社会意识的矛盾，就此而言，社会存在与社会意识的矛盾也是社会进步的根本动力。当然，我们在分析社会进步的动力时，还应该注重社会存在与社会意识之间的矛盾带来的方法论意义。一方面，我们应该遵循马克思关于社会存在决定社会意识的科学论断，对社会进步的判断要以社会存在的发展水平为根据，而不能以它的意识为根据。另一方面，我们应该充分发挥先进社会意识所具有的能动作用，在理论上不断完善马克思社会进步理论，在实践中努力推动社会存在的发展及时代的变革。

二、阶级斗争是社会进步的直接动力

马克思在《共产党宣言》的序言中曾说道："人类的全部历史（从土地公有的原始氏族社会解体以来）都是阶级斗争的历史，即剥削阶级和被剥削阶级之间、统治阶级和被压迫阶级之间斗争的历史。"❶ 恩格斯在《反杜林论》中也表达了和马克思相同的观点，"新的事实迫使人们对以往的全部历史作一番新的研究，结果发现：以往的全部历史，都是阶级斗争的历史。"❷ 由此可见，阶级斗争是阶级社会的本质现象，它存在并贯穿于人类社会的全部历史当中。阶级斗争不是个人之间的对抗，而是不同阶级之间的对抗，对于其实质，马克思认为无论何种阶级，其奋斗的最终目的都与自身的切身利益

---

❶ 马克思恩格斯选集：第 1 卷 ［M］. 3 版. 北京：人民出版社，2012：385.

❷ 马克思恩格斯选集：第 3 卷 ［M］. 3 版. 北京：人民出版社，2012：401.

相关，因此阶级斗争的实质是由生产资料所有制关系所决定对立阶级间的利益冲突。恩格斯也对此作出过论述，认为阶级斗争是基于人们对物质利益的需求而引发的对抗与冲突。不过，需要注意的是，马克思所言的阶级斗争是指社会内部的基本阶级的斗争，即地位由社会生产方式决定、斗争体现生产方式基本矛盾的阶级，其余阶级则属于非基本阶级。每个阶级社会都有其基本阶级，如奴隶社会的基本阶级是奴隶主和奴隶，封建社会的基本阶级是贵族地主和普通农民。而在资本主义社会，其基本阶级是资产阶级和无产阶级，这是由资本主义的生产方式决定的，也体现了资本主义生产方式的基本矛盾。因此所谓阶级斗争，主要指的就是基本阶级的斗争。

作为改变社会形态的最高方式，阶级斗争的主要作用是解决生产力与生产关系之间的矛盾，消除社会中的不公正、不平等，推动人类社会走向进步，"自由民和奴隶、贵族和平民、领主和农奴、行会师傅和帮工，一句话，压迫者和被压迫者，始终处于相互对立的地位，进行不断的、有时隐蔽有时公开的斗争，而每一次斗争的结局都是整个社会受到革命改造或者斗争的各阶级同归于尽。"❶ 而在此逻辑下，阶级斗争的最终结果就是无产阶级联合起来反抗资产阶级的统治，并最终实现无产阶级专政，实现人类自身解放。当然在这一过程中，阶级斗争作为"助产婆"，只是一种手段，并不代表"革命"本身，但这一斗争手段却必不可少，因为它可以缩短和减轻"分娩"——共产主义所产生的阵痛。❷ 因此，阶级只是一个历史范畴，它的最终结果是消灭阶级，而这个结果的实现则需要无产阶级专政来进行，当无产阶级实现了专政，便会从制度上消灭消除以往的一切阶级区别（当然也包括无产阶级自身），并最终带领人类进入无阶级的、平等的共产主义社会。

当然，阶级斗争并不仅限于武装斗争，它可以有多种不同的方式，如经济斗争、政治斗争和思想斗争等，都可以作为阶级斗争的形式而发挥相应作用。具体来看，经济斗争是阶级斗争的最初形式，也是阶级斗争的起点。经济斗争是无产阶级以经济为手段，为改善自身的生存处境向资产阶级发起的斗争。经济斗争是阶级斗争常见的一种形式，但这种斗争有较大局限性，它

---

❶ 马克思恩格斯选集：第1卷［M］. 3版. 北京：人民出版社，2012：400.

❷ 马克思恩格斯选集：第2卷［M］. 3版. 北京：人民出版社，2012：83.

只限于个别个人或团体，难以发展成为较大范围的斗争，而且多数只注重眼前的经济利益，因此一般难以长久。政治斗争是阶级斗争的最高形式，是无产阶级对资产阶级发动的以武装反抗为主要形式的斗争。因为政治斗争能够将无产阶级的经济斗争升华为实际的武装斗争，也能够将区域性的斗争汇聚为大范围的整体性斗争。但同时，无产阶级进行政治斗争也是为了满足自身的经济利益，因而政治斗争归根结底也是无产阶级为了寻求自身的经济发展与经济解放而展开的斗争方式。因此，恩格斯说："一切政治斗争都是阶级斗争，而一切争取解放的阶级斗争，尽管它必然地具有政治的形式（因为一切阶级斗争都是政治斗争），归根到底都是围绕着经济解放进行的。"❶ 同时，政治斗争具有多种形式，罢工、游行、武装起义、暴力夺权等都属于政治斗争的范围。按照马克思的观点，政治斗争的目的是推翻资产阶级统治，建立无产阶级专政，进而建立起没有剥削、没有压迫的共产主义社会。而无产阶级如果不使自己成为统治阶级，不夺取政权，就不可能实现这个目标。此外，阶级斗争还有一种形式就是思想斗争，这是为无产阶级的阶级意识的纯洁性、为无产阶级摆脱资产阶级的思想影响而做的斗争。思想斗争从属于政治斗争，虽然没有后者重要，但也发挥着重要的作用。这是因为，如果没有无产阶级的思想斗争，整个阶级斗争就失去了最重要的理论武器和思想支撑。马克思认为，在具体的阶级斗争中，应该将三者结合起来，以政治斗争为主，以经济斗争和思想斗争为辅，并吸收其他可能的斗争形式，从而更好地推动阶级斗争的胜利。

　　阶级斗争发展到较高形式后就会走向社会革命，革命是阶级斗争的最高和最后的形式，其结果就是社会形态的质变。从革命的实质来看，它是为了满足生产力发展需求，促进社会进步。在这个意义上，革命也可以说是解决社会基本矛盾的重要方式，是推动社会历史进步的重要动力。但需要注意的是，马克思并没有认为消灭阶级统治只能用暴力的手段；相反，他估计到和平途径的可能性，而且也曾经打算用这种方式从资本主义过渡到社会主义。恩格斯也注意到了阶级之间矛盾的调和，他认为"立刻到处都只看到斗争"的见解是片面的和褊狭的，"想把历史的发展和纷繁变化的全部丰富多样的内

----

❶ 马克思恩格斯选集：第4卷［M］. 3版. 北京：人民出版社，2012：257-258.

容一律概括在'生存斗争'这一干瘪而片面的说法中，是极其幼稚的。"❶ 恩格斯不反对用和平的方式废除私有制，他甚至赞成用购买的办法消灭它，如在《法德农民问题》中，恩格斯写道："我们决不认为，购买在任何情况下都是不容许的；……假如我们能赎买下这整个匪帮，那对于我们最便宜不过了。"❷ 由此可见，马克思和恩格斯在进行阶级斗争的同时，也认可和平过渡与和平改造。不过他们所说的和平过渡与和平改造的道路，根本不同于机会主义者和改良主义者的所谓和平道路。前者所说的和平过渡，首先是贯彻阶级斗争直到建立无产阶级专政的国家政权，不论这个政权的形式如何，必须坚定地执行无产阶级路线；而后者所说的和平道路，是把和平转变看作一切国家在任何时候任何条件下都可适用的原则，根本否认暴力革命的必要，认为资本主义会自动和平地进入社会主义。机会主义者的目的在于引诱工人阶级放弃阶级斗争，放弃夺取政权的斗争，而专门去从事枝节的改良，使社会主义永远不能实现。在和平过渡与和平改造问题上，要不要阶级斗争，要不要无产阶级专政，这是马克思与机会主义的分水岭。无产阶级政党，应该领导工人阶级在斗争中把各种斗争形式巧妙地结合起来，而且要特别重视政治斗争。政治斗争之所以特别重要，是因为这个斗争的目的是夺取政权，而政权问题又是革命的基本问题，只要无产阶级有了政权，也就解决了经济斗争所要达到的目的，也就能够更有效地实现思想斗争所要达到的目的。

纵观历史，在存在剥削统治的社会中，推动社会进步最主要的方式就是阶级斗争。阶级斗争对社会进步具有直接的推动力，它既实现了代表更高生产力的阶级对社会的主导，从而促进了生产力的发展；又通过斗争的方式促成了社会经济结构和政治结构的革新，从而推动了社会的全面进步。同时，阶段斗争还带来了社会中各种关系的改变，从而从社会关系提升的角度实现了生产关系的变革。在马克思看来，阶级斗争是社会基本矛盾的集中体现，也是社会主客体结合的最高形式，它以一种极具爆发力的方式直接实现了社会的质变，并推动了社会的飞跃，因而是推动社会进步的最高方式。当然，阶级作为一个历史范畴产生于阶级社会，因此也会随着阶级社会的消亡而消

---

❶ 马克思恩格斯选集：第 3 卷 [M]. 3 版. 北京：人民出版社，2012：987.
❷ 马克思恩格斯选集：第 4 卷 [M]. 3 版. 北京：人民出版社，2012：375.

亡，共产主义实现的时刻就是阶级消亡的时刻。马克思的阶级斗争理论深刻地阐发了阶级社会的存在本质和运动，揭示了阶级斗争作为社会进步直接动力的本质属性及其发展特征。

三、科学技术是社会进步的重要动力

马克思生活的时代是第一次工业（科技）革命成果在整个资本主义社会产生巨大社会效应的时代，身处这一时代浪潮，马克思切身感受到科学技术对整个社会带来的巨大影响，因此对其充满信心："任何理论科学中的每一个新发现——它的实际应用也许还根本无法预见——都使马克思感到衷心喜悦，而当他看到那种对工业、对一般历史发展立即产生革命性影响的发现的时候，他的喜悦就非同寻常了。"[❶] 的确，科学技术对社会进步的推动力是毋庸置疑的。一方面，各种层出不穷的科技发明不断为社会生产带来更高的效率和更好的产品，也为人们带来更加便捷的生活；另一方面，科学技术的成果以显性或隐性的方式深入社会生活的方方面面，从而无论对人们的生产实践、生活方式、社会关系乃至观念都产生了巨大的影响。马克思不止一次地赞扬科学技术对人类社会的伟大意义，在他看来，社会进步的过程中科学技术的推动作用非常突出，人们不仅因为在社会生产中对科学技术知识的掌握和应用，从而更大程度地提高了劳动生产率；而且通过对科学技术的应用，人们进一步提升了对自然的认识，并且在广泛的领域内展现了对世界的改造和控制能力，因此科学技术在社会生产和生活领域都具有重要地位和作用。

马克思曾通过历史角度强调社会需要是科学技术发展的直接原因。他举例说，古代埃及人需要计算尼罗河水的涨落规律，因而形成了埃及的天文学理论；而近代社会的人同样因为需要进一步提高劳动生产率以及更大的利润，从而发明了蒸汽机、纺纱机等新的技术。在马克思看来，资本主义社会科学技术发展的直接原因是资本主义商品生产的扩大和市场竞争的需要，资产阶级为了发展新的工业生产体系进而获得更大的利润，投入了大量的物力和财力发展科学技术，从而在客观上带动了生产力的发展和社会财富的增加。因此，在资本主义社会，自然科学实际上发展成了推动生产力的绝对力量。对

---

❶ 马克思恩格斯选集：第3卷［M］. 3版. 北京：人民出版社，2012：1003.

于这一点，马克思曾在《1861—1863 年经济学手稿》中作出描述："大生产——应用机器的大规模协作——第一次使自然力，即风、水、蒸汽、电大规模地从属于直接的生产过程，使自然力变成社会劳动的因素。"❶ 因此，近代科学技术发展的主观推动力实际上来自新兴资产阶级扩大生产体系、谋求更大利润的需要，但它却在客观上带动了社会生产力的发展，从而促进了社会的进步。马克思认为，在资本主义生产体系下，生产力由多种要素组成，包括"工人的平均熟练程度，科学的发展水平和它在工艺上应用的程度，生产过程的社会结合，生产资料的规模和效能，以及自然条件。"❷ 而科学技术作为其中一种要素，其重要性并不仅体现在它是生产力所表现的一个方面或一种形式，而在于它本身就是一种重要的生产力。正是在此基础上，马克思强调科学技术作为社会进步的新推动力，其真正的意义就体现在它所蕴含的巨大生产力："科学的产生和发展一开始就是由生产决定的。"❸

　　首先，科学技术以渗透于劳动工具的方式转变为生产力。在马克思看来，资本主义生产体系对科学技术强烈的需要以及科技转换为工业成果后带来的巨大利润，已经使得科学技术成为整个生产逻辑线上最领先的一环，由科学到技术再到生产应用已经成为资本主义生产体系中最高效的生产序列。同时，随着科学技术的发展，越来越多的科技成果被制造出来，它们广泛地存在于社会生产中的诸如物理、化学、生物等多个领域，这些成果在不同领域的应用一方面为人们的社会生活带来了前所未有的便捷和高效，另一方面则为人们的生产实践带来了更大的推动力，从而加速了生产工具的更新换代。生产工具的不断更新就意味着更高的劳动生产率和更大的劳动规模，而这些就是生产力的重要元素。

　　其次，科学技术以渗透于劳动者的方式转变为生产力。对于劳动者，马克思曾有过简单劳动与复杂劳动的区分。简单劳动对知识、技术等没有什么要求，是"每个没有任何专长的普通人的机体平均具有的简单劳动力的耗费"❹，因此是劳动者通过直接的劳动行为就可以完成的。而复杂劳动则包含

❶　马克思恩格斯全集：第 47 卷［M］．北京：人民出版社，1979：569．
❷　马克思恩格斯全集：第 23 卷［M］．北京：人民出版社，1972：53．
❸　马克思恩格斯选集：第 3 卷［M］．3 版．北京：人民出版社，2012：865．
❹　马克思恩格斯全集：第 23 卷［M］．北京：人民出版社，1972：57-58．

着一定的知识、技术以及观念等因素，因此对劳动主体就提出了更高的要求。当然，虽然复杂劳动对劳动者的知识、技术、观念等要求较高，但它能创造的价值也大大高于简单劳动，马克思认为："比较复杂的劳动只是自乘的或不如说多倍额简单劳动，因此，少量的复杂劳动等于多量的简单劳动。"❶ 这其中的原因正是因为复杂劳动者对科学技术能更好地理解与掌握，使其能够形成更高的劳动生产率，从而带来更大的利润和价值。此外，对于不直接进行劳动的人如管理人员、行政人员、决策者等，马克思认为一旦他们掌握了科学技术，同样也能带来更多的劳动价值。因此，马克思所言的劳动者是包括了简单劳动、复杂劳动、直接劳动、间接劳动等各因素在内的"总体劳动者"。不同的劳动者以不同的形式参与到劳动当中，只要能够将科学技术体现在劳动过程当中，就必然可以带来更大的劳动价值。因此，科学技术的创造主体是劳动者，劳动者通过对科学技术的掌握，从而提高了劳动生产率，进而也就带动了生产力的提高。

最后，科学技术以渗透于劳动对象的方式转变为生产力。这一点主要是在劳动的过程中完成的，即科学技术的发展影响了劳动的过程，大大缩短了劳动所需要的周期，从而在短时期内实现了劳动产品的迅速增多和产品质量的提高，这些最终的表现就是生产力的发展。同时，科学技术还以影响劳动对象的方式改变了劳动过程的模式，使得生产过程呈现出进一步的科学化，并出现了更加合理的劳动分工与协作，更加高效地劳动组织与管理，这些过程的转变无疑都进一步提高了生产力，因此科学技术也就体现出了生产力的内容。由此可见，科学技术以渗透于劳动工具、劳动者以及劳动对象的方式转变为生产力，对社会进步起到了巨大的推动作用。

将科学技术视为生产力是马克思在社会生产力上的洞见，他将生产力划分为直接生产力和知识形态生产力，后者也就是我们所言的科学技术，这表明马克思对社会进步推动力的研究已经达到一个非常深入和透彻的程度。在他看来，科学及技术从主体发出，并通过"物化"的方式重新回到主体，它一方面转换成为更加高级的生产工具，另一方面则转化为劳动者技能的提高，而这二者都可以进入劳动过程并转化为现实的生产力。因此，科学技术也就

---

❶ 马克思恩格斯全集：第 23 卷 [M]. 北京：人民出版社，1972：58.

成了重要的生产力。马克思虽然处在近代科技革命的起点阶段，但它却以独特的睿智和深刻的思考发现了科学技术的生产力本质和它所蕴含的巨大潜力。马克思多次高度评价了科学技术对社会进步的推动作用，他敏锐地意识到科学技术作为生产力将会在人类的生产力发展和社会进步上发挥越来越大的作用，并在此基础上提出了"生产力中也包括科学"的著名论断。这一阐发无疑对人们理解社会进步动力机制产生了深远影响。

第二节　社会进步的其他动力因素

按照马克思社会进步理论的阐发，除了社会基本矛盾、阶级斗争和科学技术，社会进步还存在其他一些具体的动力因素，如人的需要、经济竞争以及文化。一方面，这些因素作为具体内容对社会进步形成了明显的推动，因而具有自身的独特性；另一方面，它们的存在并不独立于社会进步动力的总体逻辑，而是后者在不同领域中的不同体现。特别就后者而言，其揭示出的其实是社会存在与社会意识之间的本质关系。

一、人的需要对社会进步的推动

作为实践活动的主体，人对社会进步的推动源于自身的需要，当需要不断得到满足，客观上也就促进了的社会进步。因此，人对社会进步的推动首先就表现在人的需要："我们首先应当确定一切人类生存的第一个前提，也就是一切历史的第一个前提，这个前提是：人们为了能够'创造历史'，必须能够生活。但是为了生活，首先就需要吃喝住穿以及其他一些东西。因此第一个历史活动就是生产满足这些需要的资料，即生产物质生活本身。"❶ 需要是现实的人为了生存和发展所产生的种种欲望和要求，通过对这些欲望和要求的满足，人类延续了自身，形成了生产关系，并实现了对自身的"类本质"的认知。因此，需要是人与客观对象之间的自然关系，也是人的实践活动的内在本质。马克思从需要的领域出发，认为有社会需要、文明需要、交往需

---

❶ 马克思恩格斯选集：第 1 卷 [M]. 3 版. 北京：人民出版社，2012：188.

要、自然需要，等等。恩格斯则从需要的层次出发，认为有生存需要、发展需要和享受需要，等等。具体来说，生存需要是在生产力较低程度时人们为了争夺生存资料而形成的；发展需要则是在生产力发展到一定程度时人们为了谋求更大的发展而形成的；至于享受需要则是生产力发展到较高阶段，即在生产生活必需品之余生产生活奢侈品时形成的需要，当然享受需要也包括精神层面的享受，它也同样是生产力在较高阶段的产物。在马克思看来，实践活动中人们的需要就是他们的本性，正是由于需要的多领域性和多层次性，使得生产不断地扩大、循环、再扩大，从而在客观上促进了生产力的发展，推动了社会的进步。在此意义上，我们可以说，需要是人的活动和世界历史形成的前提，也对社会进步本身发挥着巨大的作用。

其一，人的需要促进生产关系的形成和发展。在马克思看来，真正的社会关系是人们在获得生存资料的过程中产生的，而需要则推动了生产关系的形成。人与人之间直接的联系是物质联系，这种联系由人的需要决定；同时，随着需要的不断改变，联系的形式也会发生相应的改变。具体来说，比如在社会发展和形成过程中，由于人首先要满足基本的生存需要，所以人与人之间往往形成合作性的依赖关系，而在此基础上就形成了部落；部落为了发展壮大，随之就产生了对人口增长的需要；而随着人口的增多，部落的进一步扩大，为了获取更大的发展，就逐渐产生了贸易、交流的需要。而就不同社会形态来说，封建社会的形成则是奴隶主阶级与奴隶阶级矛盾激化，奴隶寻求解放的需要推动的；而资本主义社会则是资产阶级以新的生产方式谋求更大利润进而获取政治地位的需要，因为封建社会的生产方式已满足不了资产阶级的利润需要，其要求"发展起那些超出旧生产关系并迫使旧生产关系转化为资本关系的交往手段、生产资料和需要。"❶ 正是在这些不同的需要的推动下，新的适应生产力发展的生产关系不断形成并发展，社会也因此而走上了全新的轨道。因此，我们可以说历史发展的第一个推动力，首先是人的需要，需要的满足带来了发展；同时，它在不断满足的过程中又不断形成新的形式，从而以一种持续的方式带动了生产力发展和生产关系的更新。

其二，人的需要直接推动精神交往活动的发展。从人的"类本质"出发，

---

❶ 马克思恩格斯全集：第 49 卷 ［M］. 北京：人民出版社，1982：126.

马克思认为，人是具有自由、自觉意识的动物，有意识的活动也是人区别于动物的标志，是人的本质属性。人在社会中为了生存就存在需要，而有了精神需要，人才和动物分离开来，因此人的需要即人的本质。由于精神需要无法以自身获得满足，因此它必须借助一定的手段，即通过人的精神交往实践才能实现。人通过文字、语言和精神生活和动物得以区分，而语言、文字同样是随着人类交往的需要才产生的。因此，需要可以说是贯穿于人的精神交往活动的整个历史。马克思认为社会存在决定社会意识，但他并没有否定意识与需要之间的关系。事实上，意识的形成与需要具有直接的关系，举例来说，一个人学习如何养花，这当然可以通过不断地实践来实现，但由于他为了更好或更快地学习到这项技能，他可以选择观看别人养花的过程或通过购买相关书籍或相关课程来促进这项技能的学习，这个过程无疑是需要对意识的促进。因此，我们可以说意识也产生于需要。因此，需要推动着精神交往活动的发展，没有需要就不会有精神交往。

其三，人的需要促进和决定了科学技术的研究和发展。需要的实现必须借助一定手段，而手段则通过具体的工具来实施，因此出于主观需要，人们往往会主动学习相关的知识和技能。而在学习的过程中，由于对知识或技能掌握的逐渐加深，因而很容易产生相应的成果。因此也可以说正是需要带动了科学技术的研究和发展。回顾历史，在不同的社会时期，由于不同的需要才产生了相应的科技成果。举例来说，在原始社会，由于人一开始的需要比较单一，可以从自然界直接获取，因此没有专门的科学研究。随着人们的需要逐渐增加，科学技术发展的研究也开始加快起来，到了资本主义社会，由于对商品需要的大量增加，人们开始以更多的精力投入科学研究中，因此在这个过程中出现了许多可喜的科学技术成果，比如蒸汽机、纺纱机等，它们在当时被看作跨时代的发明，不但满足了人们获得更多商品的需要，而且极大地推动了工业社会的发展。当然还有牛顿的三大定律、爱迪生电灯的问世等一系列的科学研究的成果，都是随着人们的需要而得以实现和发展的。恩格斯指出"社会一旦有技术上的需要，则这种需要就会比十所大学更能把科学推向前进。"❶ 因此，虽然科学技术是重要的生产力，也是社会进步的根本推动力，

---

❶ 马克思恩格斯全集：第39卷（上册）[M]．北京：人民出版社，1974：198.

但科学技术的研究和发展同样来自需要，也在很大程度上依赖于需要。

二、经济竞争对社会进步的推动

在经济活动的语境中，所谓竞争是指不同个体或群体之间为追逐利益而产生的一种行为，因而具有经济行为的属性。按照马克思的观点，人类活动的主要内容是物质资料的生产和交往活动。由于在这个过程当中，每个人实际的能力和条件有一定差别，所以具体的劳动生产率也就有了高低之分；而在实际生产中，出于利益的需求，这种差别会自然地引起人与人的竞争行为。在《资本论》中，马克思以一整章的篇幅生动地描述了竞争，他认为竞争并不创造利润，但却可以对利润提高或降低带来重要影响。一般而言，生产活动中的竞争会产生一种结果，即促使同一部门的生产者最终以一个统一的价格出售商品，从而形成了平均利润，而在马克思看来，这是"通过资本从一个部门不断转移到利润暂时高于平均利润的另一个部门来实现的"。❶ 按照马克思的观点，生产者要想获得更高的利润，必须在提高产品质量、增加产品数量的同时降低劳动消耗；这个过程中必然会引发不断的竞争，从而竞争在客观上就成了经济发展的推动力。当然，竞争虽然主要存在于追逐利益的资本家之间，但实际上工人之间也存在着竞争，而且更为关键的是，工人之间的竞争在某种程度上正是资本家降低劳动价格的重要原因，通过工人之间的竞争，劳动生产率得到了提高，同等劳动生产率之下，资本家必然会选择更加低廉的劳动，并且会延长劳动时间，这也可以说在客观上推动了劳动价值的增多。而在商业交易行为中，交易的双方也存在着竞争。具体来说，如果某一种商品的需求量超过了实际可以提供的量，那么此商品就成了稀缺资源，不同的买者之间就会对其形成竞争，而卖者同样会提高原来的价格以获取更多的利润。反之，如果商品的供给数量超过了需求的数量，那么商品的价值便会降低，买者可选择的余地也会增大，由此又会促使卖者降低价格来保证出售，从而形成卖者之间的竞争。由此可见，竞争并没有局限在资本家之间，而是广泛存在于各种社会关系中。事实上，就人与社会的关系来看，社会创造人，塑造人的个性，人则反向改造社会，整个社会的发展就是在这种控制

---

❶ 马克思恩格斯全集：第25卷（上册）[M]. 北京：人民出版社，1974：231.

体系中运行的。而竞争作为主体能动性的一种重要标志，正是人对社会作用的突出体现。因此，我们可以说竞争并非资本主义的专利，它作为一种人对社会作用的体现，是在商品经济产生之前就存在的。而对于资本主义制度下的市场经济来说，竞争也并非其独有的专利，它作为一种超越不同生产关系的范畴，反映的是人与社会中的关系以及人的行为对社会的作用。因此，无论何种社会制度，竞争实际上都可以作为社会资源配置的有效方式而发挥作用。

那么竞争作为社会进步的有效手段，它的作用体现在哪里呢？我们要从人的角度来看待这个问题。人是社会实践中的主体，人在世界上要生存就要面对吃穿住行的问题，这些问题促使人通过行动来满足自己的需要，从而就形成了劳动。劳动是以自然物为对象的活动，人类通过劳动是要改造自然，让自然服从于自己，这就不可避免地与自然发生了矛盾和对抗，而这种对抗会随着人们劳动的日益深化而不断加强。为解决这一矛盾，人类一方面不断改变对自然的态度，以一种更加理性的方式改造自然；另一方面则不断完善自我，更加巧妙地运用自然发展的规律。实际上，人在劳动过程中，经常从改变劳动对象转变到改变自身，并通过自身的改变作用于劳动对象。这两种功能的转化与相互作用，正体现出劳动主体和客体的辩证关系，而竞争对社会进步的影响，就是通过劳动的这样一个功能转化机制对社会进步发生作用的。首先，劳动者通过不断地竞争，增强其作为创造主体的功能。社会的进步依赖于生产力的提高，生产力提高的一个重要方式就是科学技术的发明，科学技术不仅意味着科技水平的提高，而且也更好地体现出人的创造力和行动力。由此，劳动者要提高创造力就必须不断进行科学知识的学习和劳动技能的提高，而这个过程就是通过在劳动过程中的相互竞争实现的。通过对劳动知识和技能的不断学习，劳动者不但创造了更加丰富的劳动成果，而且也激发出更大的劳动热情，带动了新一轮的创造，而这样一个连续作用的重要结果是社会的进步。其次，劳动者通过不断地竞争，增强其作为价值生产者的功能。劳动的价值通过劳动成果得以体现，劳动成果越多越好，劳动者获得的利益就越大，其实现的价值也就越多，因此必然会在劳动生产领域形成竞争。竞争既体现在量上的劳动生产率的比较，也体现在质上的产品质量和价值的比较，而其最终结果必然是生产力的进一步提高，物质财富的进一步增多和社会的进步。同样，劳动者作为价值生产者，其本身的价值也在这一过程中得以体现。当然，竞争对社会进步的两种功能并不是截然分开的，而是彼此紧密联系在一起的。竞争在激励劳动者实现创造、完善自我的同时，带来了更多的劳动成果；而竞争在促使劳动者改造劳动对象、带来更多利润的同时，也使劳动者进一步实现了自身的价值。因此我们可以说，正是由于竞争的内在功能机制，推进了劳动主体和劳动客体的相互作用，从而大大加快了社会的进步。

马克思在谈到资本主义社会的竞争时讲到，"这是一个规律，这个规律一次又一次地把资产阶级的生产甩出原先的轨道，并迫使资本加强劳动的生产力。"❶ 同样，在资本主义生产体系发展到垄断资本的今天，尽管竞争受到了垄断资本家的压制或消解，但它不但没有因此消失，反而随着信息时代的到来有愈演愈烈之势，究其原因，这与竞争"超制度"的内在属性是分不开的。在当代资本主义国家，激烈的竞争使越来越多的资本家不惜付出大量的财力和物力来促进生产率的提高，而劳动者之间的竞争也带来了不断发展的知识水平和劳动技能，进而促进生产力发展，因此它的积极意义是不可抹杀的。然而，我们需要注意的是，资本主义制度下的竞争所推动的生产力发展，在本质上仍然是以牺牲大多数无产者的利益为代价的，这是资本主义竞争行为背后的真相所在。而对于社会主义制度，竞争依然是不可缺少的经济规律；不过，相比于以往社会中竞争的随意性与盲目性，社会主义的竞争是在自觉遵守社会经济发展基本规律的前提下进行的，即通过科学合理的引导和控制来实现的，因此它无论对于经济建设、社会政治生活和道德风尚都将会有非常积极的意义。更为重要的是，社会主义制度下的竞争并不以牺牲某一阶级的利益为前提，这就在根本上决定了其竞争行为的公平和正义。无疑，这将对社会进步产生更加积极的意义。

三、文化因素对社会进步的推动

从文化角度来看，社会进步的过程也是文化积淀和发展的过程，每一个社会阶段或形态的确立，在很大程度上都形成了相应的文化内容及其价值诉

---

❶ 马克思恩格斯全集：第 6 卷 [M]．北京：人民出版社，1961：501．

求，它们无论对增加社会物质财富和精神财富，还是提高社会法治水平、构建更加完善的社会制度，作用都是十分巨大的。因此，一个健康文明、积极乐观并且和社会发展相一致的文化形态是极其重要的，它不但能够反映出社会进步的精神向度，而且能够为社会进步提供强大的精神动力，而这种精神动力的意义并不亚于任何经济条件或物质财富。

文化为社会进步提供精神动力。文化是人的精神生产力，它承载着如何做人以及如何拥有更加美好生活的精神内涵。从社会进步主体的角度来看，文化所反映出的是作为社会进步主体的人所具有的前进动力以及积极向上的创造力。在主体的实践中，可以对社会进步形成动力的内容有多个，如科技发明、理论创新、改革措施等，但这些动力作为主体性的行为往往也在一定的精神面貌中体现出来。因此，我们在谈论它们时往往将其概括为科学精神、创新精神、改革精神，等等。精神所呈现出来的是一种昂扬的斗志和不懈的追求，它激发人们自觉自主地追求更高的目标、更好的状态，失去了精神支撑，无论在普通困难面前，还是在巨大的历史风浪中，人都会难以为继，进而堕落至自卑与自弃的境地，至于其他一切追求也都将成为枉然。因此，对于人类社会来说，正是在精神提供的巨大支撑下，人才有勇气和信念不断战胜挫折，不断创造未来，进而推动社会的进步，而所有这些精神支撑都需要以文化的方式来实现的。通过文化的继承和发展，人的精神世界才具有了内容和目标，离开文化，精神根本无法存在，也不具备任何意义。回顾历史发展的不同时期，人类精神的发展和文化的繁荣以及社会的进步基本上是步调一致的，而当资本主义进入全球扩张的阶段，由于物质的发展与文化建设之间缺乏有力支撑，导致文化的发展无法跟上物质的发展，无法为物质世界的繁荣提供精神支持，社会进步也由此进入一种难以为继的尴尬局面。这就意味着，资本主义社会所代表的文化，注定将被更加先进的社会主义文化代替。

其次，文化为社会进步提供智力支持。社会的主体是人，社会进步就是人的进步，然而如何实现人的进步，这同样需要人自己寻求相应的智慧。从文化的本质来看，它可以被理解为哲学或社会学意义上的人的进化，是人对自身发展和完善的思考。而借由这个思考的过程，人慢慢形成了关于自己的诸多思想、理念、目标乃至价值，并与社会发生关系，从而共同构成了人类关于社会发展的智慧体系，就其具体内容来说，它包括社会进步的思想基础、力量源泉、目标定位、思维创新等方面。在思想基础方面，文化在历史中通过人的意识观念形成并发展，人则在对文化的经验感受中形成了对历史进步的反思，而这些反思又反过来对人的进步观念产生影响，从而在这种转化与影响中，文化成了社会进步的思想基础。在力量源泉方面，人类对社会进步的各种观念主要是以文化形态呈现于人的大脑，这些文化观念又通过具体的实践活动转化为一种进步的力量，由此文化就构成了社会进步重要的力量源泉。在目标定位方面，人通过自己的价值反思来确立社会进步的目标，并通过文化的形态将这种目标呈现出来，从而形成一个针对目标的整体定位和规划。在思维创新方面，社会进步的过程同时也是人类思维不断创新的过程，但思维创新只有以文化观念的方式进入人们的内心，才有可能变成一种时代思潮，从而推动社会进步，因此文化为思维创新提供了最重要的载体。综上，文化发展为社会进步提供智力支持，它通过思想基础、力量源泉、目标定位以及思维创新等方面为人们推动社会进步提供了丰富的思想资源，从而更好地保证了社会进步的实现。

最后，文化为社会进步提供价值引导。就一个社会而言，文化不仅是社会的某个方面，也不是专指社会的具体领域，而是整个社会的一种整体性现象，社会中的不同文化组成了一个有机的整体，它既包括人们对社会结构、社会制度以及社会关系的理论认识，也包括人们对社会现象、社会风俗以及法律体系的思想观念，还包括与社会相关的有关国家、民族的意识形态、价值认同以及社会的法律体系、教育制度以及主流价值等形成的观念与看法，因此文化总体上而言正如马林诺夫斯基所言的"庞大装置"，而这个庞大装置的核心就在于其包含的价值内涵，正是这一点体现了文化的人本性。在人类社会的发展过程中，价值的影响毋庸置疑，但价值同样以文化的形态呈现出来，人类以文化的形态界定价值，进而以价值的引导作用解决现实中的各种问题。正如弗朗索瓦·佩曾所言："各种文化价值'在经济增长中起到根本性的作用'，经济增长只不过是手段而已。各种文化价值是抑制和加速增长的动机的基础，并且决定着增长作为一种目标的合理性。"❶ 文化的价值性决定了社会进步的合理性，它为社会进步提供价值引导，这种引导在保证社会进步

---

❶ 弗朗索瓦·佩鲁. 新发展观 [M]. 张宁，丰子义，译. 北京：华夏出版社，1987：15.

朝着文化设定的目标前进的同时也保证了它最终的正确方向。社会进步的实现不仅包括物质层面的发展，也包括精神层面的提高，而文化的价值引导则体现在其中的方方面面。

第三节 社会进步中的代价问题

考察"动力源"以及其他一些动力因素，固然可以理解马克思关于社会进步的动力机制问题，但要对此问题形成更加深入的把握，我们还需要引入一个新的角度，即社会进步中的代价问题。作为社会进步中普遍存在的一种现象，代价存在于不同的社会形态，也存在于社会生活中的不同领域，在一定程度上，我们甚至可以说社会进步是发展与代价并存交错，这或许也是马克思重视代价的原因所在。不过，马克思的深刻之处在于，代价虽然是社会进步中的消极因素，但人可以通过发挥主观能动性化消极为积极，从而使代价成为社会进步中新的动力可能。

一、代价的产生及其表现

首先，需要正确理解马克思所言的社会进步过程中的代价因素。在马克思看来，社会进步的评价尺度包括两个核心内容：其一，生产力的发展；其二，人的发展。其中，生产力发展是一种客观的尺度，而人的发展是一种综合的尺度，二者相互补充、相互联系，共同构成了对社会进步的基本考量。然而，就现实情况来看，自从有了人类文明以来，在每一个特定的历史时代里，生产力作为人类活动的基础因素都是有限的，它无法满足社会所有成员的发展需要，因而文明的发展也就只能以先满足部分人群的形式展开。实际上，在阶级社会，人类的发展常常是以牺牲个人、群体甚至整个阶级的利益为代价的："个性的比较高度的发展，只有以牺牲个人的历史过程为代价。……因为在人类，也象在动植物界一样，种族的利益总是要靠牺牲个体的利益来为自己开辟道路的。"❶ 这些个人、群体乃至阶级在利益上虽然作出

---

❶ 马克思恩格斯全集：第 26 卷（中册）[M]. 北京：人民出版社，1973：125.

了牺牲，但在客观上也成了人类社会发展中的开路者，人类高度发展的文明也正是在这种对抗与牺牲中形成并发展起来的。回首人类历史的进程，我们可以发现，虽然人类社会整体具有不断进步的方向性和规律性，但它的每一次进步也必然伴随着一定的付出和牺牲，即必然会产生的相应的负面价值，这就是社会进步中的代价问题。

其次，代价产生于对抗，它是代价形成的直接原因。作为一种社会现象和主体性活动，对抗并不只存在于不同的阶级之间，而是广泛存在于社会的众多人群当中；不只是存在于社会的某一个领域，而是遍布于社会的经济、政治、文化等众多领域当中。马克思认为，虽然对抗在客观上促进了技术的进步和经济的发展，也实现了社会财富的增长。但从实际角度来看，无论对抗的过程和结果如何，对于身处其中的主体（无论是个人还是群体）而言，对抗都会产生一定的负面效应。比如，生产方式的对抗可以带来社会物质财富的增加和部分人群生活水平的改善，但同样也会造成发展不均衡、贫富分化加剧等不良后果。又比如，对抗往往也会带来许多道德层面的负面效应，如唯利是图风气的盛行、社会道德的败坏、人的异化等，这些都是对抗必然要付出的代价。由此可见，无论对抗的过程和结果如何，必然会有对抗双方既有利益和价值的否定或消耗，从而影响到社会的平稳进步。

最后，代价又是在"人—自然—社会"三者的矛盾运动中发生失衡的情况下产生的，它所导致的最主要的负面效应就是"异化现象"的出现。"异化现象"是指阻碍人的生存和社会发展的异化物，它是一种否定、压抑的力量，广泛存在于人化自然、人类社会以及人类自身中，带来了人与自然、人与社会、人与人以及人自身等各类关系的扭曲。在自然领域中，由于人们在改造自然时违反自然规律，由此破坏了自然界的正常运转，因而会受到大自然的各种报复。比如，对森林的乱砍滥伐导致水土流失，土地沙化，进而产生诸如沙尘暴、泥石流、山体滑坡等各种灾害，不但对人类的生活带来了很大危害，甚至有可能危及人类的生命。还有对田地的无规律开垦，不但不能得到预期的收成，而且对土地上原来的植被造成了破坏，土地越来越贫瘠，农田利用率减低，从而对人类的正常生活带来了巨大威胁。而在人类社会中，工业发展在带给人类社会繁荣昌盛的同时，其产生的危害更大，工业排放中的废气、废料、废水等，都是危害性很大的物质，会对环境造成巨大破坏；而其他如石油泄漏、核泄漏等工业疏漏会对地球上的所有物种形成致命的杀伤，它们一旦发生，将会产生难以想象的灾难，严重者甚至会危及人类物种的延续。同时，人类社会在发展过程中，由于社会要素配置方式的不合理而造成的社会经济制度、政治制度的不合理也带来了更多的贫富分化、阶层固化等现实问题。而对于人类自身而言，一方面，前两者产生的各种负面效应直接危害到人类的生命和健康，乃至对人类的生存和延续都造成巨大威胁；另一方面，伴随着社会意识形态和社会文化内容的"精致化"，社会精神生活领域中则出现了多种僵化保守、违背真理和社会正义的言论及思想，伤风败俗的精神垃圾泛滥，禁锢思想进步的条条框框更是多不胜数。总的来看，社会发展进步中的代价是"人—自然—社会"三者矛盾运动失衡的结果，而"异化现象"则是这种失衡的重要表现。

二、社会进步与代价的关系

社会进步会产生相应的代价，但作为社会进步的一体之两面，进步和代价之间并不是非此即彼的固化关系，而是处在不断的运动变化当中。首先，代价一般会随着社会的进步大小而产生相应的变化。对于较早阶段的代价来说，它虽然会在一定程度上削弱进步带来的效果，但削弱的目的却是在下一步的发展中获得更大的进步，避免更大的代价。因此，早期的代价往往会为下一阶段的进步提供新的机遇、新的条件，这中间是一种辩证转化的关系。其次，进步不是一个一劳永逸的过程，它会经历各种曲折、会发生许多的停滞甚至倒退。马克思唯物史观认为社会进步是波浪式的前进过程和螺旋式的上升过程，就是因为它站在历史发展的高度，看到了社会进步的代价性。当然，代价的付出并不是盲目的，而是以一定的目的为前提。从某种角度来说，人类为社会进步付出代价其实也是为了满足自身物质和精神上的需求，为了改善生活环境，从而推动社会的进步。因此，相比于抱怨或无视代价，如何通过把握人类的行为让代价降低到最低或最小，这才是人们真正应该关注的。社会进步在代价中实现，而每当人们来到新的发展节点上，进行新的实践活动时，新的代价便会随之产生。因此，代价问题深深扎根于人类社会的进步过程当中。谈到进步不能不注意代价，而说起代价也必须强调进步；没有代价社会不会进步，而社会要进步必然会产生代价，这是进步与代价永恒的辩证关系。进步与代价同为社会进步的内在规律，二者缺一不可。正如马克思所言："没有对抗就没有进步。这是文明直到今天所遵循的规律。"❶ 对抗—代价—进步，这可以说是社会进步的一般过程和规律，在经济、政治、文化等诸多方面的对抗中产生了代价，而社会的改革和完善甚至形态的更替，则在代价的运动中得以实现。

进步与代价的辩证关系让我们看到，社会进步并非一劳永逸地收获喜悦，而是不断付出代价、减少代价、转化代价的过程；因此，社会是在对代价的扬弃中曲折前行的，这符合社会发展的客观规律，也符合历史的辩证法。正如列宁指出的："把世界历史设想成一帆风顺的向前发展，不会有时向后作巨大的跳跃，那是不辩证的，不科学的，在理论上也是不正确的。"❷ 代价是社会进步过程中不可避免的成分，它的形成有一定的必然性，也有一定的合理性，我们要辩证地对待、合理地解决，而不是一味地忽略或逃避。一方面，要认识到代价在作用上有一定的双面性，它既有可能对进步形成约束，也有可能对进步予以推动。另一方面，要认识到代价在时间上有一定转折性，在当时被认为是某种否定的代价随着时间的推移则有可能成为肯定的代价。同时，还要注意到进步与代价二者之间有时候并没有一个严格的区分标准，在某种标准下被视为的代价，在另一种标准下完全有可能成为作为进步本身存在。比如，为了促进社会的公平正义，人们往往愿意牺牲掉一些个人权利来保证法律的公效性和义务的优先性；对个人来说，放弃权利可以说是一种代价，但就整个社会法制的推进来说，这种代价则包含在整体的进步中，并成了进步的一部分。因此，我们可以说，社会的发展就是进步中包含代价，代价中包含进步；在社会发展规律的作用下，代价是社会历史中不可缺少的一环，人类社会就是在这种不断形成代价、转化代价、克服代价的过程中得以向前推进。

三、马克思对代价问题的解决

对于如何处理社会进步中的代价问题，近代理性主义时期不同的思想家

---

❶ 马克思恩格斯全集：第4卷 [M]. 北京：人民出版社，1958：104.
❷ 列宁全集：第22卷 [M]. 2版. 北京：人民出版社，1990：303.

都对其有过探讨。法国哲学家卢梭是其代表之一，如第三章所言，针对科学与艺术的发展导致的社会风气败坏，卢梭认为社会进步必然带来道德堕落，并以其为人类文明的永恒代价，而解决的方式就是回到民风淳朴的"自然状态"。康德从卢梭的"二律背反"问题出发，通过对"大自然"先验化的设定，认为尽管人类在历史发展过程中存在很多诸如文明破坏、道德下降等代价，但由于大自然"隐秘的计划"的指引，人类最终会克服这些代价。因此在康德看来，在历史的发展中代价可以被理解，也应该被理解，因为历史最终是不断向前发展的，文明是不断进步的。相较于康德，黑格尔以不同于前者的方式分析了社会进步中的代价问题，他将社会历史的发展归结为人类意识的发展，历史的发展是趋向"善"，但这种"善"的趋向却往往通过"恶"来达成，"恶"是摧毁落后保守的旧世界的力量，通过对"恶"的否定之否定，就能推动历史不断向前发展。正如黑格尔的那句名言，"恶"是推动历史发展的杠杆，通过对"恶"的扬弃，社会进步与代价获得了某种统一。

马克思批判地继承了前人的成果，从辩证唯物主义和历史唯物主义的高度有效地解决了社会进步中的代价问题，"马克思在考察人类历史的进程及其规律时，准确深刻地揭示了历史进步的矛盾性及其对抗性本质，揭示了资本主义社会阶段资本的文明化趋势和文明化的限制与界限，从而实现了对抽象的历史进步观的革命性变更。"❶ 一方面，马克思肯定资本主义的历史合理性，认为资本主义的出现是人类社会进步的一个新的阶段。而对于资本主义社会的代价问题，马克思强调代价对进步的反作用，反对一味追求进步而置代价问题不顾；但在这个过程中，马克思始终以生产力的发展和人的发展为根本尺度，反对因代价而否定进步的悲观主义论调。另一方面，马克思深刻地揭示了资本主义生产体系在其所处的时代所带来的各种负面影响："我们看到，机器具有减少人类劳动和使劳动更有成效的神奇力量，然而却引起了饥饿和过度的疲劳。财富的新源泉，由于某种奇怪的、不可思议的魔力而变成贫困的源泉。技术的胜利，似乎是以道德的败坏为代价换来的。随着人类愈益控制自然，个人却似乎愈益成为别人的奴隶或自身的卑劣行为的奴隶。甚至科学的纯洁光辉仿佛也只能在愚昧无知的黑暗背景上闪耀。我们的一切发明和

---

❶ 孟凡杰. 论历史进步的矛盾性 [J]. 云梦学刊, 2010 (1): 62-65.

进步，似乎结果是使物质力量成为有智慧的生命，而人的生命则化为愚钝的物质力量。"❶ 在他看来，资本主义社会发展的本质就是以"人的价值"为代价来换取"物的价值"，因此必须通过无产阶级革命的方式重新打开人的价值主体性。对于进步过程中的异化问题，马克思则认为异化和异化的扬弃走的是同一条道路，随着社会的不断进步，人的自由全面发展终将成为社会发展的目的本身；而作为人的"无机身体"的自然也将会在对自身的扬弃中达到一个更美的境界。

进入 20 世纪，随着资本主义体系在全球的扩张和"现代性"思潮的蔓延，整个世界开始了重新洗牌，接踵而来的战争给人类带来了巨大的伤害，但也在客观上推进了世界的一体化。第二次世界大战以后，随着科学技术的突飞猛进，经济也进入一个迅速发展的时期。然而，随之而来的各种问题却给人们敲响了新的警钟。社会混乱、资源匮乏、人口膨胀、环境污染、道德败坏，各种问题给人类生存和发展带来了严重阻碍。由此，许多马克思主义学者开始通过对资本主义社会进行新的批判来寻求解决之道，其中的代表就是法兰克福学派。该学派的学者以马克思的社会进步理论为基础，以技术异化等新的角度对资本主义社会发展中的代价问题进行了强烈的批判，即人在技术理性大发展中成为"物的奴隶"、成为失去精神生活的"单向度的人"。同时，他们在描述社会进步代价问题的同时，也探讨了代价产生的原因，认为人类本性的缺陷、片面追求经济增长以及"人类中心主义""工具理性"等价值观是形成工业社会进步代价的根本原因，这些无疑都给我们思考进步的代价问题带来了重大启发。进入全球化、信息化、网络化的今天，对于社会进步中的代价问题，我们除了以马克思社会进步理论为理论指导之外，还需要进一步提高自身的认识和实践的能力，对一些可以避免的代价，可以通过社会决策的民主化和科学化等多种渠道加以处理；对于一些不能避免的代价，则要通过积极发挥主观能动性，使代价降到最低。此外，还可以通过补偿或转化等不同方式协调代价与进步的关系，从而更好地处理社会进步中的代价问题。

---

❶ 马克思恩格斯选集：第 1 卷［M］. 3 版. 北京：人民出版社，2012：776.

马克思关于社会进步的评价尺度

对于社会进步，我们虽然可以用一些指标来描述它，但社会进步本身并不是一个可以量化的概念，而是涉及社会生活中的各个方面，因此需要一种整体的审视或评估，这也就是社会进步的评价问题。谈到评价，就必然需要一个评价的尺度，否则评价便失去了内容，也失去了意义；而社会进步评价尺度的合理与否，则对于能否正确认识社会进步至关重要。马克思关于社会进步的评价尺度是在兼顾主观性与客观性、整体性与多样性、评价性与导向性的前提下形成的，它的核心内容包括两个基本方面：其一，生产力尺度；其二，人的发展尺度。其中，生产力尺度是一种客观的尺度，而人的发展尺度是一种综合的尺度。按照马克思社会进步理论的观点，生产力尺度和人的发展尺度并不是独立的，是相互区别又相互补充、相互联系的有机整体，而实践正是这两种尺度获得统一的基础与依据。生产力尺度与人的发展尺度以及二者的统一，是马克思对社会进步评价尺度精炼而准确的表达，它既揭示了社会进步评价尺度的核心标准，也体现了科学主义视野和人文主义关怀的有机结合。

第一节　社会进步评价尺度的内涵及其构成

社会进步实现与否，需要一定的评价尺度，这不仅是对社会进步的一种客观性评估，而且也是对未来进步方向的一种指引。马克思在对社会进步的论述中，对于进步的评价也给予了关注，其中不仅包含评价主体、评价前提，也包括评价尺度。而从马克思社会进步理论出发，我们则可以对社会评价尺度的主观性与客观性、整体性与多样性、评价性与导向性等原则形成理解。

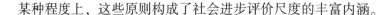

某种程度上，这些原则构成了社会进步评价尺度的丰富内涵。

一、马克思社会进步评价尺度的内涵

（一）评价尺度的基本内涵

在论述评价尺度之前，需要先说明一下评价的含义。一般而言：评价就是主体在对客体的属性、本质和规律认识的基础上，把自身需要的内在尺度运用于客体，对主体与客体之间的价值关系进行评判。由此出发，我们认为一种评价活动的构成一般包括两个基本因素，即评价主体和评价客体。所谓评价主体是指评价活动的发起者。在马克思看来，人是社会关系的总和，因此评价行为的主体只能是处在社会关系中的人。当然，作为评价主体的人包含不同的层次，具体个人、社区群体、科研群体、商业群体、国民群体甚至全人类理论上都可以作为评价主体。评价客体即为评价对象。在社会进步问题上，评价客体不是一般的个人或者物，也不是某一个特定的组织或者群体，而是社会系统，社会系统中的政治制度、经济制度、文化制度等共同构成了评价客体的内容。那么评价主体与评价客体之间的关系是怎样的，它们之间又是如何发生作用的呢？这就涉及评价行为的另一个要素，即评价中介。评价中介主要解决如何评价的问题，因而也是评价活动中不可缺少的因素。但需要注意的是，评价中介并不等同于评价尺度，它的主要作用是为评价行为提供一个外在的参照性指标，从而帮助评价主体更好地实现评价行为；至于真正的评价行为，则需要通过评价尺度来进行。评价尺度是主体衡量、品评和估测客体在好坏、利弊、美丑等方面所具有的价值性内容。"所谓价值，就其深层而言，是指客体与主体需要的关系，即客体满足人的需要的关系。"❶在这个意义上，评价尺度也是评价客体反映在评价主体身上的观念性内容，即客体是否或者在多大程度上满足了客体的需求。评价尺度是评价行为的核心，对于非一般性的评价客体，其评价尺度往往随评价主体的变化而变化；而对于具有普遍性的客体如社会、环境等，它的评价尺度则一般是固定的，即不同的评价主体可以共享一套共同的评价尺度。

---

❶ 冯平. 评价论 [M]. 北京：东方出版社，1997：31.

评价是一种认知活动，是主体以认知为基础，揭示出客体的价值和意义，并据此对客体进行观念建构的过程。而相对于认识的简单性与客观性，评价行为又是一种综合了客观规律、主体需要以及价值关怀的高级行为，因此它比认知更接近实践。人在实践过程中，按照自身的目的对客体进行一种意志性的改造，而在改造过程中，客体的性质也反过来影响了主体，"主客体之间的认知关系也是如此。认识的最简单结构，'从客体存在到主体观念'和'从主体观念到客体存在'两个方向所构成，这里也始终存在着主客体相互作用的双向结构"❶。在此意义上，评价行为实际上也呈现为一种双向的结构。一方面，主体对客体的性质展开一个客观的认识或把握，以"从客体存在到主体观念"的方式揭示出与客体之间的价值关系，并以此为标准，对客体作出肯定或否定的评价；另一方面，主体在作出评价时，其实也在根据自身的标准评判这些性质的价值和意义，就此而言，评价结果也在"从主体观念到客体存在"的角度发生了某种影响。客观而言，当客体的性质与功效满足主体需求，那么它就是正价值，评价的结果就为肯定，反之就为否定。当然，对于客体能否满足主体的需求，不能仅仅根据主体自身的情感、兴趣或观念等非理性因素观念来判断，还要通过实践检验它的价值和意义，这样才能最终形成合理有效的价值评价。

（二）马克思关于社会进步的评价尺度

作为唯物史观的创始人，马克思对社会进步评价尺度虽然没有专门的、系统的著述，但关于社会进步评价尺度的阐发却可以在他的著作中大量看到。总体而言，马克思认为在一定的历史条件下，作为社会主体的人基于个体、群体乃至整个人类对社会进步设置一定的评价标准，进而考察社会进步的程度及其对人类的意义，而评价尺度作为对社会进步的理性评判，则是这个过程中的重要内容。我们可以从不同角度理解马克思关于社会进步评价尺度的思想，但从评价尺度的基本内涵出发，对马克思的相应主张展开分析无疑是恰当的。

首先，社会评价尺度应该明确评价主体。就社会评价行为来说，由于不

---

❶ 李德顺. 价值论［M］. 北京：中国人民大学出版社，2007：59.

同的评价主体所处的历史条件、时代环境、所受教育以及自身的情感好恶都不同，所以评价行为也会产生不一样的结果。我们可以看到不同时代的人对同一现象会作出不同的评价，同一时代中不同的人对不同的现象也会形成相同的评价，因此在对社会进步进行评价时，首先要对评价主体形成明确的认识。从广度上来看，"在社会评价活动中，作为主体的群体可以是集团、阶级、阶层、民族、国家和人类"❶。这里，"集团"一般指因为一定利益和目标聚集而成的团体，它是一个比较宽泛的概念，从一般的社团组织到某个地区的群体再到国家乃至民族，都可以称作集团。"阶级"是一个政治学或社会学的概念，按照马克思的观点，在经济结构中的地位以及对生产资料的占有程度是划分阶级的基本标准。在阶级社会中，由于不同阶级的社会地位和利益追求不同，所以对社会进步的评价结果也会不同。"阶层"类似于阶级，但又与阶级不同，它一般指由不同的社会地位或经济状况区分出来的不同群体，政治色彩较淡。"国家"则是一个更大的范畴，它涵盖了集团、阶级、阶层等概念，一般意义上可以视为国土内所有人民的利益和意志。但要注意，在阶级社会，国家也是阶级统治的工具，因此它所代表的公意很大程度上是统治阶级的意志和利益，这是国家的迷惑性所在。"民族"作为社会主体则相对复杂，作为基于一种共同的语言、文化而形成的历史共同体，民族的内涵要大于国家，而其作为社会评价主体，所形成的价值评价虽然在更大程度上具有普世性，但在根本上仍然没有脱离地域尺度。"人类"是最大的主体构成，它突破了文化、种族、地域等限制，是一种朝向未来的共同体范畴。自从资本主义体系的扩张打开了世界历史的大门后，每一个文明国家都开始以一种前所未有的方式相互联结起来。到了全球一体化的今天，不同国家、不同种族的人民已经形成了非常深入的交往，原来地域性的利益群体概念开始慢慢演变为全球性的共同体的概念。而面对全球化所带来的诸多问题，人类总体形成了诸多利益的一致和价值的共通，由此人类作为一种社会评价主体，既可能也必要。

其次，社会评价应该确立基本前提。虽然根据不同的评价主体会形成不

---

❶ 陈新汉. 评价论导论：认识论的一个新领域 [M]. 上海：上海社会科学院出版社，1995：319.

同的评价制度，但我们还是可以通过合理的研究方法来总结出正确的社会评价尺度。马克思认为，不管评价主体怎样变动，社会评价尺度的两个基本前提始终不变，即主体的利益需求和客体的本质属性。在主体利益需求方面，社会主体不能随意选择自身所处的生产力水平和生产关系的状况，也不能离开自己的历史现实条件追求不切实际的目标，这就决定了主体的利益需求只能是当前生产力条件下的需求，因此这里面就必然会产生一个当前客观条件下的最低标准。实际上，在一个整体相当的历史条件下，不同的个人和群体还是存在着大致相同的利益要求的。同时，由于主体需要的客观性是与其所处的具体社会环境性紧密联系在一起，因此我们在设定社会评价的最低标准时还应该兼顾主体自身所处的社会环境，正如马克思所言："由于一个国家的气候和其他自然特点不同，食物、衣服、取暖、居住等等自然需要本身也就不同。"❶ 因此，我们可以说评价尺度具有客观性，而它的客观性就是当前历史条件和主体所处社会环境的结合。在客体属性方面，由于客体的属性是一种对当前环境客观规律的直接呈现，因此客体在本质上也具有客观规律性。客体的规律性决定了主体只能在对客体的本质和属性认识的基础上对其进行评价行为，一旦离开了客体的本质属性，评价行为便丧失了其真实性与有效性。就此而言，社会进步评价虽然会因为评价主体的差异而形成不同的结果，但由于客体本质属性的原因，评价尺度最终还是具备了它的客观性。

最后，社会评价应区分评价类型。这里所说的两种类型是指社会评价尺度和社会价值尺度。对于社会价值尺度，李德顺在《价值论》中曾指出："一定的社会评价标准，是这个社会本身客观需要和利益（价值标准）在它的社会意识形态中的反映，在这个社会中占统治地位的社会意识形态体系。"❷ 由此可见，社会评价尺度和社会价值尺度之间有着相当紧密的联系，在某种意义上，社会价值尺度就是对社会评价尺度的反映和表现。当然，这并不意味着二者之间可以简单地置换。这是因为，一方面，社会评价尺度是对社会价值标准的一种客观反映，而社会价值尺度则是对社会价值标准在某种程度上的规定或限制，二者的导向存在着一定区别。另一方面，社会评价尺度与社

❶ 马克思恩格斯选集：第2卷［M］. 3版. 北京：人民出版社，2012：165.
❷ 李德顺. 价值论［M］. 2版. 北京：中国人民大学出版社，2007：292.

会价值尺度在主体性上也应该区别对待，当评价主体和价值主体一致时，社会评价尺度与社会评价标准可以说具有一定的重合性。但当评价主体与价值主体不一致时，就不能简单地将二者同等看待了，而是应该根据不同的主体立场，将二者区分开来。社会价值尺度会因为价值主体的立场呈现出一定的价值倾向，而社会评价尺度由于评价主体站在一个第三者的角度，从而使评价尺度更具客观性。由此可见，社会评价尺度和社会价值尺度虽然具有一定的相似性，但是二者之间并不等同，而是在价值标准的指向与主体的归属上表现出了区别。社会价值尺度作为社会价值评判的基础和内在标准，在价值评价过程中被展现，因而既具有客观性又具有主观性；社会评价尺度作为对客体事物和主体价值标准的反映，则主要体现出更大的中立性和客观性。当然，由于价值标准决定了社会评价的尺度，因此我们只有在承认社会价值标准的基础上，才能展开合理而正确的评价，这又可以看作是二者的联系。

二、马克思社会进步评价尺度的原则

在马克思看来，社会是一个具有自我发展和完善能力的动态系统，它不断与自然进行物质的和能量的交换，并且在这个过程中获得更高的丰富和发展。社会进步的评价尺度作为对社会进步历史与现状的理性反思，它的目的则是要保证社会进步的科学进步方向和人的自由解放。因此，社会进步评价尺度不仅是对社会现实的解读，而且也是对社会价值的完善。马克思正是看到了社会进步评价尺度的这种特性，因而将其视为全面检验和评判社会现状是否符合和满足社会发展合规律和要求的一个重要指标和依据，并在理论原则上对其进行了阐发。总体而言，马克思关于社会进步评价尺度有如下原则。

（一）主观性与客观性统一

社会进步评价由一定的评价主体发出，整个社会评价过程也处处渗透着主体的因素，而从社会进步能否满足主体需求的角度来看，评价尺度必然会因为主体的存在而呈现出一定的主观性。即使从民族和国家的特殊性角度来看，社会进步评价尺度的客观性来源于民族和国家历史发展的客观条件，但是不同主体的思维也会对评价活动产生相应影响，从而评价尺度也会表现出相应的主观性。同时，尽管社会的进步具有不以人的主观意志为转移的客观规律性，但是人如果能充分发挥自己的主观能动性，在实践中自觉利用这种规律，那么社会进步在很大程度上是能够加速的。而在这一过程中，当社会进步评价尺度发挥其评价和引导作用时，也就具有了主观性。另外，社会进步评价尺度是一种对象性的行为，按照马克思的观点，社会进步的评价因主体的需求而存在，没有了主体的需求，评价的意义就随之消失。因此，社会进步评价具有一定的主观性。

从客体角度来看，评价行为虽然因主体需求而改变，但由于客体具有客观性，所以评价尺度的客观性并未就此消失。尤其是就社会而言，它的进步是人们在不同理解的前提下形成的一种基本共识，因而对它的评价尺度就具有一种"主观性下的客观"。同时，社会进步评价尺度的客观性还体现在不同的社会环境对它的制约，评价行为在一定的社会环境中进行，它的基本要素会对评价尺度的选择产生影响。马克思指出："我们首先应当确定一切人类生存的第一个前提，也就是一切历史的第一个前提，这个前提是：人们为了能够'创造历史'，必须能够生活。"● 这意味着，评价主体或许会变，但基本的评价逻辑是客观存在的，并不能由主体自由选择。因此，当我们进行社会进步评价时应该看到主体评价行为的基本逻辑的客观性，正是这种客观性奠定了社会进步评价尺度的客观性。

总的来说，从社会进步评价的主体来看，社会评价尺度因评价主体需求标准的不同而体现出一定的主观性；从社会进步评价的客体来看，社会评价尺度因评价客体本身的客观性和评价外部环境的固定性而体现出一定的客观性。因此，社会进步评价尺度是主观性和客观性的统一。而从观念与实在关系的角度来看，社会评价尺度的主体性决定了它具有观念形态，社会进步评价尺度的客观性决定了观念形态背后的基础是客观实在的内容，即社会评价尺度在一方面属于主观世界，是主体形成的一种意识或观念行为；另一方面又属于客观世界，是客体客观规律的体现。因此，社会评价具有主客体的二重性，是主观性和客观性的统一。

● 马克思恩格斯选集：第 1 卷［M］. 3 版. 北京：人民出版社，2012：158.

（二）整体性与多样性兼具

社会进步的评价尺度是对社会在总体上进行的一种评判和估测，它是作为整个社会评价体系的重要部分存在的，因而具有整体性。而从具体的社会评价行为来看，不同的人可以从不同的角度、不同的方向对社会进步作出评价，这些不同的评价又会形成不同的评价尺度，因而具有多样性。因此，社会进步的评价尺度是一种整体性视域下的多样性。同时，社会进步评价尺度的整体性和多样性也来源于主体需求的整体性与多样性兼具的特征。首先，社会评价行为根植于普遍的利益需求，有普遍的需求就存在普遍的评价尺度，这可以视为社会进步评价尺度的整体性。其次，在人类总体的社会活动中，由于不同主体的需要和利益不尽相同，所以社会进步的评价尺度又在整体性中呈现出多样性的特征，这可以视为社会进步评价尺度的多样性。此外，从主体的需求来看，我们可以按照数量将其划分为个体需求和群体需求，也可以按层次将其划分为物质需求和精神需求。不同的需求，有些可以以一种共时性的方式同时存在，有些则只能在历史的历时性中依次出现。然而，无论以何种方式出现，主体的需求作为一种具有整体性的行为必须同社会总的物质生产、经济发展、政治建构以及精神提高等多方面因素结合起来，也必须通过社会实践活动的不断检验。从这个意义上来说，评价尺度也必须兼顾整体性与多样性。社会评价行为是在多角度、多领域下展开的行为，因此我们在评价尺度的选择上，应该坚持同时兼顾整体性与多样性的原则。

综上所述，普遍利益的共同性和具体利益的多样性决定了社会进步评价尺度具有一种整体性和多样性兼具的特征。此外，人类在具体的实践活动中发展出了多种多样的天赋或能力，这些天赋和能力既有助于人们更好的改造自然、满足需求，从而推动社会的进步，而且也形成了更加丰富的社会关系与观念体系。由于主体的能力需要在社会关系中才能展现出来，因而随着主体能力对客体的叠加，客体也获得了相应发展，这意味着客体的发展与主体在实践活动中的发展紧密相关。同时，在这个过程中，由于主体的天赋和能力得以发挥，评价行为也呈现出了更多的丰富性和多样性。因此，可以说主体活动的丰富性与多样性，同时也构建着社会进步评价的整体性与多样性。

（三）评价性与导向性结合

在社会进步评价过程中，评价尺度是检验社会进步的一个基本标准，它在本质上体现了社会进步评价尺度的评价性。同时，作为对社会进步程度的评判，社会进步评价尺度又在无形中引导着下一步的进步方向，是社会进步实践的指引者，所以在社会进步评价上又具有导向性。社会评价尺度作为社会进步的导向性指标，体现在它是主体对社会有机体的进步进行检验的工具，马克思唯物史观告诉我们，社会进步的过程并非一帆风顺，而是会伴随着不断的停滞甚至倒退。这就需要主体不断发挥自己的主观能动性，评价的目的是通过评价形成对社会进步的科学判断，同时以评价结果为参考，更好地指导下一步的实践活动，从而使社会发展避免一些不必要的弯路。因此，社会进步评价尺度实际上是评价性与导向性的结合。我们在具体的社会实践活动中，应该既重视社会评价尺度的评价性，以其作为人类社会进步的检验标准；又重视社会评价尺度的导向性，以其作为人类社会进步的指引方向。只有这样，才能实现社会进步评价尺度评价性与导向性的结合。

社会进步评价尺度的建立体现着社会进步的客观要求，也体现着人类发展的价值目标，作为对整个社会进步程度的评判与指导，社会进步评价尺度应该坚持评价性与导向性的结合。从评价主体的角度来说，应该将社会进步所需要的各种因素准确反馈到评价主体的意识当中。当然，反馈既包括社会进步中的客观标准，也包括群体需求真实的反映，通过这样的反馈过程，就可以为评价主体提供一个更加全面的评价体系，从而保证评价行为的科学、高效。而从评价尺度的选择来说，社会评价尺度的确定是一个非常复杂的过程，它需要一系列整体历史视野下的对比和筛选，最终选择出真正合理的社会评价尺度。这个过程中就要求我们同时将评价尺度的评价性与导向性结合起来，在形成整体评价尺度的基础上，以多数人的发展和社会的整体进步为导向，建立更加科学的社会进步评价尺度。

第二节　生产力是评价社会进步的根本尺度

生产力尺度是马克思评价社会进步的根本尺度。究其原因，这不仅在于生产力是社会发展过程中的决定因素，还在于生产力与生产关系的矛盾运动是推动社会进步的根本原因。除此之外，作为社会进步矛盾运动中的核心因素，生产力尺度之所以能够反映一个社会的进步与否，还在于它不仅具有呈现人类本质的客观物质性，而且其自身也具有内在的进步性和历史的连续性。在很大程度上，正是这些原因构成了马克思将生产力尺度视为社会进步根本尺度的整体考量。

一、生产力是社会进步的决定力量

在马克思社会进步理论的阐发中，生产力是社会进步的决定力量。这是因为，一方面，生产力是人类社会发展过程中最活跃的因素，它是社会基本矛盾的爆发点，人类社会关系之所以发生改变，从根本上来说就是生产力的不断推动："随着新生产力的获得，人们改变自己的生产方式，随着生产方式即谋生的方式的改变，人们也就会改变自己的一切社会关系。"❶ 就如封建时代的生产力决定了其只能以人力工具作为主要生产方式，资本主义社会的生产力决定了它的生产方式是更为先进的蒸汽机、纺纱机，而人们之间的社会关系也因为生产方式的变化而形成了许多新的变化。就此而言，生产力对社会关系的发展具有决定性作用。另一方面，人类社会是在生产力与生产关系矛盾运动的过程中存在和发展的，而作为矛盾中最为核心的因素，生产力贯穿于矛盾运动的整个过程并占据决定性的地位，它的变化和发展直接决定着生产关系乃至整个上层建筑的变化和发展，回顾人类历史，可以说社会进步的过程在本质上就是先进生产力不断取代落后生产力的过程，而在这一意义上，生产力可以说是社会形态的更替具有决定性作用。社会形态是由低级向高级不断更替的，但更替的逻辑从根本上来说取决于发展生产力的内在要求，

---

❶ 马克思恩格斯选集：第 1 卷 ［M］. 3 版. 北京：人民出版社，2012：222.

也取决于生产关系能在多大程度上适应生产力的发展要求，在这个意义上，我们也就可以理解生产力何以成了社会进步的决定力量。

生产力作为社会进步的决定力量，其意义还在于它对人们追求社会制度变革的推动作用。我们知道，生产力是人改造和征服自然，实现生存和发展的力量，离开了生产力的发展，"那就只会有贫穷、极端贫困的普遍化；而在极端贫困的情况下，必须重新开始争取必需品的斗争，全部陈腐污浊的东西又要死灰复燃"❶。这样人类社会不但会停滞不前，而且很可能不断堕落，最终走入无尽的深渊。事实上，随着生产力水平的不断发展，人类改造自然和改造社会的能力得到了极大提高，这就为人类从自然盲目力量和社会异己力量的统治中解放出来奠定了物质基础。在此基础上，人也随着生产力的发展而不断寻求更大的独立性，进而建立符合生产力发展规律并且更大化实现自身本质力量的经济制度。同时，经济基础决定生产关系，先进的生产力不断取代落后的生产力，与先进生产力相适应的同时也要求生产方式进行革新，从而也带动上层建筑的变革。正是在这一过程中，社会进步得以实现，更高的社会制度追求也成为可能。事实上，在一个具体的社会形态中，经济、政治和文化等诸多领域都要受到生产力的影响，而在人类社会的不同历史阶段中，也正是由于生产力及其决定着的生产关系和上层建筑的不断发展，才推动了社会从低级向高级的不断进步。因此，生产力作为贯穿于人类历史始终的、具有历史性和价值性的因素，对人类社会形态的转化、社会制度的革新、社会观念的重塑都有重大的决定性作用。

此外，作为社会进步的决定性力量，生产力的内在属性也决定了其作为社会进步决定力量的价值内涵。马克思指出，社会进步的动力来源于社会基本矛盾，即生产力与生产关系的矛盾、经济基础与上层建筑之间的矛盾。在这两大基本矛盾中，核心的矛盾是生产力与生产关系的矛盾；而在生产力与生产关系之间，生产力又更加根本、更加重要，因此生产力是社会矛盾中最重要的一个元素。同时，在社会基本矛盾的运动中，有决定也有被决定，但生产力始终是决定的一方，它始终居于支配和主导地位。因此，可以说正是生产力的内在属性决定了它可以作为社会进步的决定力量。

---

❶ 马克思恩格斯选集：第1卷［M］. 3版. 北京：人民出版社，2012：166.

二、生产力尺度是评价社会进步的根本尺度

马克思指出，无论在哪种所有制关系的社会，也无论在何种生产工具的时代，生产力始终都是评价社会进步最根本的尺度，是衡量社会进步最核心的标准。同样，无论是何种社会形态，只有旧的社会形态所能容纳的生产力完全发挥完以后，新的社会形态才能形成，社会形态是随着生产力的不断发展而不断有规律地发生嬗变，这体现的其实也是生产力作为社会进步根本尺度的意义。社会是一个复杂的综合系统，包含政治、经济、宗教、法律、艺术等多个不同的领域。但从广义来看，所有领域的发展基本上是由生产力水平决定的。当我们将社会看作一个由不同领域组成的复杂综合体时，能够客观衡量不同领域进步程度的尺度只有也只能是生产力。而当我们考察、评价一个特定的社会时，也一定要看到只有生产力才有资格成为评价整个社会作为一个有机体的发展的共同尺度。作为评价社会进步的根本尺度，生产力的重要性决定于以下三个方面。

首先，它决定于生产力的客观物质性。从本质来看，生产力是人们在历史发展中形成的用来改造自然的一种力量，因此具有物质性；同时，它不因社会形态的不同而变化，也不以人的主观意志为转移，而是始终呈现在人的物质资料生产这一实践过程中，因此具有客观性。马克思说："人们不能自由选择自己的生产力——这是他们的全部历史的基础，因为任何生产力都是一种既得的力量，是以往的活动的产物。"[1] 在人类社会中，人与自然的关系是基本的关系，其他社会关系如人与人的关系、人与社会的关系，都是从这个关系中延伸出来的。同时，人的一切活动都是从自身需要出发的，都是为了满足自身的需要，人们只有满足了基本的物质需要才有能力去追寻其他的需要。物质资料的满足是人类生存与发展的前提与基础，这在根本上决定了生产力尺度能够成为评价社会进步的根本尺度。

其次，它决定于生产力的内在进步性。从人类历史的发展来看，伴随着生产力从低到高的不断发展，人类社会也实现了由低级向高级的不断进步，在这个意义上，人类社会进步的历史实际上也是生产力不断发展的历史。从

---

[1] 马克思恩格斯全集：第47卷［M］. 2版. 北京：人民出版社，2004：440.

生产工具的变迁来看，人类经历了从手工工具时代（石器、铜器和铁器等都是手工工具）到蒸汽机为开端的机器时代的转变，在时代的转变过程中，工具的每一次更新不但显示人类改造自然能力的提升，而且体现了生产力水平的不断进步。如果在以往的时代，生产力的发展意味着以科学技术突破为表征的物质生产力的提升，那么到如今，当人类社会迈入信息化、网络化、智能化的新纪元，生产力的发展还包括以思维观念突破为表征的精神生产力的提升；而后者在当前的革新正是建立在前者飞速发展的基础上，这无疑印证了马克思唯物史观关于社会存在决定社会意识的根本判断，而由此我们也进一步认识生产力的内在进步性。事实上，人类社会的进步性在本质上就来自生产力的进步性，它是人类社会的每一次新旧嬗变的根源所在。

最后，它决定于生产力的历史连续性。如马克思所言："单是由于后来的每一代人所得到的生产力都是前一代人已经取得而被他们当做原料来为新生产服务这一事实，就形成人们的历史中的联系，就形成人类的历史。"❶ 生产力每一次的发展都是在之前阶段形成的生产力基础上展开的，因此生产力是伴随着人类社会发展而不断延续的，是与人类社会相伴始终的。正是因为生产力的这种连续性，使得它能长久地在社会进步的过程中发挥作用，能够成为推动社会进步的决定性力量；而当新的社会形态超越并代替旧的社会形态，它的根本标志也是生产力的发展。在此意义上，我们可以说正是生产力的持续性保证了其可以成为社会进步评价的根本尺度。

当然，这并非意味着只要把握住生产力的尺度，其他尺度就可以不用考虑，也并不意味着生产力可以代表不同领域的所有尺度。相反，生产力的尺度只是告诉了我们它不可替代的重要性，即无论我们选择何种尺度进行评价时，生产力都应该排在第一位。事实上，我们在具体进行社会进步评价时，应该在生产力尺度基础上兼顾其他尺度，而其中最为重要的就是人的发展尺度。

---

❶ 马克思恩格斯全集：第 27 卷 ［M］. 北京：人民出版社，1973：89.

第三节　人的发展是评价社会进步的核心尺度

作为评价社会进步的核心尺度，人的发展的重要性在于它既是社会进步的最终目标，又是社会进步的核心尺度。这也就要求我们在评价人的发展时，一方面要看到人的实践活动对于推进社会进步所起到的作用，另一方面也要看到人的发展在社会关系中如何调适自身。而就后者而言，我们还应该在人的发展维度下关注到人与自然、人与社会、人与人以及人与自身的关系处理。

一、人的发展是社会进步的最终目标

人的发展是马克思考察社会进步的重要视角之一，但马克思所谈论的人并非抽象意义上的个体，而是以物质生活作为基本存在方式的现实的人："我们开始要谈的前提不是任意提出的，不是教条，而是一些只有在臆想中才能撇开的现实前提。这是一些现实的个人，是他们的活动和他们的物质生活条件，包括他们已有的和由他们自己的活动创造出来的物质生活条件。因此，这些前提可以用纯粹经验的方法来确认。"❶ 在他看来，现实的人是社会形成的起点，也是社会延续和发展的基点，更是我们考察社会进步的突破点，离开了它，社会将不复存在，社会进步也将无从谈起。同样，现实的人也是我们研究历史、研究社会的真正原因，也是社会进步的最终归宿。马克思从现实的人出发，通过人本身的特性来寻找实践活动的逻辑，从而形成了人的发展是社会进步的最终目标这一观点。

从实践的角度来看，社会进步是一个合目的的过程，即在生产力不断发展的历史环境中通过生产关系的不断适应、更新，形成更加有利的经济基础及其上层建筑，进而带来人们物质生活水平的提升和精神世界的富足。而在此过程中，一个重要的维度还在于人的发展在其中的意义。一方面，生产力的发展意味着人的实践能力的提升，这种提升反映到生产关系中就是人的本质力量得到进一步的发挥或释放，从而人的发展就成为社会进步逻辑中的一

---

❶　马克思恩格斯选集：第 1 卷 ［M］. 3 版. 北京：人民出版社，2012：146.

环；另一方面，由于人的实践，历史在本质上成为人类追求其目的的活动，社会进步也因此成为一个规律性基础上的目的性过程，这无疑在根本上揭示出人的主观意识行为对社会进步的重要影响。正如恩格斯所言："在自然界中（如果我们把人对自然界的反作用撇开不谈）全是没有意识的、盲目的动力，这些动力彼此发生作用，而一般规律就表现在这些动力的相互作用中。……相反，在社会历史领域内进行活动的，是具有意识的、经过思虑或凭激情行动的、追求某种目的的人；任何事情的发生都不是没有自觉的意图，没有预期的目的的。"● 在这个意义上，社会进步的规律之所以与自然界的发展规律不同，就在于社会的主体是人，而人是有意识的，社会进步对人来说不但是客观规律的实现过程，而且是人的自身目的实现过程。因此，人不仅是社会进步的动力，也是社会进步的目的。

当然，人的意识在社会历史领域的独特性并不意味着它对社会进步具有决定性的作用，因为归根结底，意识并不能脱离人的物质生活关系这一基本前提，而后者也从根本上决定了人类社会的存在和发展并不依赖于人的意识，而是依赖于物质生活关系在社会历史中的展开。正是在此意义上，我们也就可以理解马克思所说的，"这是一些现实的个人，是他们的活动和他们的物质生活条件，包括他们已有的和由他们自己的活动创造出来的物质生活条件"●。作为一种现实主体，马克思所强调的人并非指抽象的人，而是实践活动中的人，是社会中大多数人的集合体。按照唯物史观的阐发，一方面，人类社会是由现实的人及其实践活动构成的，人是社会的主体，也是各种社会关系的总和；而这也意味着，只有实现了人的发展，社会才有可能实现真正意义上的进步。就此而言，社会进步的历史本质上也是人的进步史。另一方面，社会进步的目的也是使人类获得更多的物质财富，拥有更加美好的生活，并不断实现人之为人的价值。就此而言，人的发展也是社会进步的价值所在。同时，社会进步虽然有其规律，但人的主观能动性在这一过程中也起到强大的推动作用，没有人的推动，进步便丧失了动力与目标，变为一个没有意义的命题，而人的主观能动性发展的结果无疑正是人本身的发展。马克思在阐述

● 马克思恩格斯选集：第 4 卷 [M]. 3 版. 北京：人民出版社，2012：253.
● 马克思恩格斯选集：第 1 卷 [M]. 3 版. 北京：人民出版社，2012：146.

社会进步规律时，将共产主义社会描述为人类最终的"自由王国"，其内在的标准就是在共产主义社会人将获得自由而全面的发展。因此，我们可以说推动社会进步就为了实现人的进步，人的全面发展是社会进步的最终目标。而我们在进行社会评价时，必须把人的全面发展当作社会进步的一个最主要标准，以人的发展衡量社会的进步；同时，把人的全面发展作为社会进步的最高目标，努力通过实现社会进步来达到人的全面发展。只有坚持这样的一个立场，我们才能对社会进步形成一个更加准确的判断。

二、人的发展尺度是社会进步的核心尺度

在马克思看来，历史的发展本质上就是人的发展，如果人没有得到全面的发展，那么历史就谈不上发展，社会进步也成为一句空话。从人的"类本质"出发，马克思将人类社会发展历程进行了三个阶段的划分，所谓"类本质"，指人类作为一个整体所具有的本质特征，在一定程度上，这一本质特征就是人的实践。然而，如果说实践作为一种本质特征揭示出人与动物的区别，那么这种区别或许不仅在于实践本身，还在于人在实践活动中所表现出的自觉性、独立性和创造性，而后者恰恰构成了我们历史的理解"人的发展"的基本维度。具体来讲，第一，"人的依赖关系占统治地位的阶段"。这个阶段是人类社会发展的初始阶段，在这一阶段，人不具有独立性，必须依赖他人才能生活，因此人与人之间的关系只能体现在对他人的依赖上。因此，在这样的阶段，人是无法实现全面发展的。第二，"以物的依赖关系为基础的人的独立性的阶段"。在这个阶段人与人之间已经形成了较为频繁的物质交往活动，人也发展了出了一定的创造性；但由于对物的严重依赖，这一阶段的人仍然难以摆脱社会物质基础和各种社会关系的束缚，因而也很难获得进一步发展。第三，"人的自由和全面发展的阶段"。这一阶段的人由于已经摆脱了对物的依赖，因而也解开了以往社会关系的种种束缚；同时，人们从全新的社会关系中获得了新的自由，每个人都得到了全面的发展，成了真正意义上的自觉、自由的存在。因此，在马克思看来，社会进步和人的发展构成了一个历史统一体，进步的最高标准就是人的全面而自由的发展。当然，马克思指出，人的全面发展并非一个一蹴而就的过程，它对物质生产和社会关系发展具有很高的要求。因此，人的全面发展将会是一个漫长的过程，需要人们

通过理论和实践不断追求，不断靠近。

在社会生活中，人的发展一方面是通过劳动实践来实现，另一方面也通过各种社会关系来体现。因此，以人的发展作为社会进步的评价尺度，还应该注意它在各种关系中所体现出来的价值标准以及这些价值标准在多大程度上符合社会进步的规范和要求。具体来说，人的发展尺度主要体现在以下几个关系当中。第一，人与自然的关系。人与自然的关系是人类实践活动中最基本的关系，其具体是指人对自然的认知、利用、改造以及自然界对人的需要的满足。随着人的发展，越来越多的人注意到了自然界对人的重要意义，即自然界作为人的"无机身体"，不光是人的改造对象，还应该是人的保护对象，而只有与自然和谐相处，人才能获得更加全面的发展。因此，人与自然的关系可以说是人的全面发展尺度的一个基本标准。第二，人与社会的关系。人生活在社会之中，社会的制度、文化、习俗等每一个要素都对人的发展具有重要影响，因此处理好人与社会的关系至关重要。这里需要有两个向度的考量，即社会对人的发展形成了多大程度上的帮助和人的发展是否也促进了社会的安定和谐，它们无疑都是衡量人的发展尺度的重要指标。第三，人与人的关系。作为一种社会评价尺度，人与人的关系是平等友好的和谐关系还是欺凌压迫的对抗关系，这对衡量人是否全面发展有巨大的参考意义。第四，人与自身的关系。个人能够充分发展自己的个性、追求自己身心最大的和谐，这在人的自由全面发展的体系中无比重要。上述人的发展尺度的四个维度构成了其作为一个社会进步价值尺度的丰富内涵和价值。当然，这四个维度并非彼此独立，而是相互依托、相互补充的，它们共同构成了人的发展尺度应该具有的内容。因此，在面对"人的全面发展"这样一个社会进步尺度时，我们需要从这四个维度进行衡量，这样才能对"人的全面发展"这样一个社会进步的核心尺度形成更加准确的认识和把握，也才能在实践中找到实现"人的全面发展"的更好途径。

第四节　生产力尺度和人发展的尺度的关系

从根本上来看，马克思社会进步理论的独特之处就在于将社会进步视为人的实践活动的展开。因而马克思社会进步理论科学统合了社会进步中的生产力尺度和人的发展尺度。而在此意义上，我们在进行社会进步评价时，应该将实践作为桥梁，在处理好生产力尺度与人的发展尺度的统一性与矛盾性问题的前提下，努力在实践维度下实现两种评价尺度的有机统一。

一、生产力发展和人的发展的统一性

从社会进步的总趋势上来看，生产力发展与人的发展是统一的，即社会进步既是一个生产力发展的过程，也是一个人全面发展的过程。从本质上来看，"生产力和社会关系——这二者是社会的个人发展的不同方面。"❶ 二者之间的统一性由生产力发展和人的发展在社会规律上的整体逻辑决定的，它主要通过三个方面体现出来。

第一方面，生产力发展为人的发展提供物质基础。首先，从生产力发展的基础来看，物质生活资料的生产是人类生存的基础，它的不断丰富就是通过生产力创造的。没有生产力对物质生活资料的创造，人的吃穿住行根本无法保障，更不用说实现发展。其次，生产力的发展是社会进步的决定力量，它不但决定着物质资料的生产，而且决定着社会制度、社会关系以及社会意识形态的发展，而它们又共同制约着人的发展。因此，我们可以说生产力的发展程度决定着人的发展程度。同时，由于生产力是人的本质力量的对象化，因此生产力的发展在一定意义上也可视为人的本质力量的发展，即推动人类社会进步的社会主体力量的发展，而从原始社会到封建社会再到资本主义社会、社会主义社会，人类社会的历史都在不断验证着人的这种本质力量的发展。这也就告诉我们，不能仅仅将生产力发展理解为简单的物质财富增长或生产能力增强，它还应包括人的本质力量的提高、人的潜能和素质的发展等。而在这个意义上，人的发展可以说既是生产力发展的最终结果，也体现出生产力发展的内在要求。因此，生产力发展与人的发展作为社会进步的不同方面，二者具有内在的统一性。

第二方面，生产力发展包含着人的发展因素。首先，从生产力发展的意义来看，人的物质生活关系本质决定了生产力发展是实现人类社会进步的最

---

❶ 马克思恩格斯全集：第 46 卷（下册）［M］. 北京：人民出版社，1980：219.

重要方式，没有生产力的发展，一切都将难以为继，因此可以说人类存在与发展的水平在一定意义上就是生产力发展的水平。其次，生产力发展又对人类社会具有一定的规定性和制约性。因为不同的生产力水平决定着不同的社会资源、社会条件以及人们的主观认识，也因此会对人的发展形成一定的预先规定，而这也就在一定意义上将人的发展因素包含进了生产力发展的逻辑当中。最后，由于生产力发展的过程实际上也是人自身向前不断迈进的过程，因此生产力的发展在一定意义上就成了人的能力发展的一种标识，即对人认识、改造和利用自然能力的一种把握，由此二者实际上构成了一种具有内在一致性的过程。因此，生产力的发展包含了人的发展因素，我们在实际的评价行为当中，应该将二者之间的这种包含关系纳入社会进步的整体考量。

第三方面，人的发展是生产力发展的动力和目的。首先，生产力作为人的本质能力的对象化，它不仅包括对自然的改造和征服，还包括化解人类与自然关系中的各类矛盾。因此，生产力的发展本身就会帮助人更好地解决与自然的关系问题，而人与自然关系的融洽也意味着人的发展进入一个新的境界。其次，人的发展促进了人与社会关系的改善，而这种改善有利于人们构建更好的社会制度，并且在此基础上为人的全面发展提供更好的保障。同时，社会制度的不断优化，也能够更好地激发人们的创造力，从而促进生产力的发展。再次，人的发展在人与人的关系方面意味着更加健康的人际关系，更多的平等友爱、合作共赢，而这些无疑能营造一个良性的社会氛围，从而为促进社会生产力增加有利条件。最后，人的发展还意味着人自身能力的全方面提升，意味着更大的自主性、更高的创造力以及自觉性，这些无疑都对进一步发展生产力具有积极的推动作用。综上，人的发展通过人与自然、人与社会、人与人以及人与自身等方面发挥强大的推动作用，从而为生产力发展提供更多便利的条件和良好的环境；反过来，人获得了良好的发展后也为生产力的发展提供了良好的前提，生产力一旦获得更好地发展，最终也必然会促进人的自由全面发展的实现。因此，从社会的整体发展来看，人的发展是生产力发展的不竭动力和最高目的。

二、生产力发展和人的发展的矛盾性

作为评价社会进步最重要的两个尺度，生产力发展和人的发展在现实中往往是交错在一起的，然而这种交错并不意味着二者之间是完全同步的。事实上，生产力的尺度与人的发展尺度虽然从历史发展的总体趋势来看是统一的，但从具体的发展阶段来看，二者存在着一定的矛盾性，即从生产力尺度看是合理的，但从人的发展尺度看是不合理的，反之亦然。对此，马克思关于资本主义社会特征的相关描述或许是最好的说明："财富的新源泉，由于某种奇怪的、不可思议的魔力而变成贫困的源泉。技术的胜利，似乎是以道德的败坏为代价换来的。随着人类愈益控制自然，个人却似乎愈益成为别人的奴隶或自身的卑劣行为的奴隶。甚至科学的纯洁光辉仿佛也只能在愚昧无知的黑暗背景上闪耀。"❶ 马克思的这种论述非常准确地揭示了资本主义时代生产力发展和人的发展所呈现出的矛盾性，一方面，随着科学技术的突飞猛进，大机器工业获得了前所未有的巨大产能，各种新的工具被制造出来，为人们的生产和生活带来了更多便利；另一方面，资本主义工业体系的全面铺开，却导致了人的异化，人的价值被消解、个性被压抑、人与人的关系也产生扭曲，甚至出现了反人的力量。同时，伴随而来的还有人的体力的衰退、道德的败坏、愚昧无知的盛行以及越来越严重的两极分化。这些矛盾虽然主要凸显出资本主义社会巨大的矛盾性，但从特定历史阶段的角度来看，它们也具有一定的必然性。正如前文论述代价时所言，社会进步往往是在矛盾和对抗中实现的，虽然生产力尺度和人的发展尺度具有应然的统一性，但在实然的历史发展中，二者的不一致却时常发生："当文明一开始的时候，生产就开始建立在级别、等级和阶级的对抗上，最后建立在积累的劳动和直接的劳动的对抗上。没有对抗就没有进步。这是文明直到今天所遵循的规律。"❷ 就此而言，生产力尺度和人的发展尺度就是社会进步过程中处在相互作用中的矛盾交织体。

从历史唯物主义的角度来看，社会进步的根本尺度是生产力尺度，但生产力尺度与人的发展尺度却一直处在矛盾中。之所以会这样，一方面，其根源实际上是生产力水平的不发达，使人无法摆脱对物的依赖。因此，只有高度发展的生产力，才有可能解开生产力尺度与人的发展尺度之间的矛盾。在

---

❶ 马克思恩格斯选集：第 1 卷 ［M］. 3 版. 北京：人民出版社，2012：776.
❷ 马克思恩格斯全集：第 4 卷 ［M］. 北京：人民出版社，1958：104.

马克思看来，这一矛盾只有通过无产阶级领导的社会革命才能解决："只有在伟大的社会革命支配了资产阶级时代的成果，支配了世界市场和现代生产力，并且使这一切都服从于最先进的民族的共同监督的时候，人类的进步才会不再像可怕的异教神怪那样，只有用被杀害者的头颅做酒杯才能喝下甜美的酒浆。"❶ 另一方面，生产力尺度与人的发展尺度的矛盾在一定程度上体现的也是利益的矛盾，一旦利益矛盾发生转化，生产力尺度与人的发展尺度之间的矛盾也会发生相应的变化。这是因为，人们在具体生产中由于对生产资料的占有不同，就形成了生产关系中的不同地位，这也进而造成了他们获得利益内容的不同。生产关系的变化虽然是生产力发展的要求，但也会在客观上造成利益的调整，利益的调整又对人的生产实践提出新的要求，而在这一过程中，人也会寻求新的发展尺度。因此，一般可以将生产力看作一个社会进步的先声，它要求生产关系适应自身发展，而当这种发展累积到一定程度时，就会出现寻求变革生产关系的革新者，而后者则蕴含着人的发展的内在要求。同样，能够推动这种变迁进而统一两种尺度的革新者，只能是承载着更高生产力发展要求的阶级。因此，生产力尺度与人的发展尺度的矛盾必须依靠革命阶级的斗争来实现，它既可以是激烈的暴力革命，也可以是舒缓的和平过渡，既包含量变，又包含质变，是量变与质变的统一。

此外，还需要注意的是，生产力的发展会促进社会整体的发展，但也存在着对人的某些方面的限制、阻碍甚至牺牲，比如拜物教现象的出现，又比如作为抽象劳动的资本对人的奴役。在这些复杂的状况下，要把握生产力尺度和人的发展尺度之间的关系，则需要有不同的参照系，转换不同的分析角度。而在进行社会进步评价时，则需要运用辩证思考的方法，做到兼顾生产力尺度和人的发展尺度，努力避免因它们之间存在的矛盾性对社会进步评价造成的影响。

三、实践是生产力尺度和人的发展尺度的统一

按照马克思的观点，人是现实中各种社会关系的总和，而不同的社会关系又是通过人的实践活动不断形成并发展起来的，因此可以说人的本质活动

---

❶ 马克思恩格斯选集：第 1 卷 [M]．3 版．北京：人民出版社，2012：862-863.

就是实践，人类社会从本质上来说也是实践的社会。事实上，实践是人生存和发展的基本方式，通过实践活动，人类不断营造更好的生存和发展条件，不断提高物质和精神生活，从而一步步推进了社会的进步。因此，实践是人类的立身之本，是人类社会延续和发展的关键所在。总的来看，人的实践活动可以分为三类，即物质生产活动、社会交往活动以及精神活动。在人类社会的发展过程中，这三种实践活动同时存在着，并在历史上各自发挥着作用。但相比另外两种活动，物质生产活动才是人类实践活动的基础与核心，它决定着其他一切如政治活动、文化活动、宗教活动、教育活动等的形成与展开。这是因为，物质生产活动是人的内在欲望和需求投射到自然界的第一个活动，是人的本性的直接表达，只有满足了一定的物质需求，人的社会交往活动和其他精神活动才会形成。事实上，自人类社会形成以后，人的实践活动首先是对自然的改造，在这个过程中，自然的形态不但被改变，而且由于人的需求、目的被贯注到实践活动中，所以自然实际上发生了一种不断向人类意志趋近的转变。因此，人类的实践活动，从根本上可以理解为人的需求与目的不断"客体化"的过程。同时，在实践活动中，人从自然界中分化出来，在性质上也发生了根本变化，即从原来的自然人变成了处在各种实践活动中的经济人、社会人，人通过实践活动不但改造着现实世界，同时也不断改造着自己。因此，实践是人类社会存在和发展的基础以及最重要的方式，人类对自然和社会目的性的改造活动通过实践展开，人类各种社会关系的维系和发展通过实践展开，历史的必然性通过实践展开，人类的主体性也通过实践展开；离开了实践，人类社会的一切将难以为继。

从实践对人类社会的意义来看，实践既是人类改造现实世界，发展自我的过程；又是在自我发展中不断完善自身与现实世界的关系，从而进一步推动社会进步的过程。一方面，在改造世界的过程中，人的潜能和素质得到了提高，并形成了多样的价值追求，从而逐渐实现了自己的全面发展；而在发展自我的过程中，人类获得了更强大的力量，并将其运用于提高生产和改善社会关系上，从而提高了社会生产力，促进了社会的进步。因此，实践是历史必然性和人的主体性形成和发展的现实基础，离开了实践，历史的必然性不会存在，人的主体性也难以得到提升。另一方面，社会规律是对人的活动与社会发展之间内在关系的体现，而在这一关系的展开中，实践作为人与社会之间的联结纽带，不但使生产力和人类自身都获得了发展，而且让二者在彼此交错中达到了统一。就前者来看，不断的实践在最广泛意义上促进了生产力的发展，而生产力的发展又使实践进一步深化和扩展。就后者来看，不断的实践带来的普遍而广泛的社会联系和更加多样的社会交往活动，这些内容最后都会使人的自身能力与素质得到提高，从而促进人的全面发展。同时，综合能力获得极大提高的人又进入新的、更高级的实践当中，并由此推动社会走向新一轮的进步。

由此可见，在实践中，生产力发展和人的发展两种尺度达到了真正的统一。人的实践活动一方面推动了生产的发展，另一方面也实现了人的发展，因此对于社会进步的评价尺度也应该从这两个方面展开。一是从客体角度出发，以社会的客观发展为进步订立标准，此即生产力的发展尺度；二是从主体出发，以人的自身发展为进步订立标准，此即人的发展的尺度。在马克思看来，社会进步就是逐步摆脱各种环境与条件限制，自觉把握和掌控各种物质条件，从而由他律状态走向自律状态的一个过程。而从实际的历史发展来看，人类从将自己从动物界中分离出来到通过劳动实践获取丰富的物质财富，再到从实践活动与社会关系中找寻自我存在的价值，人类每向自由状态走一步，社会就随之达到一个更好的形态或阶段，因此社会进步是一个必然达成的过程，在这个过程中伴随着的是人类的实践活动对自然和自由的矛盾的解决，而这也正是生产力尺度与人的发展尺度的统一。马克思正是由于在实践中看到两种尺度的统一，从而对社会进步形成了更加科学、合理的认识。我们在处理社会进步的生产力发展的尺度和人的发展尺度的关系时，同样应该以实践为核心。一方面，深刻认识实践对于社会进步的重要意义，努力在实践的标尺下，对生产力发展和人的发展两种尺度形成更加科学、合理的评价。另一方面，充分利用实践的主体特性，通过发挥人的积极性、主动性、创造性，进一步推动生产力和人的全面发展。

马克思社会进步理论的当代视野

当代中国在经济上实现了飞跃式的发展，与此同时也出现了一些问题，社会资源面临重新配置，各类矛盾存在激化风险，并引发了关于社会进步问题的担忧。基于此，越来越多学者意识到回到马克思社会进步理论的必要性和紧迫性。这就意味着，一方面，我们需要在对当前社会进步及相关问题正确认识的基础上，重视马克思社会进步理论带来的启发。另一方面，我们需要从马克思社会进步理论的角度，为当前问题提供高屋建瓴的理论指导。由此出发，在当下中国，马克思社会进步理论可以从真理性和有效性两个层面展开。前者是社会进步的理论维度，后者则是社会进步的实践维度。我国目前正处于社会主义现代化转型的紧要关头，如果不能正确理解和处理社会进步中的相关问题，不但会对我们判断当前现实带来不良影响，而且会影响到下一步的规划与布局。因此，要解决中国社会发展和进步中存在的种种问题，走出发展中国家的困境，我们必须坚持以马克思社会进步理论为指导，直面社会进步中的各种问题；同时通过不断的实践，解决这些问题，推动我国社会实现更大进步。

第一节　马克思对当代中国社会进步问题的启示

我国目前正处于社会主义发展的关键转型时期，社会进步面临许多严峻的问题，需要准确的理论指导，因此我们要对马克思社会进步理论给予更多的重视和研究。通过分析马克思社会进步理论带来的启示，一方面可以对当代中国社会进步中出现的问题进行准确的分析和评判，从而为当代中国的社会进步指明道路；另一方面可以校正过去由于忽视人的片面发展所造成的种种不良后果，实现中国特色社会主义的本质要求。

一、当代中国社会进步中的相关问题

就当代中国社会的进步实践来看，有人说当代中国社会发展的历史是一部逐步实现生产力发展和人的解放的进步史，也是一部社会制度不断发展、不断完善的制度变迁史。此说不无道理。中华人民共和国成立以来，中国共产党团结带领全国人民进行了社会主义革命和建设、改革开放的伟大实践，中国特色社会主义事业取得了举世瞩目的成就。在经济上，在对经济社会发展规律的不断摸索中，我国形成了中国特色的社会主义市场经济体制，国民经济飞速发展，不但一跃成为世界第二大经济体，而且完成了全面建成小康社会的历史伟业。在政治上，我国不断完善中国特色社会主义民主政治制度，积极发展全过程人民民主，使广大人民群众的利益得到了切实的保障。法律制度愈加完善，社会公平、正义得到了充分实现。社会保障制度进一步加强，人民的福利水平得到切实提升，社会环境持续稳定。文化制度兼容并包、百花齐放，形成了独具中国特色的文化体系和价值追求。此外教育体制、医疗卫生体制不断改革，基础建设领跑全球，科技水平突飞猛进，生态环境持续改善，这些不同领域的发展不但增加了社会的物质财富和精神财富，而且更好地促进了每一个人的全面发展，从而让我国的社会主义事业站在了前所未有的高度。

尽管目前我国社会已经取得了相当大的进步，但相比于成就，我们也面临着许多的问题与困难，比如区域发展不均衡、社会矛盾多元呈现、城乡差距逐渐拉大、精神文明发展滞后、环境污染，等等。由于我国正处在社会主义现代化建设的转型时期，许多原有的利益格局需要打破，各种陈旧的社会关系也需要变革，因此有可能会激化各种社会矛盾，出现许多之前阶段不曾有的危机和风险。而从更大的视野来看，当今世界全球化/逆全球化、网络化、全球疫情等时代特征使中国社会发展所面临的环境较之以往时代已经发生了巨大的变化，这也使我国社会进步面临着极其严峻的形势。在当前阶段，我们仍应该将更多的注意力放到存在的问题上面，归根到底，只有认清了现实中的问题并找到有效的办法解决它们，我们才能扫清社会进步道路上的各种现实障碍，才能一如既往地推动我国社会进步。

目前，我国社会进步中的现实障碍主要有以下三个方面：第一，生产力发展仍不充分。就当前社会状况来看，尽管四十多年的改革开放使我国生产力水平实现巨大的飞跃，但由于起点较低，目前生产力发展水平仍然是制约我国社会进步的最大障碍。党的十九大报告指出，当今中国社会的主要矛盾是人民日益增长的美好生活需要和不平衡不充分的发展之间的矛盾。同当代发达资本主义国家相比，我国目前的社会生产力无疑还有着一定的差距，加上我国幅员辽阔，人口基数庞大，这一问题就显得更加突出。因此，尽管目前我国已经成为世界第二大经济体，但由于生产力发展仍不充分，使我国在社会发展上仍面临着艰巨的任务。因此，在当前阶段，我们必须仍然坚持以经济建设为中心的基本原则不变，并通过生产实践、科技发明等方式进一步发展社会生产力，逐渐缩小与发达国家在生产力上的差距，不断满足人民日益增长的美好生活需要。在较长的一段时间内，发展生产力都将会是我国社会发展的核心策略。第二，人的发展仍然有待改善。人的自由全面发展是社会进步的最终目标和最高追求，同时也是衡量社会进步的核心尺度。作为社会主义国家，我们站在马克思主义的高度上，对以往社会尤其是资本主义社会因片面追求经济利益而忽视人的价值等问题进行了深刻的反思和批判，并提出了"科学发展观""构建社会主义和谐社会"等重大社会发展命题。但不可否认的是，片面追求经济发展而忽视人的价值实现的问题在我国仍旧存在。第三，腐败问题依然严峻。自从人类社会形成以来，腐败问题便如影随形，历史上不同国家为了解决腐败问题可以说是用尽办法，但它却依然如顽疾般难以消除。目前阶段，我国的反腐败斗争取得了显著成效、积累了重要经验，必须长期坚持，不断深化，这将是一个长期的斗争过程。

总体而言，虽然我国在社会主义发展过程中取得了巨大的成就，社会也发生了翻天覆地的变化，但与此同时也出现了部分问题，这些问题对当下中国社会进步带来了一定影响，也在一定程度上消解着人们实现社会进步的信心和干劲。然而，正如马克思所言："个性的比较高度的发展，只有以牺牲个人的历史过程为代价。"❶ 社会进步必然伴随着相应的代价，文明进步造就了丰富的物质与精神财富，也留下了巨大的隐患与灾难，这就是社会发展的实

---

❶ 马克思恩格斯全集：第26卷（中册）［M］．北京：人民出版社，1973：125．

际过程，历史上不同的社会形态会经历这样的过程，作为最先进社会形态的中国特色社会主义同样也会经历这样的过程。在这种情况下，进一步理解马克思社会进步理论就显得尤为重要。作为一种实践的思想体系，马克思社会进步理论具有充分的科学性与前瞻性，无论对我们理解过去的社会历史还是推进当下的社会进步仍然有着非常重大的启示作用。

二、马克思社会进步理论带来的启示

（一）社会进步的整体把握

首先，社会进步尺度的考量。马克思社会进步理论在评价人类社会进步时，主要有生产力发展、人的发展两个基本尺度，而实践则达成了这两个尺度的统一。就生产力发展来看，社会进步的根本衡量标准就是生产力的发展，这个标准体现的是社会基本矛盾运动下的社会进步内在规律。就人的发展来看，人是社会的主体，人的发展程度体现了社会进步的程度，人的全面发展既是社会进步的最终目标，也是社会进步的最高标准。同时，人的全面发展作为社会进步评价的最高标准也充分体现了马克思重视人的价值和意义的人文主义关怀。因此，两个尺度实际上"蕴含着客观规律性与主体能动性的统一、真理尺度与价值尺度的统一。"[1] 而就实践来说，实践是人类社会得以存在和发展的基础，通过实践，生产力发展尺度与人的全面发展尺度形成了统一，社会进步的评价尺度也得以整体展现。马克思通过实践将人与自然、人与社会、人与人和人与自己统一起来，并将其以价值性的方式嵌入社会进步的物质层面，从而到达了关于社会进步评价尺度的理论制高点。正是在此意义上，马克思关于社会评价尺度的观点无论对于我们判断社会进步的程度，还是树立科学的社会发展观，乃至于通过社会进步评价尺度更好地实现"促进经济社会和人的全面发展"的宏伟目标，都具有重大的启示。

其次，社会进步规律的理解。马克思社会进步理论以人类物质资料生产活动为起点，在人类实践活动的基础上，通过以生产力与生产关系矛盾运动为核心的一系列理论阐发，揭示了社会进步的内在规律，它们是马克思对社

---

[1] 赵学珍. 马克思"两个尺度"思想及其当代价值 [J]. 江汉论坛，2010 (5)：22-26.

会历史发展的科学表达，无论现在还是未来，都会对我国的社会进步实践产生巨大的指导作用。然而，马克思也告诉我们，对于社会进步规律不能机械地墨守，而是要在基本逻辑的前提下形成动态的理解。实际上，在阐发社会进步规律时，马克思在说明社会进步整体性的同时，也指出了整体进步趋势下的局部不平衡性，他虽然对人类社会进步作出了五种所有制形态的划分，但同时也承认具体发展过程中呈现的多样性，并从社会进步的客观必然性与人们的历史选择性的角度对此作出了说明。同时，马克思还提出了跳跃式发展作为社会进步规律的合理性，比如对跨越"卡夫丁峡谷"命题的阐发。正是因为看到了社会进步的曲折性与多样性，马克思既不对社会进步盲目乐观，也不对其消极悲观，他怀着积极的信心，冷静理智地分析社会进步的完整图景，从而构建出了一套具有科学、合理和重要指导意义的社会进步理论。这些无疑对我们当下处理社会进步问题有重要的启示。

最后，社会进步矛盾的处理。我们知道，在人类社会发展的历史中，矛盾和冲突自始至终都存在。马克思运用唯物史观和历史辩证法，对人类社会进步中矛盾的客观性作出了科学解答，并从代价角度阐发了矛盾和冲突在社会进步中可能具有的积极作用。因此，面对当前社会进步中出现的矛盾，我们要从马克思社会进步理论的角度进行全面的理解。一方面，要对社会矛盾形成一个正确的态度，不能对矛盾持消极的态度，而是理性看待矛盾，并找出矛盾的根源和运动机制。同时积极探寻化解或缓冲矛盾的方法，以提高生产力、提高人民经济状况、发展精神文明事业等方式将矛盾转化为社会向前的催化剂，从而促进社会的进步。另一方面，通过对矛盾的正确处理不断剔除进步障碍。我国当前社会发展存在着诸多障碍，这些障碍来自社会的不同领域，具有不同的表现方式和影响效果。要促进社会进步，必须不断排除掉这些对社会进步造成影响的障碍。第一，我们要继续深化经济制度、政治制度领域的改革，对不利于发展社会经济和改善人民生活的各种因素作出排查，并尽快处理，从而扫清影响国家经济发展、社会安定的不稳定因素。第二，努力完善我国社会主义法律制度。要在发展社会经济水平的同时，继续开展反腐倡廉活动，既要惩处腐败行为和腐败分子，又必须在制度上建立起有效防止腐败的监察和治理机构，唯有如此，才能避免对社会资源的浪费和对法制权威的践踏，实现社会真正的公平和正义。第三，树立科学的进步观。针对社会中存在的不同矛盾和进步中的诸多障碍，我们要以马克思社会进步理论为指导，用科学的进步观看待进步过程中的各种问题和挑战，正确处理社会矛盾，努力扫清进步障碍。只有如此，我们才能正确解决我国社会进步中的诸多问题，推动社会实现真正意义上的进步。

（二）人民群众的重要性

马克思从人的现实活动中出发，认为历史是人所创造的，所谓的"人"不是全体成员中的单个的人，而是单个人作为全体人员的一分子共同组成的人民群众，他们是推动历史进步的社会成员的总和："历史活动是群众的活动，随着历史活动的深入，必将是群众队伍的扩大。"❶ 以人民群众而不是某些特定的人创造了人类社会历史，这是马克思与以往哲学家最大的不同。通过将人民群众看作历史的创造者，马克思想要强调的就是，正是由于有了社会中每一个具体的人的实践活动的历史，才有了整个人类实践的历史；正是由于每个人在实践活动中发挥自己的创造性，才创造了属于人民群众的历史。因此，每一个现实的人都是历史的参与者，每一个具体的个人都通过自己的实践活动共同组成了历史。具体来讲，人民群众是社会历史的创造者主要体现在以下几个方面。

首先，人民群众是生产力发展的推动者。根据社会进步基本规律的演进形式，人类社会在发展过程中尽管有停滞也有倒退，但总体上是上升的，是处于一个螺旋上升的趋势。相对于阻碍社会进步的因素来说，人民群众是社会进步的促进者，而促进的方式就是推动生产力的发展。一方面，人民群众在生产力发展中占据主导地位。按照马克思的观点，生产力中既包括人的因素，也包括物的因素，但相比于物，人是主要因素，占据主导地位。因为即使物质再丰富、再发达，没有人的实践，它们都只能是一堆没有生命的东西，发挥不了任何作用。因此，人才是生产力中的主导性力量。另一方面，人民群众在生产力发展中拥有主导性力量。人是实践的动物，他的本质力量就是生产实践。而在生产实践过程中，随着人对生产的不断熟练，人不但能创造出更大的成果，而且能够改进生产工具，形成生产的附加价值，从而进一步

---

❶　马克思恩格斯全集：第 2 卷 ［M］．北京：人民出版社，1957：104．

推动生产力的发展。没有人主导生产实践，生产永远会处于停滞状态，更不用说生产工具的更新，生产力的发展。因此，人民群众是生产力发展最重要的原因，是生产力发展的主导性力量。同时，人民群众在不断地生产实践中还出现了不断细化的分工与协作，让每个人的优势得到最大程度发挥的同时，还带来了劳动生产率的提高，由此就进一步促进了生产力的发展。此外，人民群众在生产实践中，还形成了丰富的思想成果，即各种关于生产实践的科学理论，这些理论不但带来了科学知识的普及，极大提高了人们改造世界的能力，而且反过来又促进人民群众不断去完善劳动技能、更新劳动工具，从而促进生产力更大的发展。因此，生产力发展的一切都离不开人民群众，人民群众才是生产力发展的真正推动者。

其次，人民群众是社会财富的创造者。社会财富一般分为两种，即物质财富和精神财富。就物质财富来说，人类物质财富的形成主要通过物质资料的生产活动来实现，人民群众是社会物质生产的主要承担者，因而也就是物质财富的主要创造者。同时，通过对物质资料的生产，人民群众不但创造了大量的物质财富，也为人类社会在下一阶段的发展提供了坚实的物质基础。就精神财富来看，一方面，人民群众在物质生产活动中不但形成了丰富的物质成果，而且也形成了社会中相当多的价值性认识，这些价值性认识不但丰富了劳动者的精神世界与价值追求，而且也以精神财富的方式构成了社会文化的重要内容，因此人民群众是社会精神财富的创造者。另一方面，正如恩格斯曾指出的，人们只有解决了吃穿住的问题，才有可能从事精神性活动。由于人民群众对物质资料的生产实践活动，使得大量物质财富被生产出来，这也就使得一部分脑力劳动者从体力劳动中脱身出来，转而进行精神成果的创造，从而产生出相当的精神财富，而这些从事脑力劳动的人同样属于最广大的人民群众。因此，人民群众既是社会物质财富的创造者，又是社会精神财富的创造者。此外，需要指出的是，马克思虽然高度重视物质财富，认为物质财富是社会存在的基础，是历史进步的前提，但他并不因此忽视精神财富的作用，他认为人们根据自己的物质生产方式建立了社会关系的同时，"又按照自己的社会关系创造了相应的原理、观念和范畴"❶，而后者无疑就属于

---

❶ 马克思恩格斯选集：第 1 卷 ［M］. 3 版. 北京：人民出版社，2012：222.

精神财富。同时，马克思还认为人民群众是哲学产生的根源，哲学是时代和人民的产物："哲学家并不像蘑菇那样是从地里冒出来的，他们是自己的时代，自己的人民的产物，人民的最美好、最珍贵、最隐蔽的精髓都汇集在哲学思想里。"❶马克思非常重视哲学对历史的解释与推动，但他强调人民群众才是哲学真正的创造者，人民创造的精神财富最精髓的部分都体现在哲学中，它们化为强大的思想理论指导着社会的进步。因此，人民群众不仅是社会物质财富，而且是社会精神财富真正的创造者。特别就后者来说，正是由于人民群众在历史中的主体性创造，才开创了人类辉煌灿烂的精神文明。

最后，人民群众是社会革命的决定性力量。革命是代表生产力历史发展方向的阶级推翻落后于历史的反动阶级，建立新的符合生产力发展社会形态的历史过程。革命的作用是用新的生产力改变落后的生产关系，建立新的经济体制及其基础上的上层建筑，而它的实现主体就是人民群众。历史上的每一次大的革命，总是依靠最广大的人民群众来实现的，人民群众在革命的过程中发挥了强大的历史推动性，他们的积极性、创造性以及坚韧性每一次都会成为革命走向成功的决定性力量。马克思认为，社会革命符合人民群众切身的利益需求，即改善生活水平、享有更多的经济自由和政治自由以及实现更多的价值追求，因此人民群众会在革命中表现出巨大的积极性与参与性，从而成为社会革命的决定性力量。他回顾人类历史中农民的革命实践，认为在人类历史上每一次社会革命的胜利都离不开人民群众最广泛的参与支持，"若没有这种合唱，它在一切农民国度里的独唱是不免要变成孤鸿哀鸣的。"❷由此可见，人民群众是社会革命的最重要力量，他们在每一次革命的实践中都发挥了决定性的作用，因而是决定性的力量。而随着社会主义制度的建立，以无产阶级为主体的人民群众仍将会对社会主义的发展和全人类的解放发挥决定性的力量。

（三）解放思想的意义

作为社会文化发展的核心内容，解放思想是与马克思社会进步理论的最

❶ 马克思恩格斯全集：第1卷 [M]. 2版. 北京：人民出版社，1995：219-220.
❷ 马克思恩格斯全集：第11卷 [M]. 2版. 北京：人民出版社，1995：235.

高要求——"人的全面解放"内在统一的，因此解放思想对社会进步也具有重要的推动作用。按照马克思的观点，思想解放的道路不是依靠上帝的神秘恩惠，也不是依靠哲学家的抽象设定，而是在对客观世界的改造过程当中，通过主体自身的实践活动完成的。因此要想更好地推动社会发展，人必须在思想意识上形成一种自觉，这就意味着人在思想上不能禁锢自我，而是要以一种动态的、发展的方式形成对自身思想的不断解放。就此而言，思想解放是推动社会进步的内在要求，没有思想的解放，社会就不可能实现长足的进步。同样，思想的解放不是某种自在或自足的精神创造，而是需要将其置于具体的社会历史中进行打量。从历史发展来看，人类的思想解放也可以说是经历了一个漫长的过程。古代社会的思想解放大多发生在旧的思想体系在社会生活中遇到巨大阻力甚至难以为继的时候，而随着人类思想能动性的不断增强，人们开始对社会发展的规律有了深刻的认识，也才开始主动去寻求自身思想的进一步解放。近代以来，随着人们理性的觉醒和认识能力的提高，一些思想家开始有意识地批判旧思想体系的种种弊端，并试图通过以构建新的思想体系的方式来改变人们陈旧的观念，从而减少社会发展中的阻力，加快社会前进的步伐。但同时，由于思想具有较强的惰性与抗性，因此它也是社会进步中最具阻力的一环。一方面，旧有思想的固守者，不会欢迎新的思想调整，他们害怕面临思想上的任何改变，哪怕是对自己有益的，因此会千方百计地阻挠新思想的发展与普及。另一方面，新思想的形成由于缺乏社会现实的有力支持，很难得到大众的普遍认同，在它不断遭遇各种挑战时，一些人也会因为信念的缺乏或理解得不够深入而产生摇摆，由此不但增加了思想解放的不稳定因素，而且也对社会进步形成了不良影响。这就需要我们对解放思想有一个更加理性和深刻的把握。

首先，解放思想要弄清它的意义问题，即为什么要解放思想。从根本上来看，解放思想在一个社会的经济、政治、文化等方面都具有重要的意义。在经济上，解放思想能够促进经济运行加速、带动经济制度革新，从而不断提高经济发展速度，为社会进步提供更好的物质基础。在政治上，解放思想可以打开以往僵化的思路，帮助推进政治制度的进一步完善，同时还可以加速社会法制体系的建设，以更加全面和人性化的法律制度保障人民群众的权利。在文化上，解放思想是社会文化发展的内在要求和最终目标，思想的解放可以形成一股巨大的精神力量，它反映在文化上就是人民精神内容的极大丰富和精神动力的极大增强，由此不但可以带来社会文化的进一步发展，而且也为社会进步提供了最强大的精神武器。

其次，解放思想要弄清它的对象问题，即谁需要解放思想。观念的陈旧与保守是引发社会矛盾，导致社会发展滞后的重要原因。当一个社会发展到瓶颈阶段时，尤其需要用新的思路、新的策略打开僵局，为社会进步指明一个更好的方向。这就需要人们解放思想，改变因循守旧、习惯于老经验旧办法的思维定式。对于一些思想消极、安于现状、回避社会矛盾的个人或集体，要注意思想疏导和精神鼓励；而对于一些在工作中瞻前顾后、畏畏缩缩、缺乏尝试勇气的个人或集体，则需要在实际中加以带动，通过不断尝试改变思维定式，从而改变其庸人习性。

最后，解放思想要弄清它的方式问题，即怎样解放思想。解放思想不是一个简单的观念或行为，而是一个动态的、系统的工程，它需要集中大众的智慧和意愿。因此，在科学性与合理性得到保证的前提下，思想解放可采用"自上而下"与"自下而上"相结合的方式。就自上而下来说，决策层面要开阔思路，大胆推行新方法、新思维，清除思想中的各种陈旧因素，从而保证思想解放的最大空间。就自下而上来说，政府机构及各级行政部门要广开言路，通过充分调动人民群众思想上的积极性与创造性来加大思想解放的广度和深度。只有如此，才能保证解放思想方向的正确性和方式的合理性。同时，解放思想还需要注意制度上存在的对抗性因素，如陈旧体制对社会公平正义的影响、粗放式增长带来的环境恶化，还有一些不合理的资源配置等，这些问题都需要通过进一步解放思想，用新思维、新角度来合理解决。此外，解放思想就是要改变陈旧的思维和行为模式，倡导从实际出发的基础上，以新的思路解决社会中出现的各种问题、各种矛盾，从而真正实现社会的整体进步。解放思想还要注重培养人们树立新的观念，形成主动出击、迎难而上、大胆务实的新发展思路。

第二节　坚持马克思社会进步理论的主要方式

如何在更好地利用马克思社会进步理论指导当下中国的社会进步实践，这要求我们在一种整体的视野下找到正确的切入方式。一方面，我们要从马克思社会进步理论的核心逻辑出发，坚持发展经济的方式和人的发展的方式，并不断追求二者的和谐与统一。另一方面，我们还要根据我国社会主义发展的具体实际，在实践中采取不断完善制度的方式，在进一步补充和丰富马克思社会进步理论的同时，更好地推动我国社会的进步和社会主义事业的向前迈进。

一、坚持发展经济的方式

从根本上来说，马克思对经济的重视来源于他关于生产力的洞见。生产力观点是马克思社会进步理论的核心观点，在他看来，人类第一个历史活动就是生产满足自身需要的物质资料，而随着生产活动的发展，人类的生产力也不断提高，从而既增加了社会的物质财富，也发展了相应的生产关系，而后者与生产力的结合正是我们所说的经济基础。正是基于这种认知，马克思以经济关系作为核心框架，展开了对社会进步的阐发。通过对市民社会的分析总结，马克思选择了"经济基础"和"上层建筑"这两个范畴来阐发社会形态的基本特征。在他看来，社会形态无论在结构上还是发展上都与生产力有着密切的关联，它的变化首先来自由快速的生产力发展对滞后的生产关系发展所提出的必然要求，并表现为由经济基础到上层建筑的持续更新。同时，经济基础决定上层建筑，上层建筑对经济基础具有一定的反作用，这是社会形态的基本特征和规律。在此基础上，马克思进一步提出了"社会经济形态"的概念，按照这一概念，社会经济形态是在一定历史条件下的社会经济结构，它的主要内容是物质资料的生产方式。一方面，物质资料的生产方式为人们的生存和发展提供最主要的物质保障；另一方面，"物质生活的生产方式制约着整个社会生活、政治生活和精神生活的过程。"❶ 由此可见，经济是社会发展与进步的根本因素，是整个社会政治、文化等上层建筑的基础所在。

推动社会进步的主体是处在经济关系中的人，而人的经济关系在阶级社会中存在的最主要的形式就是不同的阶级属性——属于不同的阶级的人占有不同的生产资料，拥有不同的经济地位，因此他们对经济关系的要求也会有所不同。身处资本主义飞速发展的时代，马克思目睹了资本主义生产方式对经济产生的巨大作用，也看到了资产阶级为发展经济所做的诸多努力。然而，正如马克思所指出的，资本主义社会虽然在经济上实现了巨大的成就，但这并没有改变其经济制度作为资产阶级代表，为资产阶级利益服务的本质。这也就注定了，无论资本主义社会如何完善经济结构，它在根本上都无法为最广大人民的根本利益服务，更不可能推动社会的真正进步，百年多来资本主义社会反复出现的经济危机和社会动荡无疑充分地说明了这一点。正是在此认知下，马克思认为经济的发展应该建立在为广大无产阶级利益服务的基础之上。而在当代，由于资本主义经济体系形成的国家发展不均衡、不平等，也普遍性地造成了第三世界国家的不稳定，并伴生出各种如经济危机、秩序混乱、精神虚无等现象，因此发展中国家更加需要一个有效的方式来发展经济。然而，由于发展中国家缺乏完善的经济结构与市场机制，因此大多无法跨越资本主义经济的"卡夫丁峡谷"。而这个意义上，当代中国坚持发展经济既要坚持为广大人民群众的利益服务，也要坚持不断探索更加合理、有效的经济制度。

从马克思社会进步理论的角度来理解人类社会，我们可以说任何社会的进步，首先体现为物质财富的增加，因为只有具备丰富的物质财富基础，人们的生活水平才会提高，社会其他方面才能获得进一步的发展的可能。因此，对于一个社会而言，经济发展无疑是社会进步的最重要和最基本的要求。但反过来看，社会进步本身对经济发展也会形成重要的影响。这具体体现在：首先，社会进步为科学技术的发展提供了良好的资源和环境，通过科学技术的发展，可以为社会生产实践带来更多的成果，这些成果又进一步带动了劳动生产率的提高，从而促进了生产力发展，实现了经济增长。其次，社会进

---

❶　马克思恩格斯全集：第 31 卷［M］. 2 版. 北京：人民出版社，1998：412-413.

步使人们的认识能力和知识水平获得了提高，人们看到了社会进步的同时也注意到了它的代价，因此更加以一种整体和谐的科学发展理念进行经济活动实践，在这个过程中，传统的只注重经济发展不注重环境保护、只注重短期效益不注重长久利益的粗放式经济将会得到彻底扭转，从而让经济走上一条健康、高效、良性发展的道路。由此可见，虽然经济的发展为社会进步提供相应的物质基础，是推动社会进步的重要保证，但社会进步对经济发展同样也具有巨大的支持和促进作用，二者是相互影响、相互推动的。而这也就要求我们在社会进步的实践中，时刻把经济发展置于核心地位，并将其贯穿到社会的每一个环节，在实现经济充足的基础上，以经济发展保证社会物质文明的发展，以经济发展带动社会政治与文化等上层建筑的发展，从而为全面的、有质量的、可持续的社会进步提供更加有力的保证。

马克思主义理论指导下的中国特色社会主义市场经济是以实现最广大人民利益为宗旨的，它无论在结构还是功能方面都体现出社会主义巨大的优越性，因而必然会更加有效地带来社会的进步。在当下的经济发展中，我们要深入地认识和把握马克思社会进步理论关于经济的深刻阐发，在全面深化改革中，把发展经济作为解决我国进步问题的重中之重。以发展经济的方式推动我国社会实现更大的进步。

二、坚持人的发展的方式

从人的发展角度来看，马克思社会进步理论把人的发展和社会的进步紧密联系起来，社会进步的实现永远离不开人的发展。首先，社会进步建立在人的主体性基础之上。在《政治经济学批判》中，马克思以人的"类本性"基础上的交往关系为依据，对人类历史进行了三个阶段的划分，在一定程度上这种划分所突出的就是人的主体性。没有人的主体性存在，所谓历史发展就失去了其内涵，社会进步更是无从谈起。其次，社会进步的根本目的是满足人的发展要求。按照马克思的观点，社会进步是人们有意识地朝着客观历史目标前进的行为结果，因此可以将其看作理想追求与现实目的的统一。就理想追求来说，它为社会进步指明了未来方向；就现实目的来说，它为社会进步安排了当下任务。未来方向的明确可以带给人美好的憧憬和实践的信心，而当下任务的清晰则能够充分调动人的积极性。最后，人的发展是社会进步的目的和动力。社会进步的本质目的是实现人的发展，如果做不到这一点就谈不上社会的进步。因此，我们应该"将社会进步问题置于一种辩证思维视野中加以把握，并阐明社会进步中作为主体的人的进步的意义所在"。❶ 实际上，人的发展与社会进步可以看作循环促进的过程，即社会进步是人的发展的前提，人获得发展后又反过促进社会进步，在这个循环中，人的发展既是目的，又是动力。因此，人应该充分发挥自己的主观能动性，通过提高生产力、促进社会进步，努力为人的全面发展提供更好的前提；同时，在促进社会进步的过程中，以人的全面发展为目标，从而为社会进步设立一个主体性的标准。

人的发展内在蕴含于社会各个领域，并呈现出丰富的内容。在政治上，人的发展是通过对主体意识的强化，进而从一种外在的宰制中脱离出来的方式实现的；在经济上，人的发展则主要表现为逐步摆脱对人的依赖和对物的依赖，使人与人之间的经济联系成为一种更加自由的存在。在文化上，人的发展则主要指通过不断的自我创造与自我突破，实现人的主体价值，避免被物化甚至异化。在生态上，则要注意一种持续和谐的进步观，既满足自身的需求，又不对生态环境造成破坏，从而增强发展的延续性与健康性。人在这些领域的实践中既符合社会进步的基本内容，也成功地实现了自身的全面发展。不唯如此，马克思在对人类活动进行历时性考察的基础上，还阐发了人的发展的另一重逻辑。他将现实的人及其实践活动作为主体，从人与自然、人与社会、人与人以及人的意识之间的关系出发，认为社会进步的规律在本质上就是人的活动规律，即人通过不断的实践发现规律，并利用规律改造世界、完善自我的过程。就此而言，人的发展实际上也蕴含着自由与必然的最终统一。在资本主义社会，马克思一生奋斗的最大目标就是通过在理论和实践上对资本主义的不断批判和斗争，让其走上消亡之路，从而实现全人类的解放。"既然当代历史已经以制度性暴力造成的血腥暴行作为代价把那些比较拙劣的骗局暴露在光天化日之下，为了一切人和完整人的发展就理应是政治家、经济学家和研究人员一致接受的目标。"❷ 正是在这个意义上，相比于经

---

❶　冯军. 社会进步的辩证逻辑及人文向度［J］. 武汉科技大学学报：社会科学版，1999（1）：37-40.

❷　弗朗索瓦·佩鲁. 新发展观［M］. 张宁，丰子义，译. 北京：华夏出版社，1987：4.

济发展，人的发展或许才是社会进步更高的目标。

人的全面发展与社会进步统一于中国特色社会主义的伟大实践中。就当代中国社会进步过程中"人的发展"来看，它总体上是在一种"当代认同"的尺度下展开的，它"既表现为当代人类共同追求的价值目标或者说是得到当代人类普遍认同的评价标准，也表现为社会大众根据这些标准对客观事实的价值评价和对当代社会进步事实的普遍认同。"[1] 作为马克思主义基本原理与中国实际国情结合的伟大的成果，中国特色社会主义的根本要求就是要在促进社会进步的过程中，实现人的发展与社会进步的有机统一。一方面，人的发展需要以一定的物质基础为前提，因此要不断提高生产力，从而为人的全面发展提供更好的物质条件。另一方面，人的发展又为提高生产力设定了目标和动力，因此要通过人的发展不断带动社会的进步。人的全面发展是社会进步的目标，它既符合人对自身发展需要，也符合社会进步的内在规律。因此，二者之间的统一既是规律又是目的，是合规律性与目的性的统一。而建设中国特色社会主义，我们同样要以人的发展与社会进步的有机统一为指导，在具体社会实践中重视经济发展与人的发展的统一，物质文明与精神文明建设的统一。只有这样才能兼顾社会进步与人、自然的和谐发展，在实践的过程中体现和谐社会的各项要求，才能真正推进我国社会主义建设的伟大事业。在此意义上，科学认识人的发展在社会进步中的意义将帮助我们更好地以马克思社会进步理论指导我国的社会主义建设实践。

三、坚持制度完善的方式

作为人类生活的基本框架，社会制度的内容包含众多，凡是涉及社会交往互动的规则、程序、惯例以及习俗等都可以纳入制度的范围。不过，在一定的社会结构下，它则主要呈现为反映社会形态的各类制度，比如经济制度、政治制度、法律制度、文化制度等。从历史角度来看，由于社会制度是人进行社会实践的载体，是社会交往和社会互动的条件，因此它始终处于一种动态的发展过程当中："制度化是一种社会结构得以建立和维持的过程，制度化

---

[1] 李白鹤. 论社会进步的当代认同 [J]. 江汉论坛，2004 (3)：26-29.

了的角色丛——或换言之，稳定的互动模式——构成了社会系统。"❶ 就此而言，社会制度是社会历史发展的产物。事实上，回顾人类社会的历史发展，基本上都是一系列新制度的形成和旧制度的消亡。比如经济制度，资本主义社会形成了新的商品交易制度和劳动力制度，封建社会的租佃制度和贸易制度也就随之被取代。又比如政治制度，封建社会的领土分封制形成以后，奴隶社会的完全占有制就被取代。此外法律制度、文化制度、家庭制度等，也无不随着新的社会形态的形成而进行不断地发展革新。就此而言，人类社会进步的历史在总体上也可以视为社会制度的变迁史。

然而，正如恩格斯所言："一切社会变迁和政治变革的终极原因，不应当在人们的头脑中，在人们对永恒的真理和正义的日益增进的认识中去寻找，而应当在生产方式和交换方式的变更中去寻找；不应当在有关的时代的哲学中去寻找，而应当在有关的时代的经济学中去寻找。"❷ 社会制度的变迁背后的根源归根结底还是生产力发展的要求。不过，需要注意的是，生产力和生产关系的矛盾虽然对社会制度具有决定性作用，但它们并不能直接造就新的制度，而是通过矛盾来告诉人们应该对制度作出新的设计，同时为人们评估具体社会关系，进行制度安排提供一个客观的基础和参照，它可以是制度变迁的背后的原因，但并不直接引发制度变迁，本身也不参与制度革新。在马克思看来，由于社会关系中人们对生产资料的占有不同，因而必然会产生不同的阶级之间的利益冲突，这才是制度变迁的直接动力。因此，如果说生产力和生产关系之间的矛盾运动是制度变迁的根本原因，那么不同利益集团之间的阶级斗争则是制度变迁的直接原因。

当然，社会制度一旦形成，就会对社会生活产生一种规范、组织和协调作用，从而也就对社会进步产生重要影响。具体来说，一方面，社会制度为物质文明和精神文明的发展提供制度保障，从而让社会进步具备基本的社会环境和条件；另一方面，社会制度是连接物质文明与精神文明的桥梁，即为物质文明对精神文明施加影响提供一个中间环节。因此，制度可以说是社会文明结构中最为关键的一环，对物质文明和精神文明的发展起着内在保障和

---

❶ 乔纳森·H. 特纳. 社会学理论的结构 [M]. 吴曲辉，译. 杭州：浙江人民出版社，1987：77.

❷ 马克思恩格斯全集：第20卷 [M]. 北京：人民出版社，1971：292.

外在协调的重要作用。事实上，一种良好的制度，除了能使物质文明和精神文明的发展得到保障和协调之外，还能使二者都实现最大的发展，从而真正推动社会的进步；反之，一种保守僵化的社会制度，则会束缚二者之间的发展，成为阻碍社会进步的最大原因。因此，制度具有规范和束缚、进步与保守双重的性质，而这种双重性质对我们判断一种社会制度提出了更高的要求。

随着社会主义现代化的不断深入，我国迎来了社会转型的关键时期，制度完善问题也变得更加紧迫。制度完善不仅关乎每个人切身的利益，而且关乎整个社会实现进步的预期，尤其当它与特殊的社会发展时期捆绑在一起时，便会成为一个所有人都不得不考虑的重大问题。在这个意义上，我们首先要思考的就是如何通过制度完善进一步推动我国社会进步。当代中国社会制度的完善可以从以下几个方面展开。首先，制度完善要坚持党的全面领导。作为中国特色社会主义的本质特征，中国共产党是中国特色社会主义制度最大的优势，是国家的命脉所在，也是全国人民的利益所系。中国特色社会主义制度是当代中国发展进步的根本制度保障，具有鲜明中国特色和明显制度优势。因此，当代中国社会制度的完善首先就在于坚持党的全面领导，只有这样才能保证我国的社会制度永不偏航、永葆活力。其次，制度完善要满足最广泛人民的利益需求。制度起源于人类利益的分化，因此它所反映的首先应该是所有人的利益。如果一个制度只为了少数人的利益而存在，那么它就不是一个文明的制度，也不可能存续多长时间。因此，我们发展一种制度时，首先应该考察它所代表的人民利益的广泛程度，越是能够代表广大人民利益的制度就是越完善的制度，反之亦然。再次，制度完善要最大程度地使物质文明和精神文明协调发展。一个社会既有自己的物质文明，也有自己的精神文明，物质文明通过人的生产实践活动体现出来，精神文明则通过人的价值观念体现出来。在制度的协调作用下，物质文明和精神文明能够统一在一起，而其统一的程度也体现着制度的优劣程度。因此，我们也可以说，越是能有效协调物质文明和精神文明的制度，其越优秀，反之亦然。最后，制度完善以推动人的全面发展为目的。在社会中，制度规范社会关系，也体现人的发展本质，因此衡量一个制度的好坏程度，自然也离不开它对作为制度主体的人的实现程度。按照马克思的观点，人类一切的实践活动都是为了实现自我的发展。因此，只有真正尊重人发展自身的必然要求，尊重人实现自我价值的内在渴望，并致力于促进人的自由而全面发展的制度，才能称得上是真正文明的社会制度。

制度完善是推动社会进步的重要内容，也是我国社会主义事业的最佳保障。在我国社会主义现代化建设的伟大事业中，我们应该充分重视制度完善对社会进步的重大意义，在理论和实践中坚持马克思主义对完善社会制度的指导地位，坚持中国特色社会主义道路，促进中国特色社会主义制度不断完善，从而推动我国社会主义事业不断前进。

结　语

　　大体而言，马克思的社会进步理论的形成有两条重要的精神线索。第一，理性与进步观念的交织。近代历史开启以后，伴随着对"新工具"的呼唤，人类进入理性主义时代。此后，从进化论到科技革命、从启蒙运动到法国大革命，在此起彼伏的时代大思潮下，"进步"成了人类对自身当下与未来的普遍信念。它和理性交织在一起，成了近代人类精神图景中最重要的两个坐标。第二，资本主义的矛盾与危机。如果说蓬勃的物质欲望催生了资本主义的形成，那么科技革命的兴起则让其形态获得了最大的发展。然而，资本主义繁华表象的背后却潜藏着人类有史以来最为隐秘的压迫与奴役。由此，悖论形成，从思想家到政客、从纺纱工到诗人，人们一边畅想着进步的未来，一边却不断堕入难以拔足的历史深渊。在这样的时代背景下，马克思的社会进步理论应运而生。

　　物质生产活动是马克思解释人类社会历史的基本出发点，也是其社会进步理论的逻辑原点。在马克思看来，物质生活资料的生产构成一个社会存在的根本，在它的展开过程中形成了社会的经济基础，而在经济基础的前提下，才会有所谓的政治、宗教、法律、艺术等上层建筑，而它们合起来就是我们所说的社会形态。从根本上来说，马克思对人类社会的这一理解来源于对生产力与生产关系矛盾运动的洞见。在考察人类社会的经济规律时，马克思发现，社会历史中的经济形式虽然不断变动，但其背后却存在着一种恒定的逻辑关系，即它始终呈现为生产力与生产关系的矛盾，正是在这一矛盾的运动下，带动了经济基础及其上层建筑的更新，进而改变了社会形态。由此，马克思形成了新的经济视角，也揭开了对人类社会进步研究新的篇章。

　　生产力与生产关系的矛盾运动是马克思社会进步的核心逻辑，但在对社会进步的阐发中，这一逻辑是从两个维度展开的，一是生产的维度，二是异化的维度。然而，两个维度并不是割裂的，而是彼此交错、彼此呼应。在生产的逻辑下，马克思指出人类社会进步的历史就是由生产推动的"自然史"。而在此过程中，进步所标定的并不仅是人类社会劳动分工方式或所有制方式的发展，更是对其作为"对象性存在物"本质的确证，由此，异化的维度也就被引入。在马克思看来，虽然生产的发展带来了人对自身本质的确证，但由于劳动分工和私有制的存在，人对自己的生产对象是无法把控的，由此人的本质力量也就受到了阻碍，人发生了异化。事实上，从生产有了剩余的那一刻，异化就存在了，而资本主义以其隐秘的生产方式，更是加剧了这一现象。正是在这一理解下，马克思认为，人类社会的生产史也就是对异化的克服史。然而，否定的力量最终只能以对自身的否定来终结，随着生产的不断发展，异化最终将被克服，生产活动最终也将回归其本质。在此意义上历史辩证法所传达出的仍是"物质生活关系"的底层逻辑。

然而，人的意义是否因此消失了呢？马克思的答案是否定的。那就是异化的克服只能通过对资本主义私有制的消灭，而实践这一过程的主体，恰恰是代表着更高生产力的无产阶级。诚然，生产的物质性揭示出人的物质第一性，但这并不意味着其自身尺度的消失。事实上，在马克思这里，人的发展被视为社会进步的最高标准和最终目的，究其原因，这固然是因为人的发展始终是生产力矛盾运动的结果，但其中的关键还在于，人如何在对主观能动的贯彻中实现自身的自觉、自为。在马克思看来，这一目的的达成，最终需要跨越的峡谷，仍是对"物"的克服，但这种克服绝非直面的对抗，而是交融的超越。由此，我们也就得以理解社会进步何以被马克思阐发为交往的历史演进——从"人的依赖关系"到"物的依赖关系"再到"人自由全面发展"，马克思所要揭示的，其实正是社会进步中"人的发展"这一尺度。某种程度上，我们已经站在了人类社会历史的第二个峡谷，只不过峡谷外的天地仍需不断探索，而马克思则为我们指明了最为可欲的方向，那就是"无产阶级解放"到"自由人的联合"。在这个意义上，马克思不但揭示了人类社会进步的根本尺度，而且勾勒出了人类未来的理想蓝图。

当然，无论是生产力与生产关系的矛盾运动、交往关系的历史演进，抑或是生产力的发展、人的发展，马克思所传达的始终在于，社会进步的真正原因绝不是主观意志的空想或理性意识的建构，而是在"物质生活关系"中实现的发展和变革。这也就决定了，尽管马克思对"人类理性的自由规律"持有积极的判断，但在他眼中理性主义进步论者基于"理性意识"所建构的对人类社会的历史哲学体系注定只能是没有根基的"大厦之顶"。事实上，当历史呈现为意识对存在的审定，则历史本身就成为了自身的注脚。在这个意义上，无论是康德意义上的"大自然"，还是黑格尔意义上的"绝对精神"，终究无法破解人类社会进步背后的迷雾。由此，马克思社会进步理论的范式意义也就得以彰显，那就是摆脱理性的"虚幻"，在"物质生活关系"的生产逻辑中实现从历史哲学到历史科学的转变。

所谓"历史科学"，一般可以对应到马克思对人类社会进步"自然史过程"的判定。然而，这并非自然意义上的"自然"，而是一种"人的真正的自然史"。这里，社会进步的实践本质得到了充分呈现——正是由于人的实践，历史具备了自然所阙如的"属人性"，而这一"属人性"则通过扬弃自然的"虚无"，使人类社会真正达到了规律性和目的性的统一。事实上，人的实践之所以对社会进步产生推动作用，就是因为它既遵循了社会进步的规律性，又充分发挥了自身的主观能动性。当然，进步也需要动力，特别是社会这一复杂的系统。从马克思社会进步理论来看，如果说生产力与生产关系的矛盾运动在核心逻辑的层面揭示出社会进步的动力，那么作为推动主体的阶级斗争和作为新生产力的科学技术则进一步锚定了社会进步中人的尺度与生产力的尺度的重要意义。而正是通过实践，二者实现了真正的统一。

马克思社会进步理论是一个丰富而严密的科学理论体系。一方面，马克思立足于物质资料生产活动，以生产力的发展为核心，以生产力与生产关系的矛盾为动力，从而在理论逻辑的展开过程中厘清了社会进步的本质内容。另一方面，马克思立足于人的实践，将客观与主观、规律与目的紧密联系起来，在坚持客观物质指标的同时，注重人在社会进步中的主体性，并以人的自由全面发展为目标，对人类社会的发展路径作出了科学性和前瞻性的论断。然而，马克思社会进步理论还是一个包含了美好价值追求的价值体系。马克思社会进步理论在对人类社会进步的论述中，表达出对理想社会的向往和对美好价值的追求，这些追求既根植于是社会进步的历史合理性，又传达出人类高尚的精神境界，因而可以带给人强大的精神动力和价值引导。马克思社会进步理论既符合人类社会的客观发展规律，又符合人类自身的价值追求，而共产主义社会蓝图的勾勒更是体现了人类对美好未来不懈追求的勇气和胸怀，因此它是一个兼具科学性和价值性的理论体系。

参考文献

（一）著作类

［1］马克思恩格斯全集：第 1 卷［M］. 2 版. 北京：人民出版社，1995.

［2］马克思恩格斯全集：第 2 卷［M］. 北京：人民出版社，1957.

［3］马克思恩格斯全集：第 3 卷［M］. 北京：人民出版社，1960.

［4］马克思恩格斯全集：第 3 卷［M］. 2 版. 北京：人民出版社，2002.

［5］马克思恩格斯全集：第 4 卷［M］. 北京：人民出版社，1958.

［6］马克思恩格斯全集：第 6 卷［M］. 北京：人民出版社，1961.

［7］马克思恩格斯全集：第 11 卷［M］. 2 版. 北京：人民出版社，1995.

［8］马克思恩格斯全集：第 13 卷［M］. 北京：人民出版社，1962.

［9］马克思恩格斯全集：第 20 卷［M］. 北京：人民出版社，1971.

［10］马克思恩格斯全集：第 21 卷［M］. 北京：人民出版社，1965.

［11］马克思恩格斯全集：第 23 卷［M］. 北京：人民出版社，1972.

［12］马克思恩格斯全集：第 25 卷（上册）［M］. 北京：人民出版社，1974.

［13］马克思恩格斯全集：第 26 卷（中册）［M］. 北京：人民出版社，1973.

［14］马克思恩格斯全集：第 31 卷［M］. 2 版. 北京：人民出版社，1998.

［15］马克思恩格斯全集：第 39 卷［M］. 北京：人民出版社，1974.

［16］马克思恩格斯全集：第 42 卷［M］. 北京：人民出版社，1979.

［17］马克思恩格斯全集：第 46 卷［M］. 北京：人民出版社，1980.

［18］马克思恩格斯全集：第 47 卷［M］. 北京：人民出版社，1979.

［19］马克思恩格斯全集：第 49 卷［M］. 北京：人民出版社，1982.

［20］马克思恩格斯选集［M］. 3 版. 北京：人民出版社，2012.

［21］马克思恩格斯文集［M］. 北京：人民出版社，2009.

［22］马克思恩格斯全集：第 27 卷［M］. 北京：人民出版社，1972.

［23］马克思恩格斯全集：第 46 卷（上册）［M］. 北京：人民出版社，1979.

［24］马克思恩格斯全集：第 47 卷［M］. 2 版. 北京：人民出版社，2004.

［25］列宁选集：第 1 卷［M］. 3 版. 北京：人民出版社，1995.

［26］列宁选集：第 2 卷［M］. 2 版. 北京：人民出版社，1990.

［27］柏拉图. 理想国［M］. 郭斌和，张竹明，译. 北京：商务印书馆，1986.

［28］柏拉图. 法律篇［M］. 何勤华，张智仁，译. 上海：上海人民出版社，2001.

［29］杨伯峻. 论语译注［M］. 北京：中华书局，1980.

［30］陈鼓应. 老子注译及评介［M］. 北京：中华书局，2009.

［31］苏舆. 春秋繁露义证［M］. 北京：中华书局，1992.

［32］赫西俄德. 工作与时日［M］. 张竹明，蒋平，译. 北京：商务印书馆，1991.

［33］奥古斯丁. 论上帝之城［M］. 王晓朝，译，北京：人民出版社，2018.

［34］托马斯·莫尔. 乌托邦［M］. 戴镏龄，译. 北京：生活·读书·新知三联书店，1959.

［35］维柯. 新科学［M］. 朱光潜，译. 北京：商务印书馆，1989.

［36］孔多塞. 人类精神进步史表纲要［M］. 何兆武，何冰，译. 北京：生活·读书·新知三联书店，1998.

［37］卢梭. 论科学与艺术的复兴是否有助于使风俗日趋纯朴［M］. 李平沤，译. 北京：商务印书馆，2011.

［38］卢梭. 论人类不平等的起源和基础［M］. 李常山，译. 北京：商务印书馆，1962.

［39］卢梭. 社会契约论［M］. 何兆武，译. 北京：商务印书馆，2003.

［40］卢梭. 爱弥儿［M］. 李平沤，译. 商务印书馆，1978.

［41］康德. 历史理性批判文集［M］. 何兆武，译. 北京：商务印书馆，1990.

［42］康德. 道德形而上学原理［M］. 苗力田，译. 上海：上海人民出版社，2005.

［43］康德. 纯粹理性批判［M］. 蓝公武，译. 北京：商务印书馆，1957.

［44］黑格尔. 历史哲学［M］. 王造时，译. 上海：上海书店出版社，2006.

［45］黑格尔. 哲学史讲演录［M］. 贺麟，王太庆，译. 北京：商务印书馆，1978.

［46］托克维尔. 旧制度与大革命［M］. 冯棠，译. 北京：商务印书馆，1992.

［47］科恩. 科学中的革命［M］. 鲁旭东，赵培杰，宋振山，等，译. 北京：商务印书馆，1999.

［48］恩斯特·迈尔. 进化是什么［M］. 田洺，译. 上海：上海科学技术出版社，2003.

［49］隆纳·莱特. 进步简史［M］. 达娃，译. 海口：海南出版社，2009.

［50］弗朗索瓦·佩鲁. 新发展观［M］. 张宁，丰子义，译. 北京：华夏出版社，1987.

［51］安德鲁·韦伯斯特. 发展社会学［M］. 陈一筠，译. 北京：华夏出版社，1987.

［52］约翰·伯瑞. 进步的观念［M］. 范祥涛，译. 上海：上海三联书店，2005.

［53］科利斯·拉蒙特. 人道主义哲学［M］. 贾高建，张海涛，董云虎，译. 北京：华夏出版社，1990.

［54］皮特·J. 鲍勒. 进化思想史［M］. 田洺，译. 南昌：江西教育出版社，1999.

［55］尤尔根·哈贝马斯. 重建历史唯物主义［M］. 郭官义，译. 北京：社会科学文献出版社，2000.

［56］赫伯特·马尔库塞. 单向度的人［M］. 张峰，吕世平，译. 重庆：重庆出版社，1988.

［57］阿尔都塞. 政治与历史：从马基雅维利到马克思［M］. 吴子枫，译. 西安：西北大学出版社，2018.

［58］科林伍德. 历史的观念［M］. 何兆武，张文杰，陈新，译. 北京：北京大学出版社，2010.

［59］乔纳森·H. 特纳. 社会学理论的结构［M］. 吴曲辉，译. 杭州：浙江人民出版社，1987.

［60］陈先达. 走向历史的深处：马克思历史文化研究［M］. 北京：中国人民大学出版社，2010.

［61］陈先达，靳辉明. 马克思早期思想研究［M］. 北京：中国人民大学出版社，2016.

［62］肖前，李秀林，汪永祥. 历史唯物主义原理［M］. 北京：人民出版社，1991.

［63］马俊峰. 评价活动论［M］. 北京：中国人民大学出版社，1994.

［64］李德顺. 价值论［M］. 北京：中国人民大学出版社，2007.

［65］丰子义. 发展的反思与探索：马克思社会发展理论的当代阐释［M］. 北京：中国人民大学出版社，2006.

［66］庞元正，丁冬红. 当代西方社会发展理论新词典［M］. 长春：吉林人民出版社，2001.

［67］刘森林. 发展哲学引论［M］. 广州：广东人民出版社，2000.

［68］刘炳瑛. 马克思主义原理辞典［M］. 杭州：浙江人民出版社，1988.

［69］李泽厚. 批判哲学的批判［M］. 北京：生活·读书·新知三联书店，2007.

［70］罗伯特·布伦纳. 马克思社会发展理论新解［M］. 张秀琴，等译. 北京：中国人民大学出版社，2015.

［71］吴荣顺，江德兴. 马克思社会理论的逻辑［M］. 南京：东南大学出版社，2016.

［72］阿维纳瑞. 马克思的社会与政治思想［M］. 张东辉，译. 北京：知识产权出版社，2016.

［73］张娜. 马克思社会政治理论的思想建构［M］. 上海：复旦大学出版社，2021.

［74］韩树英. 马克思主义哲学纲要［M］. 北京：人民出版社，1983.

［75］欧阳康，张明仓. 社会科学研究方法［M］. 北京．高等教育出版社，

2001.

[76] 侯衍社. 马克思的社会发展理论及其当代价值［M］. 北京. 中国社会科学出版社，2004.

[77] 郝永平. 进步观念的当代重建［M］. 湖北：湖北教育出版社，2000.

[78] 杨春贵. 马克思主义哲学发展史教程［M］. 北京：中共中央党校出版社，1995.

[79] 孙伯鍨，侯惠勤. 马克思主义哲学的历史和现状［M］. 南京：南京大学出版社，2004.

[80] 刘红卓，石德金. 早期西方马克思主义社会历史观［M］. 北京. 社会科学文献出版社，2011.

[81] 吴仁平. 对马克思早期哲学著作的理解［M］. 北京：中共中央党校出版社，2008.

[82] 聂锦芳. 马克思想象发展历程中的犹太人问题［M］. 北京：中国人民大学出版社，2017.

[83] 刘森林. 重思发展：马克思发展理论的当代价值［M］. 北京：人民出版社，2003.

[84] 韩庆祥，亢安毅. 马克思开辟的道路：人的全面发展研究［M］. 北京：人民出版社，2005.

[85] 胡政阳. 马克思社会形态理论的"两个向度"及当代启示［M］. 北京：红旗出版社，2020.

[86] 李云峰. 马克思学说中的人的概念［M］. 北京：人民出版社，2007.

[87] 黄磊. 历史循环论和他者：社会进化论和中国历史循环观的比较［D］. 上海：复旦大学，2008.

[88] 许修杰. 社会进步代价论纲［M］. 长春：吉林大学出版社，2007.

[89] 王晶雄，王善平. 社会发展：反思与超越：马克思主义社会发展理论研究［M］. 上海：学林出版社，2008.

[90] 曹荣湘. 马克思世界历史理论与当代全球化［M］. 北京：中央编译出版社，2006.

[91] 宋泽滨. 社会全面进步研究［M］. 北京：人民出版社，2001.

[92] 赵家祥. 马克思主义历史哲学［M］. 长春：吉林人民出版社，2006.

［93］冯平．评价论［M］．北京：东方出版社，1997.

［94］阮青．价值哲学［M］．北京：中共中央党校出版社，2004.

［95］陈新汉．评价论导论：认识论的一个新领域［M］．上海：上海社会科学院出版社，1995.

［96］李恒瑞．发展观念的革命：当代中国科学发展观论纲［M］．广州：广东人民出版社，2009.

［97］旷三平，常晋芳．唯物史观前沿问题研究：现代哲学视域下的一种理论探索［M］．北京：中国社会科学出版社，2004.

［98］赵凡．哲学视野中的和谐社会［M］．北京：中国政法大学出版社，2006.

［99］赵家祥，李清昆，李士坤．历史唯物主义原理（新编本）［M］．北京：北京大学出版社，1992.

［100］赵家祥．历史哲学［M］．北京：中共中央党校出版社，2003.

［101］韩震，孟鸣岐．历史哲学：关于历史性概念的哲学阐释［M］．昆明：云南人民出版社，2002.

［102］刘曙光．人的活动与社会历史发展规律的关系［M］．北京：民族出版社，2002.

［103］熊晓红，王国银．价值自觉与人的价值［M］．北京：人民出版社，2007.

［104］袁吉富．社会发展的代价［M］．北京：北京大学出版社，2004.

［105］邹诗鹏．从启蒙到唯物史观［M］．上海：上海人民出版社，2016.

［106］孙麾，吴晓明．唯物史观与历史评价：哲学与史学的对话［M］．北京：中国社会科学出版社，2009.

［107］万斌，王学川．历史哲学［M］．北京：社会科学文献出版社，2008.

［108］李惠斌，叶汝贤．马克思主义研究的基本问题［M］．北京：社会科学文献出版社，2006.

［109］韩庆祥，邹诗鹏．人学：人的问题的当代阐释［M］．昆明：云南人民出版社，2001.

（二）文章类

［1］陈先达．唯物史观视野中的"以人为本"［J］．中国人民大学学报，

2004（4）.

　　［2］丰子义. 历史进步论研究二题［J］. 现代哲学，2009（1）.

　　［3］丰子义. 论社会进步及其评价尺度［J］. 教学与研究，2000（6）.

　　［4］丰子义. 社会发展视域中的机遇问题［J］. 哲学研究，2014（3）.

　　［5］丰子义. 马克思社会发展理论的当代价值：兼论其把握方式与寻求途径［J］. 北京大学学报，2006（4）.

　　［6］丰子义. 拓展马克思主义社会发展理论研究的新视野［J］. 天津社会科学，1993（1）.

　　［7］丰子义. 马克思与人类文明的走向［J］. 北方论丛，2018（4）.

　　［8］马俊峰. 当前中国价值论研究的几个问题［J］. 哲学研究，2007（6）.

　　［9］马俊峰. 社会公正问题的价值考量［J］. 河北学刊，2006（5）.

　　［10］汪堂家. 对"进步"概念的哲学重审：兼评建构主义的"进步"观念［J］. 复旦学报：社会科学版，2010（1）.

　　［11］林剑. 论马克思历史观视野中的"历史"生成论诠释及其价值［J］. 哲学研究，2009（10）.

　　［12］林剑. 马克思历史观视野中的生产力、生产关系及其矛盾运动［J］. 江海学刊，2005（6）.

　　［13］林剑. 人的存在之思［J］. 江海学刊，2002（6）.

　　［14］林剑. 论实践唯物主义视野中的实践范畴与唯物史观的逻辑结构［J］. 哲学研究，2004.

　　［15］林剑. 论劳动、交往、实践诸范畴及其相互关系［J］. 求索，1994（1）.

　　［16］林剑. 论人的自由与人的世界关系［J］. 教学与研究，1997（9）.

　　［17］林剑. 论马克思历史观中的科学原则与价值原则的统一［J］. 哲学研究，1991（3）.

　　［18］段忠桥. 马克思从未提出过"五种社会形态理论"：答赵家祥教授［J］. 中国人民大学学报，2006（5）.

　　［19］贺来. 历史唯物主义的辩证本性［J］. 中国社会科学，2012（3）.

　　［20］俞吾金. 历史唯物主义是哲学而不是实证科学：兼答段忠桥教授［J］. 学术月刊，2009（10）.

［21］俞吾金. 论两种不同的历史唯物主义概念［J］. 中国社会科学, 1995 (6).

［22］俞吾金. "自然历史过程"与主体性的界限［J］. 吉林大学社会科学学报, 2005 (4).

［23］张盾. "历史的终结"与历史唯物主义的命运［J］. 中国社会科学, 2009 (1).

［24］韩庆祥. 人道主义·个性全面发展·社会进步［J］. 人文杂志, 1994 (2).

［25］邱耕田. 社会发展与社会进步关系辨析［J］. 教学与研究, 2006 (1).

［26］汪行福. 今天我们如何言说"进步"［J］. 复旦学报:社会科学版, 2015 (5).

［27］黄学胜. 马克思对启蒙理性的批判及其审视［J］. 马克思主义哲学研究, 2019 (5).

［28］陈胜云. 马克思对启蒙价值观的辩证传承［J］. 南昌大学学报:人文社会科学版, 2020 (1).

［29］孟凡杰. 论历史进步的矛盾性［J］. 云梦学刊, 2010 (1).

［30］孟凡杰. 从现实的人看马克思的历史进步观［J］. 岭南学刊, 2010 (1).

［31］洪伟. 马克思社会进步观辨正［J］. 浙江师范大学大学报:社会科学版, 1991 (4).

［32］侯衍社. 马克思社会发展理论的性质定位［J］. 烟台大学学报:哲学社会科学版, 2003 (2).

［33］侯衍社. 马克思关于社会进步评价尺度的思想与新世纪人类进步的走向［J］. 浙江学刊, 2001 (2).

［34］刘忠世. 马克思对人类历史发展阶段的多种划分形式及其方法论意义［J］. 河北学刊, 1999 (4).

［35］赵义良. 消费异化:马克思异化理论的一个重要维度［J］. 哲学研究, 2013 (5).

［36］冯平. 重建价值哲学［J］. 哲学研究, 2002 (5).

［37］冯平. 哲学的价值论转向［J］. 哲学动态, 2002 (10).

［38］李白鹤. 论社会进步的当代认同［J］. 江汉论坛, 2004 (3).

［39］叶泽雄，李玲. 社会进步的生产力尺度及其人学意义［J］. 江西社会科学，2008（7）.

［40］叶泽雄. 社会理想问题研究述评［J］. 哲学动态，1998（10）.

［41］曾繁跃. 社会进步的实践性和实践尺度探析［J］. 探索，1997（3）.

［42］杨晓莉. 社会质量：社会进步的评价尺度［J］. 扬州大学学报：人文社会科学版，1999（5）.

［43］梁树发. 和谐思维与社会主义建设实践和建设哲学［J］. 北京社会科学，2006（1）.

［44］王锐生. 论社会进步及其尺度［J］. 首都师范大学学报：社会科学版，1989（5）.

［45］张艳萍. 社会进步概念的现代诠释［J］. 郑州大学学报：哲学社会科学版，2001.

［46］郝永平. 社会进步的评价尺度、实际效应和动力源泉［J］. 理论学习，2000（12）.

［47］郝永平. 进步观念的理论提升：从理性主义进步观到马克思主义进步观的飞跃［J］. 南开学报：哲学社会科学版，1997（5）.

［48］莫振良. 从发展的悖论探索社会进步的价值尺度［J］. 湖北社会科学，2008（10）.

［49］赵学珍. 马克思"两个尺度"思想及其当代价值［J］. 江汉论坛，2010（5）.

［50］刘大年. 异化与历史动力问题［J］. 哲学研究，1984（4）.

［51］潘峻岭，陈望. 30年来中国社会进步理论研究综述［J］. 湖北社会科学，2010（5）.

［52］向德平. 社会发展评价尺度：从马克思到邓小平［J］. 学术论坛，2002（3）.

［53］杨芳，周世兴. "以人为本"的社会主义本质意蕴［J］. 马克思主义与现实，2008（2）.

［54］张建设，钟玉海. 关于发展问题的若干哲学思考［J］. 当代世界与社会主义，2006（5）.

［55］毛崇杰. 人是马克思主义的出发点吗［J］. 哲学研究，1983（3）.

［56］邹诗鹏. 当代哲学的本体论转换与马克思哲学的当代性［J］. 江海学刊, 2001（2）.

［57］邹诗鹏. 价值哲学的生存论建构问题［J］. 天津社会科学, 2002（2）.

［58］周娟. 关于人是社会发展尺度的哲学思考［J］. 内蒙古社会科学, 2000（9）.

［59］石书臣, 田伯伏. 马克思主义人的全面发展理论的当代阐释［J］. 河北师范大学学报：哲学社会科学版, 2005（1）.

［60］施春梅, 崔慧永. 人的全面发展理论与社会主义和谐社会的建构［J］. 吉林师范大学学报：人文社会科学版, 2007（5）.

［61］郑晓艳. 马克思共同体视域下交往方式的历史演化及现实反思［J］. 信阳师范学院学报：哲学社会科学版, 2021（3）.

［62］潘峻岭, 圣章红. 论社会进步的生产力标准［J］. 社会主义研究, 2012（6）.

［63］袁文艺. 试论社会发展的尺度与代价［J］. 华东船舶工业学院学报：社会科学版, 2001（3）.

［64］刘西山, 尹曦铭. 科学发展观是发展的客体尺度和主体尺度的统一［J］. 理论界, 2010（8）.

［65］宋德孝. 以人为本：社会进步三维评价尺度中的主体尺度关切［J］. 中共南宁市委党校学报, 2008（3）.

［66］江丹林. 马克思历史评价理论辨析［J］. 学术月刊, 1995（4）.

［67］刘曙光. 社会发展评价标准理论的深化：科学发展观的价值视野［J］. 郑州大学学报：哲学社会科学版, 2005（6）.

［68］汤文曙. 从价值观透视社会历史观［J］. 安徽师大学报：人文社会科学版, 1998（2）.

［69］沈佳强. 社会进步两种尺度的辩证关系［J］. 杭州大学学报：人文社会科学版, 1997（1）.

［70］朱宝信. 试析价值论研究的人道主义底蕴［J］. 齐鲁学刊, 2002（6）.

［71］杨勇, 张利霞. 交往与社会进步［J］. 现代哲学, 2000（8）.

［72］郭建宁. 关于社会主义社会发展动力的思考［J］. 北京大学学报：哲学社会科学版, 1996（5）.

[73] 何萍. 马克思的实践：价值解说 [J]. 学术月刊, 2003 (5).

[74] 胡万福. 异化, 唯物史观与个人自觉活动 [J]. 哲学研究, 1984 (6).

[75] 黄枬森. 关于人的理论的若干问题 [J]. 哲学研究, 1983 (4).

[76] 李德顺. 真理和价值的统一是马克思主义的重要原则 [J]. 中国社会科学, 1985 (3).

[77] 戴军. 社会进步观论纲 [J]. 河北学刊, 1989 (5).

[78] 王晶. 马克思历史进步观的实质 [J]. 学术探索, 2010 (4).

[79] 张正军. 社会进步评价的合理尺度 [J]. 哲学研究, 1993 (10).

[80] 袁银传. 当代哲学前沿问题专题研究之三：历史进步的评价问题讨论综述 [J]. 武汉大学学报：哲学社会科学版, 1994 (3).

[81] 吴向东. 论马克思人的全面发展理论 [J]. 马克思主义研究, 2005 (1).

[82] 姚军毅, 杨清明. 论历史进步的评价尺度 [J]. 社会科学战线, 1994 (1).

[83] 林艳梅. 马克思主义进步观的哲学基础 [J]. 湖南社会科学, 2003 (6).

[84] 王海丽. "恶"：一种不可忽视的历史动力 [J]. 社科纵谈, 2008 (6).

[85] 冯军. 社会进步的辩证逻辑及人文向度 [J]. 武汉科技大学学报：社会科学版, 1999 (1).

[86] 隽鸿飞. 现实的人历史发展的动力：对马克思历史动力理论的新阐释 [J]. 学术交流, 2005 (7).

[87] 张雪魁. 社会制度与社会秩序的重建：从马克思的社会发展理论看中国模式的生成逻辑 [J]. 社会科学, 2011 (12).

[88] 易小兵. 马克思主义进步观：社会主义核心价值观的前提 [J]. 理论月刊, 2016 (4).

[89] 胡绪明. 1844年经济学哲学手稿：马克思现代性批判的第一个总体性文本 [J]. 学术论坛, 2007 (7).

[90] 徐春华, 胡钧. "动物精神"还是拜物教——论资本主义经济危机中人的因素 [J]. 政治经济学评论, 2016 (2).

[91] 刘仁胜. 马克思关于人与自然和谐发展的生态学论述 [J]. 教学与研究, 2006 (6).

[92] 谢宵男, 王让新. 马克思主义对人类社会发展阶段的探索及理论贡献 [J]. 求实, 2014 (10).

［93］仇海燕，杨春龙. 关于历史上区域社会发展水平衡量标准的反思：兼论近代西方先进东方落后格局的形成［J］. 历史教学问题，2021（6）.

［94］练元浩. 自然状态学说与马克思"三形态"理论的比较研究［J］. 东北大学学报：社会科学版，2022（2）.

［95］王洪波，张朝阳. 遮蔽与发现：唯物史观视域下生产力尺度的双重维度［J］. 新视野，2021（5）.